Parti républicain radical
et radical-socialiste

CINQUIÈME CONGRÈS
ANNUEL

PARIS (Juillet 1905)

Prix : **25 Centimes**

, au siège du Comité Exécutif
9, Rue de Valois, 9

Parti républicain radical
et radical-socialiste

CINQUIÈME CONGRÈS
ANNUEL

PARIS (Juillet 1905)

Prix : **25 Centimes**

A Paris, au siège du Comité Exécutif
9, Rue de Valois, 9

RÈGLEMENT DU PARTI

Article Premier

Il est formé, entre les Comités, Ligues, Unions, Fédérations, Sociétés de Propagande, Groupes de Libre-Pensée, Loges, Journaux, Sénateurs, Députés, Conseillers Généraux, Conseillers d'Arrondissement et Conseils municipaux acceptant le programme élaboré et voté aux Congrès annuels du Parti, une Association dénommée : Parti Républicain Radical et Radical-Socialiste.

Art. 2

Le siège du Parti est à Paris.

Art. 3

Il est administré et représenté par un Comité Exécutif dont les membres sont nommés, chaque année, par le Congrès.

Art. 4

Le Congrès du Parti Républicain Radical et Radical-Socialiste se réunit, tous les ans, à la date fixée et dans la ville désignée par le précédent Congrès.

Il se compose des élus et de tous les délégués des Comités ou Groupements énumérés en l'article 1er, à raison d'un délégué par fraction de cinquante membres.

Pour pouvoir envoyer des délégués au Congrès, chaque Groupe devra justifier d'une adhésion au Parti, antérieure de trois mois au moins à la date fixée pour la réunion du Congrès.

Les Sénateurs et Députés se recommandant aux électeurs du Parti Républicain Radical et Radical-Socialiste seront tenus d'assister aux séances du Congrès annuel du Parti.

Art. 5

Il est statué sur les admissions par le Comité Exécutif dont les décisions sont toujours susceptibles de recours devant le Congrès de la part de tout intéressé. Le Congrès statue souverainement sur le rapport de la Commission de vérification des pouvoirs, le Comité Exécutif et l'intéressé entendus.

Art. 6

Les membres du Comité Exécutif sont élus, pour un an, par le Congrès, sur la désignation des délégués de chaque département et de chaque colonie — un délégué ne pouvant, au sein dudit Comité, représenter plus d'un département ou d'une colonie — dans les conditions suivantes :

France continentale : 2 délégués par département et par fraction de 200.000 habitants ;

Algérie : 4 délégués par département ;

Autres colonies représentées au Parlement : 2 délégués pour chacune des circonscriptions électorales existant dans lesdites colonies.

Le Comité Exécutif est, autant que possible, composé pour mi-partie de parlementaires et de non-parlementaires. En conséquence, pour chaque département et pour chaque colonie, il devra être tenu compte de cette règle lors de la désignation des délégués à choisir.

Les membres du Comité Exécutif ont, d'une manière générale, la faculté de se faire représenter par un de leurs collègues muni d'un mandat écrit. Mais chaque délégué ne pourra disposer de plus de quatre mandats.

Toutefois, en matière disciplinaire, ainsi que pour les élections du Bureau, sauf l'exception prévue à l'article 7 (§ 3), le vote par mandat n'est pas admis.

En ce qui concerne les élections du Bureau, les délégués qui ne pourraient assister à la séance du Comité Exécutif auront la faculté, dans des conditions déterminées par le Règlement intérieur dudit Comité, d'adresser leur vote par correspondance.

Nota. — Pour établir, sur les bases les plus larges possibles, l'action du Comité Exécutif, celui-ci recherche, dans les circonscriptions électorales, d'accord avec les délégués des départements intéressés, des membres du Parti avec lesquels il se tient en rapport continu et qui sont constitués ainsi : « Correspondants du Comité Exécutif ».

ART. 7

Le Comité Exécutif désigne, parmi ses membres, un Bureau qui, placé sous son contrôle permanent, est chargé de l'expédition des affaires courantes.

Ce Bureau, renouvelable chaque trimestre, se compose de :

Un Président ;

Six Vice-Présidents ;

Douze Secrétaires.

Le premier Bureau est élu, chaque année, immédiatement après la constitution du Comité Exécutif, durant le Congrès ou à l'issue de ses opérations.

Le Président sortant n'est pas rééligible.

Les Vice-Présidents ne sont pas immédiatement rééligibles dans leurs fonctions.

Les Secrétaires sont rééligibles et soumis par moitié au renouvellement trimestriel.

ART. 8

Le Comité Exécutif se réunit, au moins une fois par mois, au siège social.

Art. 9

Il a pour mission de délibérer sur toutes les questions relatives à l'intérêt du Parti Républicain Radical et Radical-Socialiste et de décider toutes les mesures que commande cet intérêt.

Il règle notamment les questions d'organisation, d'administration, de propagande et de discipline du Parti.

Il contribue, par tous les moyens et de toutes ses forces, à la création et au développement sur tout le territoire de la République, des Groupes et Comités locaux destinés à propager les idées et les doctrines du Parti.

L'autonomie de ces Groupes est absolue et, sous aucun prétexte, il ne peut y être porté atteinte.

Enfin, le Comité exécutif décidera de toutes les questions de discipline qui pourraient être soulevées, soit par la situation particulière des adhérents, soit par la situation électorale dans les circonscriptions.

Les Fédérations, Comités et Groupements adhérents au Parti qui auraient à se plaindre des agissements des Sénateurs et Députés du Bloc, mettant leur influence au service de candidats condamnant la politique du Bloc, en informeront immédiatement le Comité Exécutif en motivant leur plainte.

Après enquête, si ladite plainte est justifiée, le Comité Exécutif devra signaler l'attitude anormale de ces Sénateurs et Députés aux élus et aux journaux du Bloc et s'employer de tout son pouvoir à mettre les parlementaires coupables dans l'impossibilité de nuire désormais au Parti républicain de leur département et de frapper les meilleurs militants de la démocratie.

Pour toute affaire disciplinaire, il ne sera statué qu'après convocation régulière permettant aux intéressés de fournir leurs explications.

Les décisions du Comité Exécutif, en matière disciplinaire, seront toujours susceptibles d'être portées devant le Congrès, par voie de recours ouvert à tous les intéressés.

Art. 10

Le Comité désigne, dans son sein, des Commissions pour étudier et rapporter les questions qui leur seront renvoyées.

Art. 11

Le Comité choisit, en dehors de ses membres, un Secrétaire permanent.

Il est chargé, sous le contrôle du Bureau, d'assurer le service de la correspondance, du *Bulletin du Parti*, de l'expédition des journaux et brochures ainsi que de veiller à la conservation des archives.

DISCIPLINE ÉLECTORALE

Art. 12

Dans tous les cas où le Comité Exécutif sera appelé à délibérer sur une question relative à la discipline électorale, il devra être saisi, soit par les Comités ou Groupements ayant adhéré au Parti, soit par les intéressés directs.

Les décisions prises devront s'inspirer de l'intérêt bien entendu du Parti, du principe intangible du respect et de l'autonomie des Groupements locaux, ainsi que de l'appui dû aux candidatures qui défendent loyalement le programme du Parti.

Toutefois, lorsque les circonstances l'exigeront, le Comité devra les Fédérations départementale, d'arrondissement et de circonscription intéressées préalablement consultées, intervenir auprès des Comités ou Groupements locaux en vue de conjurer, s'il y a lieu, le danger pouvant résulter, pour l'intérêt général du Parti, d'une pluralité excessive de candidatures. Il fera, à cet effet, les observations et représentations qui seront nécessaires.

Enfin, le Comité Exécutif doit, dès le premier tour de scrutin, aider, par tous les moyens en son pouvoir, les candidats reconnus du Parti. Il les désigne notamment au corps électoral par la mention : « Candidats du Parti Républicain Radical et Radical-Socialiste. »

Art. 13

Au second tour, le Comité exécutif devra faire respecter les règles de la discipline républicaine et n'accorder la désignation prévue à l'article 12, ainsi que le droit au titre de « Candidat du Parti Républicain Radical et Radical-Socialiste » qu'à celui des candidats qui, ayant réuni le plus de suffrages au premier tour, sera devenu, en réalité, le candidat désigné par le suffrage universel.

SANCTIONS

Art. 14

En cas d'infraction de la part d'un des adhérents à ses devoirs envers le Parti ou aux décisions du Comité Exécutif, celui-ci statuant disciplinairement, les intéressés entendus ou eux dûment appelés, après rapport de la Commission spéciale et communication préalable aux intéressés de ce rapport et des pièces, pourra prononcer l'une des peines suivantes : avertissement, blâme, exclusion.

Le blâme et l'exclusion seuls, une fois prononcés, seront rendus publics, tant par la voie du *Bulletin du Parti* que par celle des journaux adhérents.

La décision du Comité Exécutif, qui devra être prise à la majorité des deux tiers au moins des membres présents, sera motivée.

Si aucune des trois peines précédentes successivement mises aux voix ne réunit la majorité requise, l'action disciplinaire sera considérée comme éteinte et les trois votes négatifs ainsi rendus équivaudront à un acquittement pur et simple.

Dans tous les cas, la peine disciplinaire ne pourra être prononcée qu'après avis motivé des Fédérations départementale, d'arrondissement et de circonscription intéressées.

Art. 15

L'exclusion du Parti ne deviendra définitive que si, dans le délai d'un mois à dater du jour de la notification qui lui sera faite, l'intéressé ne fait pas connaître son intention d'user du droit à lui accordé d'introduire, devant le prochain Congrès, un recours dont l'effet sera suspensif.

En tout état de cause, le Congrès pourra toujours statuer sur une demande de réadmission.

5e CONGRÈS

DU

PARTI RÉPUBLICAIN

Radical et Radical-Socialiste

TENU A PARIS

AU PALAIS DU TROCADÉRO

Les 6, 7, 8 et 9 Juillet 1905

SÉANCE D'OUVERTURE

Jeudi 6 Juillet

La séance est ouverte à deux heures de l'après-midi, dans la salle des fêtes du Palais du Trocadéro, sous la présidence du citoyen Emile MORLOT, député, président du Comité Exécutif.

Discours du citoyen Morlot, *Président du Comité Exécutif.*

Citoyens,

En ouvrant le cinquième Congrès du Parti républicain, radical et radical-socialiste, et avant même de vous inviter à vous constituer, j'ai un agréable devoir à remplir au nom du Comité Exécutif que vous avez élu à Toulouse et dont les pouvoirs expirent en ce moment même. C'est d'adresser à tous nos amis, venus de toutes les parties du territoire pour prendre part aux travaux du Congrès, un cordial et fraternel salut, en leur présentant tous nos souhaits de bienvenue. Et s'il me fallait une raison de plus pour exprimer à mes camarades du Comité ma gratitude de l'honneur extrême qu'ils ont bien voulu me faire en me plaçant momentanément à leur tête, je la trouverais dans l'occasion qu'ils me procurent aujourd'hui de saluer en leur nom tous les militants de notre Parti, qui ont, en si grand nombre, répondu à notre appel. (*Applaudissements.*)

En constatant le nombre toujours croissant des comités, associations et groupements républicains radicaux et radicaux-socialistes, qui se font représenter aux assises annuelles du Parti, nous avons le droit d'être fiers de l'œuvre de nos Congrès. Leur importance, chaque année grandissante, témoigne de l'intérêt de plus en plus précis que les citoyens vraiment dignes de ce noble titre, prennent à la solution des affaires publiques. Il y a, dans ces réunions, la démonstration que la démocratie, toujours davantage, entend se gouverner par elle-même et veiller d'un œil attentif et permanent sur la direction à donner aux affaires nationales. Comme le disait si justement notre ami Gouzy à Toulouse, le temps n'est plus où la démocratie, insouciante ou inconsciente de sa force, recevait son impulsion des gouvernants ; c'est elle qui entend aujourd'hui, conformément à son droit, donner au gouvernement une impulsion qu'elle puise elle-même dans la conscience qu'elle a des besoins collectifs de la nation et de la justice particulière due à tous les citoyens.

La démocratie donne sans doute cette indication d'une façon décisive et dans les formes légales, au jour où elle choisit ses mandataires ; mais n'est-il pas évident que, dans ce régime représentatif, où sa souveraineté ne s'exerce qu'à des échéances relativement éloignées les unes des autres, elle veut de plus en plus conserver le contact avec ses élus, rester plus intimement en communion d'idées avec eux, les entretenir d'une façon constante de ses aspirations, et lui transmettre sans cesse ses désirs et ses volontés. Si nos comités sont toujours des formations de combat contre les ennemis de la République, ils sont aussi, et peut-être encore plus, l'organe permanent de cette volonté agissante de la démocratie, qui tient à prendre sa part légitime de direction et de responsabilité morale dans la solution des affaires de la nation. Nos Congrès concentrent en une unité grandiose les aspirations un peu éparses des comités, et tendent de plus en plus à concilier dans la mesure où les circonstances le permettent dans un pays de dix millions d'électeurs et sur un territoire aussi vaste que le nôtre, le régime représentatif avec le gouvernement direct du peuple par lui-même. (*Applaudissements.*)

Au lendemain du jour où vient d'être votée, à la Chambre des députés, cette grande réforme de la séparation des Eglises et de l'Etat, qui oserait nier l'influence décisive qu'ont eue sur les actes des pouvoirs publics les volontés de la démocratie républicaine, radicale et radicale-socialiste, affirmées solennellement dans nos Congrès? Qui de nous ne se rappelle avec quelle énergie et aussi avec quel à-propos, le premier Congrès de Paris a soutenu le ministère Waldeck-Rousseau dans la lutte courageuse qu'il avait entreprise contre les fauteurs du nationalisme; avec quel sentiment vrai de la situation, le Congrès de Lyon a prêté son triomphant concours dans la bataille livrée à la Congrégation; avec quel sens politique, le Congrès de Marseille a dénoncé l'enseignement congréganiste comme le ferment le plus actif du mal clérical, et l'a signalé comme une Bastille à détruire sans délai; avec quelle précision, enfin, notre Congrès de Toulouse a indiqué que le moment était venu de libérer l'Etat laïque des entraves du Concordat, et que l'heure de la séparation des Eglises et de l'Etat avait sonné?

Ce serait commettre une injustice que vous ne me pardonneriez pas, que de ne point faire remonter l'honneur de cette grande œuvre à celui qui en a été le véritable artisan, à notre illustre ami Emile Combes qui, avec le concours de ses dévoués collaborateurs, grâce à une inlassable persévérance, à une admirable volonté d'aboutir, à une habileté de tous les instants, constamment en éveil, toujours attentive à profiter des circonstances et des fautes de l'adversaire, a su rendre possible, je dirai même facile, une réforme qui, si désirée qu'elle fût, apparaissait encore au début de cette législature difficilement réalisable. Je suis sûr d'être le fidèle interprète de vos unanimes sentiments en rendant à l'ancien président du Conseil l'hommage auquel il a droit de la part des républicains. Mais je suis sûr aussi de ne point trahir sa pensée, en affirmant qu'il a trouvé chez les républicains, dans les vœux si précis et si énergiques formulés dans nos Congrès, un réconfort puissant contre les hésitations, les critiques et les attaques, en même temps qu'un encouragement précieux pour l'action. Oui, je suis sûr aussi de n'être pas désavoué par lui, en reportant sur vous tous, les militants de la démocratie, l'honneur de la séparation des Eglises et de l'Etat, si fortement préparée par le ministère Combes, et loyalement poursuivie par le ministère actuel.

Il dépend de vous maintenant de donner une impulsion décisive à la nouvelle et grande réforme dont la Chambre des Députés commence en ce moment la discussion, je veux parler de l'institution des retraites ouvrières et paysannes. Cette question est portée à l'ordre du jour de vos délibérations. Sans vouloir préjuger en rien des décisions auxquelles vous vous arrêterez, vous me permettrez d'exprimer l'espoir que le Congrès de Paris aura, sur la solution qui intéresse à un si haut point la démocratie laborieuse, la même influence bienfaisante que les Congrès précédents sur les questions relatives à l'affranchissement de la Société civile et à la laïcité de l'Etat. (*Applaudissements.*)

Si après avoir voté la loi supprimant l'enseignement congréganiste, la loi sur la réduction du service militaire, la Chambre actuelle voit, avant la fin de son mandat, comme nous en avons la ferme conviction, promulguer la loi sur la séparation et la loi sur l'assistance obligatoire des vieillards et des incurables, il semble qu'elle aura bien accompli sa tâche. Elle eût, sans doute, ardemment désiré ajouter à cette énumération la loi sur les retraites ; mais ce serait se flatter d'une vaine illusion que de l'espérer, non que la bonne volonté ou le courage lui fassent défaut, mais ses jours sont comptés. Heureux si elle arrive, par des discussions préliminaires, à poser clairement tous les termes du problème devant le pays, qui saura exprimer sa volonté lors des élections prochaines. C'est presque une puérilité que de dire que du succès des républicains en 1906 dépend l'avenir de toutes les réformes politiques et sociales qui sont encore à réaliser. Cette perspective nous commande à tous de nous préparer sérieusement à cette grande bataille, et là encore les décisions qui sortiront de vos délibérations, peuvent beaucoup pour la victoire.

En édictant les règles de discipline électorale qui s'imposeront à tous les candidats se réclamant de notre programme et de notre Parti, vous resterez fidèles, j'en suis sûr, à la doctrine du premier Congrès de Paris que les républicains ne se connaissent pas d'adversaires à gauche. Ce n'est pas en cherchant de nouveaux et incertains contingents dans nos ennemis d'hier, ce n'est pas en élevant d'injustes suspicions contre tel ou tel de nos alliés républicains, ce n'est point par d'inutiles concessions sur tel ou tel point de notre programme que nous assurerons la victoire de notre Parti en 1906. C'est, au contraire, en affirmant nos principes sans faiblesse, c'est en restant fidèles à tous nos compagnons de gauche, c'est en travaillant à l'union complète de tous les républicains sincères, que le Parti radical s'assurera aux élections de 1906 les succès les plus nombreux, les plus éclatants et les plus purs. (*Vifs applaudissements.*)

Ce serait vous faire injure, Citoyens, que d'insister sur le rôle qui vous appartient dans la préparation de cette union, dans la constitution de ce Bloc invincible des républicains, gage de leur victoire aux élections de 1906. Je n'ai plus qu'un mot à ajouter, c'est pour vous inviter à vous mettre à la besogne et à commencer votre œuvre, dont l'influence doit être si considérable sur les destinées de la République et sur l'avenir des réformes démocratiques et sociales. (*Applaudissements prolongés.*)

LE BUREAU

Le citoyen Morlot, *président*. — Citoyens, après vous avoir présenté nos souhaits de bienvenue, nous avons à vous prier de constituer le Bureau de la séance.

Le Comité Exécutif m'a chargé de vous prier, conformément aux précédents, de désigner le Bureau du Comité lui-même pour présider à cette première séance. C'est ainsi que nous avons procédé à Lyon, à Toulouse et à Marseille. (*Assentiment sur de nombreux bancs.*)

Plusieurs congressistes prononcent le nom du citoyen Pelletan.

Le citoyen Pelletan. — Citoyens, un certain nombre de sièges de vice-président sont à distribuer entre ceux que vous voudrez honorer de vos suffrages; d'autre part, il y aura plusieurs séances, il vaut mieux que ceux que vous appellerez à les présider se préparent à cet honneur. C'est pourquoi je vous demande de ne pas mettre ma candidature aux voix. (*Applaudissements.*)

Le Président. — Personne ne s'oppose plus à la proposition du Bureau provisoire?...

Le maintien du Bureau est ordonné.

Le Bureau est ainsi constitué:

Président :	M.	Emile Morlot, député.
Vice-Présidents :	MM.	Léon Janet, député du Doubs.
		Albert Le Roy, député de l'Ardèche.
		Louis Blanc, sénateur.
		Bourceret, publiciste.
		Edouard Ignace, avocat.
		Georges Bodereau, publiciste.
Secrétaires :	MM.	Carpot, député du Sénégal.
		Chaleil, député de la Corse.
		Ursleur, député de la Guyane.
		Coulondre, député de Vaucluse.
		Abel Lefèvre, député de l'Eure.
		Torchut, député de la Charente-Inférieure.
		Eugène Le Roy, maire de Rosay (S.-et-O.).
		Louis Bonnet, publiciste.
		André Tessier, Homme de Lettres.
		Gustave Strauss, publiciste.
		Gély, publiciste.

Secrétaire général du Congrès : M. F. Bouffandeau, secrétaire permanent du Comité Exécutif.

LES PRÉSIDENCES DU CONGRÈS

Le Président. — Citoyens, il est à peine besoin de vous dire qu'il n'est jamais entré dans la pensée du Bureau de rien vouloir préparer ou décider contre la volonté du Congrès. Je dois cependant vous faire savoir que, pour présider les autres séances, réserves faites de votre adhésion, nous avons consulté les citoyens Henri Brisson, Camille Pelletan, Emile Combes, qui ont bien voulu se mettre à la disposition du Congrès. (*Applaudissements.*)

Je rappelle, en outre, que, dans les Congrès précédents, une des séances a été présidée par le président de la Fédération départementale qui avait organisé le Congrès. Si nous suivions cet usage, le citoyen Maujan, désigné par la Fédération de la Seine, présidera l'une des séances du Congrès. (*Assentiment.*)

Nous ajouterons donc son nom à la liste des présidents que je viens de vous indiquer. (*Applaudissements.*)

SOUHAITS DE BIENVENUE

Discours du citoyen Louis Bonnet

PRÉSIDENT DE LA FÉDÉRATION DE LA SEINE

M. le président donne la parole à M. L. Bonnet, président de la Fédération des comités radicaux et radicaux-socialistes de la Seine, qui prononce le discours suivant :

Citoyens,

Au nom de la Fédération des comités radicaux et radicaux-socialistes de la Seine, j'ai le très grand honneur de vous souhaiter la plus cordiale bienvenue. Nous avons été heureux de nous conformer à la tradition du parti et d'apporter au Comité Exécutif le concours le plus dévoué pour l'organisation de ce Congrès. Nous saluons dans les sénateurs, députés, conseillers généraux et conseillers d'arrondissement les représentants autorisés des électeurs radicaux et radicaux-socialistes, et dans les délégués des comités les hardis militants de la démocratie, les vaillants mandataires des associations dont l'action persévérante et énergique assure la sécurité de la République et détermine le progrès social. (*Applaudissements.*)

Le Congrès de Paris en 1901

Notre pensée se porte également vers les absents qui ont contribué si largement à fonder l'organisation permanente du Parti.

Le premier Congrès, qui se réunit à Paris en 1901, fut convoqué sur l'initiative et sous le patronage de quatre illustres citoyens auxquels nous gardons une sincère reconnaissance : M. Henri Brisson, le seul présent des quatre, dont nous nous honorons de suivre les conseils et dont la vie publique n'est qu'un noble exemple de devoir civique ; M. Léon Bourgeois, qui a traversé des épreuves si cruelles, auxquelles nous nous sommes tous associés et qui nous ont privés de son incomparable talent ; M. René Goblet, que son grand âge tient éloigné de nous, qui a rendu de signalés services à la République et qui nous inspire autant d'affection que de respect, M. Mesureur, qui dirige avec tant de zèle et de succès l'Assistance publique parisienne. (*Vifs applaudissements*).

Nous acquitons un juste tribut de gratitude en rappelant la part décisive qu'ils ont prise à établir la charte de notre Parti et à seconder sa propagande. Nous pouvons aujourd'hui apprécier les résultats de l'œuvre entreprise. (*Très bien !*)

La propagande radicale

Le parti radical et radical-socialiste a conquis plus du tiers des départements français et fournit les deux tiers de la majorité républicaine à la Chambre. S'il continue méthodiquement ses efforts et poursuit systématiquement la création de ses comités, nous délogerons la réaction de ses dernières forteresses et nous ferons entrer au Parlement une forte majorité de nos partisans, qui seront en mesure de réaliser tout leur programme libérateur. (*Applaudissements.*)

Paris, capitale de la France, vous fournira une légion de collaborateurs fervents. Cette cité généreuse ne cesse de régulariser et d'activer, du centre aux extrémités du territoire, la circulation des idées. Fidèle à sa mission historique de répandre le culte des principes et de combattre pour la liberté et le progrès, elle travaille sans relâche à supprimer les préjugés qui divisent les hommes et à unir tous les Français dans un amour commun de la patrie et de la République. (*Applaudissements prolongés.*)

Sa situation privilégiée permet à ses habitants de se tenir, au jour le jour, au courant de ce qui se dit et se fait ailleurs. Nous avons ainsi la bonne fortune de pénétrer ainsi plus intimement dans la pensée de nos frères d'armes de province, de recevoir souvent leurs confidences, de les encourager et soutenir dans leurs luttes.

Témoin attentif de leurs efforts, j'éprouve autant de fierté que de joie à leur exprimer les sentiments de solidarité de la démocratie parisienne et à les prier d'agréer le témoignage de notre reconnaissance. (*Bravos.*)

La lutte contre la réaction

Parmi tant d'admirables soldats du Parti radical et radical-socialiste, j'aperçois ici les représentants des villes de Lyon, de Marseille et de Toulouse, qui nous ont offert en 1902, 1903 et 1904 une si cordiale hospitalité ; leur région est conquise à notre cause, et nos Congrès nous fourniront une précieuse occasion de visiter d'autres foyers d'action démocratique : Lille, Montpellier, Bordeaux, Rochefort, Tours, Troyes, etc., qui attendent notre séjour. Ces belles villes sont nos citadelles, d'où l'idée rayonne dans les départements voisins. (*Applaudissements.*)

A côté de leurs délégués sont assis ceux d'autres régions moins favorisées, et parmi eux je reconnais bien des amis. A ces fils de la Vendée et de l'Anjou, de la Bretagne et de la Normandie, du Rouergue et de la Lorraine, un hommage particulier est dû. Leur dévouement est inlassable, leur courage héroïque. Dans le milieu hostile où ils vivent, il n'est pas de vexations qui leur soient épargnées. La presse de sacristie les vilipende, la réaction cherche à les affamer. Un haut idéal moral affermit leurs convictions et les calomnies et les persécutions ne peuvent les abattre. Malgré tant d'adversaires, ils arrivent même à gagner du terrain, à refouler le fanatisme. Demain, plus tard, leurs départements seront affranchis de la servitude cléricale, nous appartiendront. (*Vifs applaudissements.*)

Nous le devrons à ces citoyens modestes, à ces serviteurs obscurs de la République militante dont notre Parti s'enorgueillit de compter un si grand nombre. Moins heureux que nous, ils sont souvent empêchés de se livrer à la libre propagande de leurs opinions; plus méritants que nous, chacune de leurs manifestations les désigne aux coups, leur impose de nouveaux sacrifices. Minorités isolées, ils représentent nos majorités en formation. Leur intrépidité et leur abnégation nous servent d'exemple et de réconfort. (*Applaudissements prolongés.*)

Les élections de 1906

Citoyens, nous sommes tous venus à ce Congrès pour affirmer notre union, notre confiance et notre discipline. Indifférents aux questions de personnes, passionnés pour les principes, une tâche importante nous est assignée. Après avoir défini notre tactique, nous préciserons les réformes à inscrire au programme électoral de 1906. D'accord sur la méthode et sur le but, nous nous jetterons ensuite dans la mêlée. (*Très bien !*)

La victoire me paraît certaine. Le Parti radical et radical-socialiste continue les traditions des fondateurs de la République. La largeur de ses vues et la vigueur de ses conceptions, son désintéressement et son patriotisme lui ont concilié les sympathies de la nation. Son programme d'évolution pacifique et de rénovation sociale permet à tous les sincères républicains de combiner leurs efforts et de sceller une entente féconde. (*Applaudissements.*)

Citoyens, au jour de la bataille, la Fédération des comités radicaux et radicaux-socialistes de la Seine prendra allègrement, à côté de vous, sa place de combat. Aujourd'hui, elle participe avec joie à vos travaux et elle salue en vous ses frères d'armes et les serviteurs fidèles de la République démocratique et sociale. (*Double salve d'applaudissements.*)

LA POLITIQUE DU BLOC

Le citoyen MICHAUT, délégué du comité de Châtillon (Côte d'Or). — Citoyens, nous avons pensé, quelques amis et moi, qu'il était utile que dès maintenant et sans plus tarder, le Congrès prît position. C'est pourquoi, citoyens, j'ai l'honneur, au nom des délégations de la Côte-d'Or et de l'Aube, de vous soumettre la résolution suivante:

« Les délégués des divers groupements républicains de la France entière, réunis à Paris à l'occasion du cinquième Congrès du Parti républicain radical et radical-socialiste, tiennent à affirmer de nouveau, à l'ouverture de leurs travaux, leurs travaux, leur fidélité aux principes de la politique du Bloc, politique se traduisant par des rapports constants entre le ministère et la délégation des gauches. Ils considèrent que cette politique, dont les résultats furent si féconds sous les ministères des éminents citoyens Waldeck-Rousseau et Combes, est absolument nécessaire à l'achèvement et à l'accomplissement des réformes tant attendues par le pays républicain.

« Les congressistes non parlementaires demandent avec instance à leurs représentants au Parlement de vouloir bien agir en conformité avec cette décision. »

Le président. — Vous avez entendu, citoyens, la proposition du citoyen Michaut. Je pense que tous les congressistes seront d'accord pour préconiser avec lui une politique que nous suivons depuis sept ans. (*Applaudissements.*)

La proposition Michaut est mise aux voix et adoptée.

L'ORDRE DES PRÉSIDENCES

Le citoyen Ferrary. — J'ai demandé la parole pour une motion bien simple et bien juste. Je vous demande de vouloir bien désigner dès maintenant ceux des membres éminents de notre Parti qui doivent présider nos différentes séances, afin qu'ils puissent se préparer à cette présidence, comme l'a si bien dit le citoyen Pelletan.

Plusieurs voix. — C'est le bureau qui règlera cette question.

Le citoyen Ferrary. — La question n'est pas réglée. Je demande qu'elle le soit dès maintenant, de façon que ces éminents citoyens puissent donner à ce Congrès toute l'ampleur qu'il mérite en se préparant à la présidence de la séance qu'ils auront l'honneur de diriger. (*Applaudissements.*)

Le Président. — La proposition du citoyen Ferrary tend à nommer aujourd'hui tous les présidents qui se succéderont à la présidence des séances du Congrès.

On ne peut guère enlever aux membres d'un Congrès le droit de nommer leurs présidents dès la première séance.

Si vous le voulez bien, nous pouvons, dès à présent, vous faire une proposition.

Nous vous proposons pour la séance de demain M. Léon Bourgeois. (*Applaudissements.*)

M. Emile Combes, à qui la présidence d'une séance a été également offerte, désirerait que le Congrès consentit à ce qu'il présidât la séance de samedi matin. (*Applaudissements.*)

Nous vous proposons pour les séances de samedi soir et de dimanche matin les citoyens Pelletan et Maujan.

Le citoyen FRANKLIN-BOUILLON. — Le citoyen Maujan est obligé de présider dimanche matin l'inauguration d'une école au Perreux. Il ne pourra donc pas présider la séance de dimanche matin.

Nombreux cris. — Samedi soir! Samedi soir!

Le Président. — Le Congrès demande que le citoyen Pelletan préside la séance de samedi soir.

Nombreux cris. — Maujan! Maujan!

Le Président. — Citoyens, nous sommes en présence de propositions également pressantes : les uns demandent que le citoyen Pelletan préside la séance de samedi soir, les autres réclament que ce soit le citoyen Maujan...

Nouveaux cris. — Pelletan! Maujan!

Le Président. — Citoyens, je vais mettre la question aux voix.

Il est décidé que le citoyen Pelletan présidera la séance de samedi soir.

La parole est au citoyen Coulondre pour la lecture de son rapport.

RAPPORT DU CITOYEN COULONDRE, Député

SECRÉTAIRE DU COMITÉ EXÉCUTIF

Sur les travaux du Comité pendant l'année 1904-1905

Citoyens,

J'ai été chargé par le Comité Exécutif nommé au Congrès de Toulouse et dont les pouvoirs expirent aujourd'hui de vous présenter le bilan de ses travaux et de vous exposer quelle a été aussi l'action du Parti radical et radical-socialiste.

Certes, je n'apprendrai rien à personne en faisant cet exposé, puisque le *Bulletin du Parti*, que vous recevez tous, a mentionné avec fidélité le compte rendu de toutes les séances du Comité. Néanmoins, l'idée de produire un rapport annuel sur l'ensemble de ses travaux me paraît heureuse. Ce rapport permet, en effet, de suivre la marche des événements qui se sont déroulés depuis le dernier Congrès, de saisir l'enchaînement des faits, de mieux en dégager les leçons pour l'avenir, et de juger plus exactement le rôle de notre Parti.

Faire ce compte rendu, n'est-ce pas faire revivre devant vous la politique de l'année qui vient de s'écouler et qui déjà appartient à l'histoire?

Si, d'une part, on peut dire que le Comité Exécutif est l'image fidèle de notre Parti dont il émane, on peut dire aussi que notre Parti organisé est l'image non moins fidèle du Parti républicain tout entier.

Quoi de plus naturel que le rôle de votre Comité soit alors intimement lié à l'action politique parlementaire et gouvernementale : à tel enseigne qu'il n'est pas une manifestation de la vie politique, où qu'elle se produise, qui n'ait eu un écho dans son sein !

Cette constatation est flatteuse pour le Comité Exécutif; elle prouve son activité, son importance de plus en plus grande, et le rôle désormais considérable qu'il joue dans le pays; mais cela lui crée des devoirs impérieux ; il doit tenir d'une main ferme le drapeau républicain en face des manœuvres et de l'audace toujours croissante de nos ennemis.

Je vais donc passer en revue, et d'une façon succincte, les principaux événements qui ont retenu plus particulièrement l'attention du Comité en 1904-1905 et qui ont provoqué des actes publics de sa part. Il me suffira, pour cela, de dire ce qu'a été son action politique, son action électorale, son action extérieure et intérieure, quels ont été ses rapports avec les autres Groupements républicains, avec la presse, et, enfin, de conclure en faisant la synthèse de son action.

Action politique

De toutes les questions qui furent agitées au Congrès de Toulouse, il en est quelques-unes qui s'imposaient plus particulièrement à l'attention du Comité Exécutif et qui constituaient en quelque sorte un véritable programme d'action et de réformes : le Service militaire de deux ans, le Secret et la Sincérité du vote, la Séparation des Eglises et de l'Etat, l'Impôt sur le revenu, et les Retraites ouvrières et paysannes.

Aussi, dès le 26 octobre, votre Comité, en signalant à M. Combes, président du Conseil, les vœux du Congrès de Toulouse, lui exprimait l'ardent désir du Parti, de voir se réaliser ces vœux au cours de cette législature. L'année 1905 apparaissait déjà aux yeux de tous, même des plus sceptiques, comme devant être fertile en réformes, la réalisation de celles-ci étant pour nous la meilleure préface des élections de 1906. Et, malgré les fissures qui s'étaient produites dans le Bloc, nous avions l'espoir que les espérances trop souvent déçues de la démocratie ne seraient pas trompées. Le ministère Combes, en qui nous avions une entière confiance, n'hésita pas à faire sien le programme élaboré à Toulouse et donna à votre Comité l'assurance formelle que toutes ces réformes allaient être poursuivies avec activité.

Deux jours après ces promesses, le 28 octobre, se produisait l'interpellation Guyot de Villeneuve, cette vaste délation politique contre les meilleurs des républicains, et vous avez tous présente à la mémoire la grosse émotion qui s'empara de la Chambre et du Pays.

Il y eut une heure d'angoisse pour les républicains. Allait-on revivre les plus mauvais jours de l'affaire Dreyfus? Déjà les journaux nationalistes publiaient des listes de proscription : officiers, fonctionnaires civils, magistrats, professeurs, simples militants, tous ceux qui avaient commis le crime impardonnable de penser que la République devait être servie par des républicains et qui s'étaient fait, avec un désintéressement auquel on n'a pas assez rendu hommage, les auxiliaires du Gouvernement, tous ceux-là étaient traités de « délateurs », considérés par nos adversaires comme des otages et voués à la vindicte publique.

Si, grâce à l'action énergique du Comité Exécutif, la Chambre paraissait s'être ressaisie dans la séance du 4 novembre, l'Opposition n'avait pas désarmé. Et l'attentat froidement calculé de Syveton, ce vengeur de l'honneur et de la vertu outragée, contre le général André, montrait bien qu'elle ne reculait devant aucun moyen pour arriver à son but.

Ce but n'était pas seulement de renverser un Ministère populaire, décidé à réaliser les réformes démocratiques, c'était d'atteindre, derrière les hommes, la République elle-même.

Après avoir jeté la boue quelques mois auparavant sur

ses plus éminents défenseurs, la réaction cléricale et nationaliste cherchait maintenant à jeter la suspicion sur de plus obscurs, mais de non moins dévoués serviteurs de l'idée républicaine.

A cette heures troublée et confuse, le Comité Exécutif aperçut clairement le danger et le signalait à tous nos amis. Mais, chose singulière, au moment où le Parti républicain tout entier aurait dû se grouper autour du Ministère, de nouvelles défaillances se produisaient au sein de la majorité ; le Ministère lui-même, au lieu de montrer plus de fermeté et plus d'énergie en présence du péril menaçant, faisait preuve d'une faiblesse qui était loin de nous rassurer.

Le 13 novembre, le général André *était démissionné*, et M. Berteaux, président du Comité à ce moment-là, le remplaçait à la Guerre.

Nous avons salué avec joie l'arrivée au pouvoir de notre Président, persuadés qu'il continuerait à faire de l'armée nationale une armée républicaine, et le banquet qui lui était offert par votre Comité, le 17 décembre, permit de lui témoigner notre cordiale sympathie. Mais les hésitations du ministère — malgré ses déclarations — étaient loin de dissiper nos inquiétudes. On connaissait les efforts qui étaient faits pour éviter la correctionnelle au député Syveton, coupable d'une odieuse agression : on voyait la réaction se dessiner dans certains ministères, et les fonctionnaires républicains étaient peu rassurés ; l'affaire Dautriche avait un dénouement inattendu ; les manifestations du général d'Entraigues, du commandant Driant, l'affaire du lycée Condorcet, celle des officiers de Lyon, la pétition des légionnaires, cette deuxième édition, revue et corrigée, des *listes rouges*, etc., tout cela avait produit un malaise dans le pays républicain. Chaque jour l'Opposition réclamait de nouvelles têtes et pratiquait, avec une savante publication des fiches ce qu'on a appelé *le chantage nationaliste*.

Le ministère Combes ne pouvait pas survivre à cette campagne. En janvier, un certain nombre de républicains, que la crainte de leurs électeurs obligeait à voter pour lui, n'hésitèrent pas, à la faveur du scrutin secret, à remplacer à la présidence de la Chambre l'intègre Brisson par un des irréconciliables adversaires du Cabinet. Le ministère Combes, résolu à quitter le pouvoir, fit sanctionner par la Chambre, avant son départ, le programme de notre Parti, laissant à d'autres le soin d'achever l'œuvre qu'il avait commencée ou pour mieux dire l'œuvre qu'il avait préparée.

Saluons une dernière fois en passant, ce Ministère de défense laïque, qui avait su mériter la confiance du Parti républicain tout entier et que la retraite a grandi encore plus que le Pouvoir.

J'ai tenu à faire revivre devant vous, en la résumant, cette page d'histoire, parce que, de la période qui va du 28 octobre au 27 janvier, le Comité Exécutif s'est pour ainsi dire indentifié au Parti républicain. Dès le lendemain de l'interpellation Guyot de Villeneuve, il a multiplié ses démarches auprès de nos amis du Parlement, de la presse, du gouvernement; il a ranimé les courages, suscité de nouvelles énergie, et on peut dire que l'active campagne qu'il mena à ce moment permit au Bloc de se ressaisir et de repousser l'attaque furieuse et désespérée de ses adversaires.

Mais votre Comité avait la crainte de voir le Gouvernement commettre cette faute impardonnable de sacrifier ceux qui avaient défendu la République. Et les hésitations, les faiblesses de certains Ministres montraient bien que cette crainte n'était que trop fondée.

Nationalistes et cléricaux, qui depuis quinze ans se servent de l'armée au lieu de la servir, ajoutaient l'insolence à la menace et réclamaient chaque jour de nouvelles exécutions. Il fallait à tout prix que votre Comité prît la *défense énergique des fonctionnaires républicains.* A cette œuvre il se voua tout entier, et ce n'est pas la moins belle page de son histoire.

Après avoir multiplié ses démarches pendant plusieurs jours dans la plupart des Ministères, il votait, le 16 novembre, l'ordre du jour suivant :

« *Le Bureau du Comité Exécutif du Parti républicain radical et radical-socialiste,*

« *Emu à la nouvelle que des mesures de rigueur pourraient atteindre les fonctionnaires républicains ;*

« *Manifeste énergiquement son désir de voir le gouvernement ne pas céder aux injonctions de la réaction nationaliste, dont les dénonciations systématiques visent à frapper ou à décourager les meilleurs serviteurs de la République.* »

Et, dans la même séance, le Bureau du Comité

« *Renouvelle au général André, au moment où il quitte*

le ministère, l'expression de ses remerciements pour les efforts qu'il a faits pendant cinq années ;

« Adresse l'assurance de ses vives sympathies à M. Maurice Berteaux, et voit dans le choix du président du Comité Exécutif comme ministre de la guerre le témoignage que l'œuvre de défense républicaine commencée par le général André sera poursuivie par son successeur. »

Il faut s'expliquer nettement. Ce qu'on a appelé la « délation » a été une œuvre de salut républicain. Ce n'est pas sans une certaine tristesse qu'après trente-cinq ans de République il nous soit permis de constater que toutes les avenues du pouvoir, surtout dans certains ministères, sont gardées par la réaction. Nous ne cessons de réclamer dans nos programmes, dans nos réunions, dans la presse, l'épuration du personnel, et, pour la première fois, nous nous trouvions en face d'un ministère qui voulait que la République soit servie par des républicains. C'est donc le droit et le devoir du gouvernement de se renseigner sur la fidélité aux lois de la République de ceux qui sont appelés à les appliquer et au besoin à les défendre. Que dans le système « des fiches » qui a été employé, il y ait eu des erreurs, des maladresses, des injustices, cela est possible, et nous ne pouvons que le regretter. Mais l'idée qui a poussé le gouvernement à n'accorder ses faveurs qu'aux républicains est une idée que votre Comité a hautement revendiquée. Et le Parti républicain tout entier était responsable de son application. Dans ces conditions, le Comité Exécutif, sans nier les fautes commises, ne pouvait pas permettre que ceux qui avaient fourni à la République les moyens de se défendre fussent sacrifiés, ni même inquiétés.

Et dans un ordre du jour encore plus explicite, votre Comité le signifiait au gouvernement, dans sa séance du 28 novembre :

« Le Comité Exécutif du Parti républicain radical et radical-socialiste,

« Renouvelle au ministère Combes l'expression de sa confiance, en même temps qu'il l'invite, une fois de plus, à écarter avec vigilance des administrations civiles et militaires toutes les influences hostiles à l'œuvre d'action laïque, démocratique et sociale, et à défendre de la façon la plus ferme les fonctionnaires républicains, notamment les officiers, constamment dénoncés par la réaction et

trop souvent sacrifiés par ceux-là mêmes dont ils sont les plus utiles auxiliaires. »

Le Comité Exécutif ne s'est pas contenté de formuler ses vœux en des ordres du jour motivés ; il s'est rendu auprès de tous les membres du Cabinet pour demander qu'aucun fonctionnaire ne soit sacrifié aux exigences du Parti nationaliste. Il est pénible de dire que ce n'est pas sans peine que le Comité a réussi dans cette tâche. Moins d'interventions et de démarches eussent dû être nécessaires pour sauvegarder les intérêts des républicains, qui n'avaient fait que répondre à l'appel du gouvernement en fournissant des notes *confidentielles*, livrées plus tard par le vol et la trahison.

Ce que je dois faire remarquer, c'est l'unanimité parfaite avec laquelle le Comité Exécutif a pris toutes ses décisions ; sa politique a été *une*. Il était d'ailleurs d'accord en cela avec les groupes républicains de la Chambre appartenant au Bloc et avec ceux du pays tout entier.

Il convient d'ajouter que le Comité, même pendant cette période troublée, a toujours trouvé un accueil bienveillant auprès des pouvoirs publics. Il a rencontré sans doute des difficultés de toutes sortes, il a eu des obstacles à vaincre, qui paraissaient insurmontables, mais le ministère s'est toujours prêté avec la meilleure bonne grâce à lui fournir des explications.

Somme toute, sauf de très rares exceptions, on peut dire qu'aucun fonctionnaire n'a été sacrifié et que satisfaction a été donnée au Comité. C'est donc à son intervention énergique que nous devons de n'avoir pas à compter trop de victimes parmi les fonctionnaires et officiers républicains.

Le ministère Rouvier a changé légèrement l'axe de la politique générale. La majorité a été élargie. Mais l'accueil trop bienveillant qui lui a été fait par la presse nationaliste a mis nos amis en garde et motivé l'abstention d'un certain nombre d'entre eux, le jour où il s'est présenté devant la Chambre.

Le Comité, de son côté, a gardé une certaine réserve à l'égard du cabinet Rouvier, tout au moins dès le début. Des appréhensions s'étaient manifestées, mais elles se dissipèrent lorsque le ministère Rouvier, décidé à continuer la politique du Bloc, accepta le programme de notre Parti contenu dans l'ordre du jour du 27 janvier. Un certain nombre de ses membres, d'ailleurs, font partie du Comité Exécutif.

Le ministère, depuis, a tenu ses promesses ; il a fait voter la séparation des Eglises et de l'État, qui était la réforme que le Comité et notre Parti avaient le plus à cœur de voir se réaliser au cours de cette législature.

Il a fait voter la loi sur le service militaire de deux ans, la loi sur la sincérité et le secret du vote, la réforme des justices de paix ; il a accepté la suppression des notes secrètes sur les fonctionnaires ; il va peut-être amorcer la loi sur les retraites ouvrières. C'est, en somme, notre programme que le ministère poursuit, et votre Comité n'aurait pas voulu faire quoi que ce soit qui pût en retarder la réalisation.

Je dois dire que le Comité Exécutif n'a cessé d'entretenir avec le ministère les meilleures et les plus cordiales relations. Lors de la publication du tableau d'avancement des officiers, publication qui avait ému votre Comité, M. Berteaux s'est empressé de fournir, avec la plus parfaite obligeance, toutes les explications que le Bureau était allé lui demander. M. Berteaux a profité de cette occasion pour renouveler à nos amis l'assurance que, se conformant à l'ordre du jour du Sénat, *l'avancement des officiers serait basé à la fois sur leurs aptitudes professionnelles et sur leur dévouement aux institutions républicaines.*

La visite faite par le Bureau du Comité auprès de certains membres du cabinet, le 13 mars, pour leur exprimer *les inquiétudes qu'avaient éprouvées les républicains au moment où le ministère s'était constitué,* mérite une mention spéciale, puisque, à l'heure actuelle, le Comité s'en tient encore aux déclarations faites ce jour-là.

Le Président du Conseil, en ce qui concerne les affaires militaires, déclara qu'il *refuserait de sacrifier quoi que ce soit aux rigueurs nationalistes et ne laisserait pas rouvrir, sous n'importe quel prétexte, l'affaire dite « des fiches »*. Dans l'ordre administratif, il se borna à dire *qu'il n'y avait rien de changé : la justice pour tous, les faveurs pour les républicains.* M. Rouvier affirma sa ferme volonté de voir aboutir bientôt la Séparation, en ajoutant même que les retraites ouvrières viendraient en discussion aussitôt après.

M. Etienne se plut à rappeler les bons rapports des Comités avec l'Administration. « *Je m'inspirerai toujours,* ajouta-t-il, *des principes qui ont permis, pendant ces cinq années, à tous les républicains de se grouper pour former le bloc de gauche et constituer une majorité compacte qui a rendu possible la réalisation des réformes attendues depuis si longtemps.* »

MM. Berteaux et Dubief confirmèrent les déclarations du Président du Conseil et du Ministre de l'Intérieur. Le Comité n'avait qu'à se réjouir de ces déclarations et les enregistrer. Notre Parti n'a de prévention contre personne. Il se préoccupe moins des personnes que des actes. Que ces derniers soient conformes à nos principes, là est l'essentiel. C'est pourquoi notre Parti ne conservera son concours au Gouvernement que s'il continue à suivre une politique d'union franche et loyale à gauche, une politique d'action et de défense républicaines.

Et dans une dernière entrevue du Bureau, élu récemment, avec M. Etienne (le 17 juin), le Ministre de l'Intérieur lui a *donné l'assurance que, en aucune circonstance, le concours du Gouvernement ne saurait manquer à ceux qui se proposent le succès des idées républicaines par l'union des groupements de gauche.*

Le Comité, en présence de ces déclarations répétées et des actes qui ont suivi, ne peut avoir à l'égard du Cabinet qu'une attitude bienveillante. Ceux de nos amis qui sont au pouvoir encourraient une lourde responsabilité s'ils venaient à tromper les espérances de la démocratie. Je me hâte d'ajouter que je suis convaincu, au contraire, qu'ils feront tout leur possible pour hâter la réalisation des réformes promises, et que s'ils tiennent à être les amis de tout le monde ils sauront montrer qu'ils sont surtout et avant tout les amis des républicains.

Rapports du Comité avec les autres Partis

Le Comité Exécutif du Parti républicain radical et radical-socialiste n'a cessé d'entretenir d'excellents rapports avec les autres fractions du Parti républicain, tant avec le Parti socialiste qu'avec l'Alliance démocratique.

Celle-ci est animée d'un esprit si libéral et si conciliant que nos rapports avec ce groupement ne peuvent être qu'empreints de la plus grande cordialité.

Le Parti socialiste a subi, depuis le Congrès de Toulouse, une modification profonde. L'Unité socialiste s'est réalisée. Bien que, dans les Statuts du Parti socialiste unifié, il soit spécifié que « *ce parti est un parti de révolution et non de réformes* » *et qu'il n'accepte qu'à titre exceptionnel d'avoir quelques points de contact avec les autres partis bourgeois*, nous sommes convaincus que nombreux seront les points de contact qu'il aura avec notre Parti et que nous continuerons à marcher d'accord avec lui pour libérer l'humanité des servitudes religieuses et capitalistes.

Je ne parle pas des socialistes parlementaires. Avec eux nous continuerons à marcher la main dans la main, puisqu'ils ne veulent pas se séparer des groupes de gauche pour mener de concert l'action commune contre la réaction sous toutes ses formes.

Action électorale du Comité

L'année 1905, d'ailleurs, est une année de recueillement, de préparation à la grande consultation électorale de 1906 qui verra à la fois les élections au Sénat, l'élection présidentielle et le renouvellement intégral de la Chambre.

C'est dire que le Comité n'a pas eu à jouer un rôle électoral très important. Néanmoins, il a enregistré avec plaisir le succès de nos amis à Châtillon-sur-Seine, à Céret, à Armentières, à Tarascon, dans les Pyrénées-Orientales, le Tarn et l'Hérault.

Il a applaudi à l'élection au Sénat de M. d'Estournelles de Constant dans la Sarthe, de l'infatigable président du Comité républicain du Commerce et de l'Industrie, M. Mascuraud, dans la Seine, ainsi vengé de toutes les attaques dont il a été l'objet, de MM. Trystram fils et Paul Hayez dans le Nord, de M. Achille Maureau dans le Vaucluse, dont le nom a réuni l'unanimité absolue des suffrages républicains du Congrès, de MM. Bienvenu-Martin et Chautemps.

Votre Comité a cherché à assurer le succès de nos amis dans toutes ces manifestations électorales.

Au point de vue disciplinaire, il n'a eu à intervenir que dans l'élection municipale de Croulebarbe, où M. Leboucq, maintenant sa candidature au deuxième tour, a été désavoué par le Comité. Son cas, d'ailleurs, sera soumis aux décisions du Congrès.

L'intervention du Comité s'est également produite en faveur des candidats républicains, dans l'Aisne, notamment, et à Marseille.

Le succès n'a pas toujours couronné ses efforts, mais nous n'avons pas eu de pertes électorales à regretter cependant.

Action intérieure du Comité

Depuis le Congrès de Toulouse, le Comité a eu quatre présidents : les citoyens Berteaux, Bourrat, Henri Michel et Morlot. Il s'est réuni au moins une fois par semaine. A l'époque de l'affaire des fiches, des séances extraordinaires et spéciales ont eu lieu très souvent. Le Bureau a multiplié ses démarches auprès des Pouvoirs publics pour défendre les fonctionnaires républicains menacés. Il n'a épargné ni son temps, ni sa peine, et il est heureux d'avoir pu enrayer une crise qui aurait pu être fatale à la République.

Il a veillé, autant qu'il était en son pouvoir, à ce que les décisions du Congrès de Toulouse soient exécutées. Bien que des événements imprévus aient paralysé la volonté réformatrice de nos amis du Parlement, il n'a cessé de leur rappeler qu'ils avaient à exiger des Pouvoirs publics le vote de la loi assurant la liberté et le secret du vote, celle sur le service militaire de deux ans; ces deux lois sont votées. Et qui aurait pu supposer au Congrès de Toulouse que la loi sur la séparation des Eglises et de l'Etat serait votée cette année? Les congressistes le souhaitaient, le demandaient sans l'espérer. Aidés par l'insolente attitude du clergé, par la tactique de M. Combes, et poussés par l'action incessante de votre Comité, les députés républicains du Bloc ont su exiger cette réforme, qui est le couronnement de notre lutte séculaire contre le cléricalisme, des mains mêmes du ministère actuel. On peut dire que la loi de Séparation, quoique imparfaite, sera bien l'œuvre du Parti radical et radical socialiste, et nous pourrons la revendiquer hautement devant le pays en 1906.

L'obstruction systématique faite au ministère Combes, le changement de cabinet, les difficultés de toutes sortes créées par les nationalistes, ont retardé la mise à l'ordre du jour de la loi sur les retraites ouvrières et paysannes, celle relative à l'impôt sur le revenu. Je ne crois pas, malgré notre bonne volonté, que nous puissions les faire aboutir avant les élections de 1906. Elles seront l'œuvre de la prochaine législature. Celle-ci aura été une législature laïque — la prochaine sera fiscale et sociale.

Si les divers Bureaux qui se sont succédé ont déployé une réelle activité au cours de cette année, il n'en a pas été de même des Commissions. Quelques rares ont régulièrement fonctionné et ont produit : les unes, des travaux utiles; les autres, des travaux remarquables. Ces travaux seront soumis à vos délibérations.

Parmi les questions étudiées par les Commissions et par votre Comité, je me bornerai à citer : la réforme électorale, la nouvelle discipline électorale des programmes, qui a fait l'objet d'un très brillant rapport de M. Gariel ; la création d'un Comité de vigilance, la suppression du scrutin secret pour l'élection du président de la Chambre, le remplacement des prestations par une taxe vicinale, la modification de l'article 321 du Code d'instruction criminelle, la suppression des conseils de guerre, l'extension de la juridiction des prud'hommes, le règlement et la discipline, l'organisation et la propagande du Parti, etc.

Au cours de ses travaux, le Comité a dressé la carte électorale du Parti, laborieusement préparée par la Commission de propagande et d'organisation. Nous savons maintenant la situation politique exacte de chaque département et de chaque circonscription. Cette carte sera très utile à consulter par le Comité à la veille des élections législatives. C'est là un travail de longue haleine qui fait honneur à ceux de nos vaillants amis qui l'ont entrepris et ont su le mener à bonne fin.

Les événements de ces derniers temps me font exprimer le vœu que le Comité Exécutif suive de près, à l'avenir, la politique étrangère, qui doit être à la fois *prudente, pacifique* et *digne*. Notre diplomatie a failli nous entraîner dans une aventure sans que personne s'en doutât. Il serait utile qu'une Commission se préoccupe des questions de cette nature, ne serait-ce tout au moins que pour faciliter la nomination de quelques républicains dans nos ambassades et nos consulats.

Action extérieure

Votre Comité a été en relations constantes avec les groupes adhérents de province, et sa correspondance, toujours croissante, témoigne d'une activité louable.

Le *Bulletin du Parti* a enregistré toutes les manifestations politiques auxquelles le Parti a pris part. Constatons, en passant, que ce Bulletin, qui est le trait d'union entre les groupes, les Fédérations et le Comité Exécutif, rend chaque jour des services qui sont de plus en plus appréciés.

Le Comité a secondé de tous ses efforts la propagande de nos amis et a fourni des conférenciers à ceux des groupes qui ont fait appel à lui. Le nombre des conférences ainsi organisées dépasse de beaucoup le chiffre des années précédentes; et encore est-il permis de constater qu'il n'a pu répondre favorablement à toutes les demandes qui lui ont été adressées.

Votre Comité estime qu'il y a encore beaucoup à faire sous ce rapport. On peut se demander si, à côté des conférences pour la propagation de nos idées, il n'y aurait pas lieu d'en organiser sur l'initiative même du Comité, pour créer des Fédérations dans les départements où notre Parti n'a encore qu'une organisation embryonnaire. Ne l'oublions pas, notre force dépend de notre organisation.

Mouvement du Parti

Voici une statistique qui montre l'état actuel de notre Fédération, avec ses groupements adhérents :

A. Fédérations départementales : 17.

Ces Fédérations existent dans les départements suivants : Aisne, Hautes-Alpes, Aude, *Charente*, *Drôme*, Gard, *Haute-Garonne, Gironde, Hérault, Haute-Marne, Nord, Oise,* Pyrénées-Orientales, *Rhône*, *Seine*, Seine-et-Oise, Tarn et Vosges.

Les Fédérations en italiques sont constituées normalement, par délégations de comités communaux et cantonaux.

B. Fédérations d'arrondissement : 14.

C. Fédérations de circonscription : 31.

D. Comités cantonaux : 82.

E. Comités communaux : 830.

F. Groupements divers (Loges, Conseils municipaux, Sections de la Ligue des Droits de l'Homme, Cercles, Sociétés diverses, etc.) : 123.

Au total, la Fédération compte 1,097 groupements adhérents.

L'année dernière, le Comité Exécutif comptait exactement, au 9 octobre, (clôture du Congrès de Toulouse), 993 groupements. Il a donc eu, du 9 octobre 1904 au 30 juin 1905, à enregistrer une augmentation de 104 groupements.

Je rappelle, pour mémoire, qu'en 1902, au Congrès de Lyon, la Fédération ne comptait que 400 Comités adhérents.

Le nombre des mandats au Congrès de Lyon était de 800. Votre Comité en a enregistré un plus grand nombre pour le Congrès de Paris.

On le voit, nos forces vont en progressant, et il est permis de concevoir les plus belles espérances pour l'avenir de notre Parti.

Presse républicaine

Elle a donné au Comité son concours précieux et désintéressé en accueillant, avec la plus grande bienveillance, toutes les communications qui lui ont été faites en son nom et au nom du Parti. Nous espérons qu'elle lui prêtera dans l'avenir le même appui. On comprend qu'il me soit impossible de citer tous les journaux qui ont droit à notre reconnaissance. Mais je tiens à leur adresser, au nom du Comité et en votre nom à tous, nos plus vifs remerciements.

Finances du Parti

Je laisse le soin de parler de la situation financière de la Fédération au rapporteur spécial qui en a été chargé. Qu'il me suffise de dire que, grâce à notre organisation meilleure, l'état de nos finances est de plus en plus prospère.

Secrétariat général

Il serait injuste ne pas rendre hommage à notre dévoué secrétaire général, M. Bouffandeau. On peut dire que grâce au zèle infatigable qu'il déploie, à l'activité qu'il apporte dans son travail, il est en quelque sorte la cheville ouvrière de votre Comité et de votre Fédération dont il a formé les cadres.

Nos adversaires ne l'ignorent pas, et vous connaissez les attaques passionnées dont il a été l'objet il y a quelques mois. Aussi avons-nous tous applaudi à la distinction flatteuse dont il a été l'objet de la part du gouvernement, distinction qui n'était que la récompense des longs services qu'il a rendus à l'enseignement laïque, à son parti et à la République.

M. Bouffandeau a été d'ailleurs merveilleusement secondé dans sa tâche par son fidèle et non moins devoué collaborateur Reynard.

Conclusions

Jamais, depuis que notre Parti est constitué, le Comité Exécutif n'eut à faire plus de démarches auprès des pouvoirs publics, à surveiller d'aussi près les manœuvres perfides des ennemis de la République, jamais son activité ne fut plus grande et ses devoirs plus impérieux. On peut dire aujourd'hui que si la crise est conjurée, que si les fonctionnaires républicains n'ont pas été en plus grand nombre sacrifiés, que si la situation politique présente est satisfaisante pour notre Parti, si les dernières traces de nos dissidences tendent à disparaître, c'est grâce à l'énergie déployée par le Comité Exécutif, c'est grâce à ses efforts persévérants, au dévouement de tous ses membres, à la fermeté de son attitude et à son action de tous les instants. Oui, dans cette heure troublée qu'a traversée la République, alors que des défaillances se produisaient dans nos rangs, le Comité Exécutif a fait son devoir, tout son devoir. Il est bon que vous le sachiez tous, ici. Oui, nous pouvons dire, et non sans fierté, que le Comité Exécutif de 1904-1905 a bien mérité de la Fédération radicale et radicale-socialiste, qu'il a bien mérité de la République.

Le Président. — Il n'y a pas d'observations sur le rapport du citoyen Coulondre ?...

(Le rapport est approuvé.)

LA SITUATION ET LA TACTIQUE DES PARTIS POLITIQUES EN FRANCE

Le Président. — La parole est au citoyen Bonnet pour son rapport sur la situation politique du Parti.

Le citoyen BONNET. — Ce rapport va être distribué, je vous en éviterai la lecture. Je rappelle simplement que ce qui a motivé ce rapport, c'est le désir unanime de nos amis d'être documentés sur ce que nos adversaires ont projeté contre nous pendant l'année écoulée. (*Applaudissements.*) Je me suis donc préoccupé de fournir à nos amis qui ont été si injustement mis en cause des arguments contre la réaction afin que, quand la campagne électorale s'engagera, nous leur répondions avec les arguments que nos adversaires nous ont fournis. J'ai donc fait ce rapport aussi complet que possible.

Je vous garantis d'une façon à peu près complète l'authenticité des documents que je mets sous vos yeux ; je crois avoir ainsi bien servi mon Parti en lui permettant d'engager, dans les meilleures conditions possibles, la lutte contre la réaction aux élections de 1906. (*Applaudissements.*)

Le citoyen Hector DEPASSE. — Nous avons tous des sentiments d'approbation pour le rapport de notre ami et collègue Bonnet. Je me permets seulement de faire une observation à propos d'un paragraphe que vous trouverez à la fin de ce rapport sous le titre ; « Les élections de 1906. »

« Nous comptions, écrit le citoyen Bonnet, sur le projet de loi voté à une énorme majorité par la Chambre, qui protégeait la liberté et la sécurité du scrutin. »

En effet, citoyens, nous comptions sur le vote de ce projet de loi, mais nous comptions également sur le vote des motions et des vœux que vous avez déjà votés dans tous vos Congrès, à Paris, à Lyon, à Marseille et l'an dernier à Toulouse où vous avez inscrit, en tête de votre programme électoral, le large scrutin, et des mesures de préservation contre l'abus des dépenses électorales et contre l'excès de l'affichage.

Je pense que nous devons ajouter quelques mots au rapport de notre ami Bonnet, et je lui demande à lui-même, car je sais que c'est son propre sentiment, d'accepter cet amendement, que nous comptons non pas seulement sur le projet de loi relatif au secret du vote, mais encore sur l'adoption d'un plus large scrutin qui soit digne de la démocratie et de notre grand Parti et sur une réforme de nature à réprimer l'excès des dépenses électorales et l'abus de l'affichage. (*Applaudissements.*)

Le citoyen BONNET. — Nous sommes de cet avis; un passage de mon rapport, à la page 4, dit : « A ses moyens électoraux, menaces, intimidation, la réaction ajoutera son moyen favori : la corruption. »

Mon rapport vous a signalé les lamentables conséquences de la conduite de la Chambre, qui a validé les élections les plus scandaleuses ; le Parlement n'a pas voté la loi limitant les dépenses électorales, qui frapperait également les corrupteurs.

Cette faiblesse encourage les écumeurs de scrutin, et vous assisterez l'année prochaine à une intervention d'argent qui dépassera celle de 1902, contre laquelle vous avez unaniment protesté. (*Applaudissements.*)

Le citoyen Hector DEPASSE. — Citoyens, je remarque que le type, la formule du scrutin qui répond aux vœux de notre Parti n'a pas sa place, comme il devrait l'avoir, dans l'œuvre du rapporteur.

Vous l'aviez voté formellement dans tous les Congrès qui ont eu lieu depuis le premier Congrès de Paris.

Vous l'avez voté successivement dans vos Congrès de Lyon, de Marseille, de Toulouse.

Je viens vous demander de maintenia le type et la formule du scrutin qui répondent à la pensée générale de notre Parti.

Le scrutin de liste, c'est vous, c'est la concorde, c'est l'union républicaine, Ce sont les idées générales du Parti républicain.

Nous nous expliquerons plus tard là-dessus. Pour l'instant, je demande seulement que ce Congrès ne se dissolve pas sans formuler un vœu général sur le scrutin de liste et sur la répression de la corruption et des fraudes électorales. (*Très bien ! Très bien !*)

Un Citoyen. — Je demande le renvoi à la huitième commission.

Le Président. — Cette question de la réforme électorale pourra faire l'objet d'un rapport qui sera fait par la commission de la réforme électorale. Je propose donc au Congrès d'ajourner cette question.

Vous avez sous les yeux le rapport du citoyen Bonnet; réservez-vous le rapport ?

Le citoyen Belloc. — Ne serait-il pas possible que les Congressistes reçoivent chez eux les rapports lus ici ? Comment voulez-vous que nous discutions ce que nous n'avons pas lu ?

Le citoyen Laurent Chat. — J'apporte ici l'expression des regrets des deux Comités que j'ai l'honneur de représenter, de voir que l'argent du Comité Exécutif est parfois employé d'une façon inutile puisqu'on a fait imprimer des rapports qu'on nous a distribués et dont nous pouvons parfaitement contester et le fond et la forme. Il serait peut-être préférable pour l'avenir, de façon à éviter ces pertes d'argent, de ne rien imprimer qui ne soit d'abord approuvé. Il y a une phrase dans ce rapport que nous n'accepterons jamais parce qu'elle paraît répondre à une préoccupation toute particulière et elle a pu échapper à la vigilance du Comité Exécutif. Il est dit : « Le rôle essentiel du ministère présidé par M. Rouvier était d'effacer les dissentiments entre républicains », et nous ne sachons pas qu'il y ait eu des dissentiments sous le ministère, entre républicains (*Bravo !*) Il y a eu des tactiques différentes, mais nous ne saurions blâmer la tactique de ceux qui ont été loyalement républicains. (*Applaudissements.*)

Le Président. — Je dois faire observer que ce rapport a été imprimé aux termes d'une décision du Congrès de Marseille qui a demandé l'impression. Le Comité Exécutif s'est conformé à ces indications et a cru répondre au désir des Congressistes en faisant imprimer le rapport.

Une voix. — Il a bien fait !

Le Président. — Il y a en effet quelque chose qui mérite certainement l'attention dans les observations qui ont été présentées par les deux orateurs précédents. Il est bien certain que nous ne pouvons pas faire imprimer autre chose que ce qui a été approuvé par le Comité Exécutif; mais il est certain aussi qu'il appartient au Congrès d'apporter au rapport les modifications que bon lui semble.

Une voix. — Parfaitement.

Le Président. — Mais je dois faire remarquer que ce rapport figurera à nouveau dans le compte-rendu du Congrès et qu'il y figurera avec les modifications ordonnées par le Congrès.

Une voix. — Je propose la suppression de ce paragraphe.

Le citoyen Louis Bonnet. — Citoyens, il ne peut y avoir aucun malentendu. Le rapport, au début, indique en ces termes les sentiments du Comité Exécutif. « En janvier, le cabinet Rouvier a succédé au cabinet Combes, qui s'est retiré volontairement. Jusqu'au bout, le Comité Exécutif a apporté à ce dernier un concours persévérant. Nous avons constamment approuvé son appel à l'union des républicains, son ferme langage contre l'Eglise factieuse, son action civique et réformatrice. » Nous n'avons fait qu'exprimer ce qui a été dit à tous les précédents Congrès, notre adhésion complète au cabinet Combes.

Quant au paragraphe suivant, il n'y a qu'une chose dont nous nous félicitons, citoyens, au Comité Exécutif. Nous nous sommes trouvés toujours d'accord, en majorité, pour approuver constamment le cabinet Combes. Aujourd'hui, nous ne faisons que constater ce qui s'est passé. Le passage relatif au cabinet Rouvier fait allusion à une situation que vous connaissez tous; et nous approuvons ce qui a été fait par le cabinet Rouvier pour faire aboutir les réformes. (*Mouvements divers.*)

Le citoyen Camille Pelletan. — Je demande la parole. (*Applaudissements.*)

Citoyens, je demande seulement la parole pour une motion d'ordre. Vous vous êtes rendus ici de tous les points de la France pour organiser — et ce n'est pas une petite besogne à faire en trois jours, — l'action du grand Parti que nous représentons et qui a la majorité dans l'intérieur du Bloc. (*Applaudissements.*) Nous avons à peine le temps de nous organiser et de voir ce que nous ferons. Je vous supplie de ne pas employer ce temps à rectifier ou à approuver les appréciations personnelles du citoyen Bonnet sur le ministère actuel. (*On rit.*) Je serais assurément le premier à faire des réserves sur le langage qu'il a tenu. Je ne croyais pas que ce fût le rôle du Comité Exécutif d'essayer de lier encore par avance le Congrès au sujet de l'attitude qu'il a à prendre vis-à-vis du ministère actuel. (*Applaudissements sur un grand nombre de bancs.*)

Le citoyen Chesseron. — Quand on est délégué au Comité, on y va pour combattre les idées qui ne sont pas les vôtres.

Le citoyen Camille Pelletan. — D'ailleurs, nous ne sommes pas à la Chambre.

Nous avons à faire un programme et un plan d'action aux prochaines élections pour le Parti auquel nous appartenons ; c'est là notre principale mission. Je demande, en conséquence, que vous réserviez la question du rapport à plus tard et que vous passiez immédiatement à l'organisation des commissions qui vous permettront d'entreprendre votre véritable travail.

Le citoyen Chesseron. — Sous les réserves qui vont être faites, le Congrès comprend l'importance du travail qui a été fait par le citoyen Bonnet, auquel, j'en suis sûr, tous ici rendent hommage. (*Applaudissements.*

M. le Président. — Nous prenons acte des réserves qui viennent d'être faites sur le travail du citoyen Bonnet auquel j'en suis sûr, tout le monde rend hommage. (*Applaudissements.*)

Le citoyen Camille Pelletan. — Je demande à dire un mot de plus. Nous ne pouvons être liés par un rapport que nul de nous n'a lu intégralement.

Je demande que tout soit renvoyé au moment où vous prendrez des résolutions, mais je demande que pour l'instant vous vous contentiez d'organiser votre travail.

Le citoyen Morlot, *président*. — Conformément à la proposition du citoyen Pelletan, nous ajournerons l'approbation du rapport de M. Bonnet jusqu'au moment où nous prendrons les résolutions dont il parle.

Il est entendu qu'à l'avenir et conformément aux vœux qui ont été formulés ici avec approbation générale, on s'efforcera, dans la mesure du possible, de faire parvenir aux congressistes les rapports en temps utile pour qu'ils puissent en prendre connaissance.

Rapport présenté par M. Louis Bonnet au nom du Comité Exécutif

Citoyens,

Depuis notre dernier Congrès, tenu à Toulouse en octobre 1904, les partis politiques ont continué activement leur organisation et préparé la mobilisation de leurs adhérents en vue des élections sénatoriales et législatives de 1906.

La situation politique

Le Bloc républicain demeure compact et écrasera de sa masse le Bloc réactionnaire aux élections de 1906. L'affaire des fiches a fait long feu. Les artifices et les calomnies des nationaliste et des cléricaux avaient un moment troublé l'opinion et donné le change. La vérité a été rétablie, le pays a sévèrement jugé les entrepreneurs de scandale qui avaient dérobé, acheté et falsifié des documents privés pour satisfaire leurs haines politiques.

La discussion de la loi sur la séparation des Eglises et de l'Etat a commencé avant les vacances de Pâques et a été terminée à la veille de ce Congrès, malgré l'obstruction systématique de la Droite, qui a multiplié les motions et les amendements inutiles ; il ne nous reste plus qu'à souhaiter que le Sénat se mette promptement à la besogne. Cette grande réforme va enfin aboutir.

Loin d'y faire obstacle, la France républicaine attend impatiemment l'application de cette mesure libératrice. Nous l'avons déclaré à Toulouse, nous le répétons avec plus d'insistance : il n'y aurait d'inconvénient, de danger pour la République que si la loi était ajournée. Les cléricaux auraient beau jeu à en dénaturer le caractère et la portée si elle ne fonctionnait pas plusieurs mois avant les élections législatives.

La loi sur l'assistance obligatoire aux vieillards et aux infirmes et le débat sur les retraites ouvrières achèveront d'honorer cette législature où notre parti aura joué un rôle prépondérant. Nous nous trouverons dans la meilleure situation pour livrer la rude bataille de 1906 ; nos adversaires ne nous cachent pas leur but, un de leurs principaux journaux l'écrit sans ambages : « Les libéraux comp-
« tent bien qu'après les élections, la volonté du pays
« s'étant fait connaître, on sera contraint d'amender la loi
« sur la séparation dans le sens de la liberté, *si mieux*
« *l'on n'aime la supprimer.* »

Ainsi, nous sommes dûment avertis. Pour les réactionnaires, le principal objectif des prochaines élections, c'est la suppression de la loi sur la séparation que nous avons si longtemps réclamée. Toute une série de mesures suivrait, tendant à détruire les libertés chèrement acquises, si le pays élisait une majorité selon le cœur de l'Eglise. Pour y arriver, l'ennemi a pris un ensemble de dispositions, fait d'incroyables efforts : mon devoir est de vous en faire un résumé fidèle.

Le Bloc réactionnaire

Proclamons d'abord que nous aurons affaire, en 1906, aux mêmes adversaires qu'en 1902. Royalistes et bonapartistes, cléricaux et nationalistes, les soi-disant ralliés et les mélinistes marcheront étroitement d'accord, formeront le Bloc réactionnaire : nous devons leur opposer le Bloc républicain.

La Fédération républicaine

Les mélinistes sont incorrigibles. Après avoir fait au cabinet Waldeck-Rousseau une guerre sans merci, ils ont traité le cabinet Combes de Turc à More ; en apparenee, ils usent de ménagements envers le ministère Rouvier, qu'ils ont abandonné dans des scrutins décisifs. Quelques-uns d'entre eux ont compris leur erreur et ont prêté leur appui à ce ministère avec la ferme volonté de rester toujours dans la majorité républicaine. La plupart ne le veulent pas et surtout, ne le peuvent pas.

Electoralement, l'immense majorité des républicains soi-disant progressistes sont élus par une grosse majorité de cléricaux et une faible minorité de républicains.

Parlementairement, leur origine électorale les condamne à se confondre avec la Droite, à servir docilement les intérêts de l'Eglise, dont ils sont les prisonniers. S'ils voulaient regimber, le clergé les mettrait en échec dans leurs cirsconscriptions. Ils lui rendent entre autres services celui de parer d'une étiquette républicaine leur politique réactionnaire.

Les mélinistes se donnent beaucoup de mal pour faire illusion sur leur importance dans le pays. Leur état-major sans troupes est rassemblé à « *l'Association nationale des républicains* » et à la « *Fédération républicaine* » ; il a entrepris cette année plusieurs conférences où les « Jeunesses catholiques » ont eu la bonté de figurer, en l'absence de républicains ; il assiste mélancoliquement à l'organisation et à la prise de possession des circonscriptions par l'*Action libérale*, qui le jettera poliment dehors quand elle aura terminé son travail d'embrigadement.

La Ligue de la Patrie française

La *Ligue de la Patrie française* ne s'est pas encore relevée du désastre qu'elle a essuyé aux élections municipales parisiennes de 1904. Ses comités font plus de bruit que de besogne. Sa politique est d'exploiter le patriotisme. Ses journaux s'emploient consciencieusement à battre de la grosse caisse : leur exercice quotidien est de surexciter le sentiment national, d'exagérer et d'envenimer les différends qui se produisent entre peuples, d'agiter constamment le spectre de la guerre.

Le mot d'ordre des congrégations

Le clergé va se jeter avec fureur dans la mêlée. Le pape l'ordonne aux évêques, et, si quelques uns d'entre eux étaient tentés de garder la neutralité, l'exemple de MM. Geay et Le Nordez, suspects de ménager la République, leur apprendrait ce qu'il adviendra prochainement d'eux.

Les congrégations, qui ne sont dissoutes qu'en apparence, dirigent le mouvement et somment les prêtres et les catholiques de marcher au combat. La plus importante, celle des assomptionnistes, qui tient les diocèses par les *Croix* et exerce une véritable dictature sur l'épiscopat français, a fait éditer une brochure qui nous expose ses desseins. Elle la répand dans le clergé sous le titre ; « *Le Clergé et la politique, ou politique permise et politique prohibée.* »

Après avoir dénoncé comme une ruse de guerre le langage des « sectaires » qui engagent le clergé et les fidèles à ne pas mêler la religion à la politique, elle exhorte au contraire tous les catholiques sans exception, curés et ouailles, à s'organiser pour la lutte et à y participer activement. Elle leur recommande en première ligne « *l'Action* « *libérale*, qui se présente aux catholiques comme revendiquant plus spécialement leurs droits et leurs libertés. »

« L'Action Libérale »

C'est, en effet, *l'Action Libérale* qui prend de plus en plus la direction du mouvement électoral de l'Eglise. Mon rapport au Congrès de Toulouse vous a indiqué qu'elle était chargée d'organiser, d'absorber, d'unifier et de concentrer toutes les forces de réaction : elle s'acquitte à merveille de cette mission, et elle a bien employé les dix derniers mois.

Je vous rappelle la base de son organisation :

Au chef-lieu de chaque département, un *secrétariat départemental* relié au comité directeur de Paris. Ce secrétariat fonctionne au chef-lieu à côté d'un *bureau d'informations* qui concentre les renseignements sur les questions électorales et administratives.

Un *secrétariat de circonscription* organisé dans chaque arrondissemeut comme le secrétariat du chef-lieu pour le département et ayant pour objet « *l'élection du député*, qui réclame la collaboration de tous les correspondants cantonaux ou communaux ».

Un *secrétariat de canton* ayant pour objet « *l'élection du conseiller général* et celle de *conseiller d'arrondissement*, pour lesquelles il fait appel au concours de tous les correspondants communaux ».

Un correspondant de commune ayant pour objet « *l'élection des conseillers municipaux* ».

L'Action libérale a constitué un *secrétariat départemental* dans tous les départements, et un *secrétariat de circonscription* dans chaque arrondissement Elle poursuit la création de ses *secrétariats de canton* et de ses *correspondants de commune.*

Les instructions à ses comités ou correspondants de communes sont simples et précises. Je vous en citerai les suivantes :

Renseignements. — Pointer sur la liste électorale de chaque commune les abstentionnistes, les douteux, les libéraux, les sectaires irréductibles.

C'est-à-dire établir des fiches sur chaque électeur.

Organisation. — Dresser dans chaque circonscription une liste de toutes les associations, notabilités, influences bonnes ou mauvaises, des agents électoraux, afficheurs, lieux de réunions, etc.

C'est-à-dire constituer des dossiers sur toutes les associations locales et les notabilités républicaines.

ACTION POLITIQUE.— *Pénétrer et conquérir de l'influence dans les associations adverses ou indifférentes.*

C'est-à-dire envoyer dans toutes les associations et comités de républicains des agents salariés ou non qui feront le jeu de l'*Action libérale,* se livreront à l'espionnage, à la surenchère, essaieront de désorganiser.

Action sociale. — Rendre service en donnant à tous les électeurs des renseignements, des conseils, etc.

Ce qu'elle complète en ajoutant :

« Le moyen le plus efficace pour conquérir un électeur, c'est de lui rendre service, à lui ou à quelque membre de sa famille.

« Les délégués et les secrétariats doivent s'ingénier pour rendre tous les services qui seront demandés, pour aller même au devant des désir. C'est le vrai moyen de lutter contre la pression administrative.

« Ils s'efforceront de faire comprendre aux libéraux de s'adresser de préférence aux ouvriers et fournisseurs amis et de pratiquer ainsi la solidarité.

« Renseignements exacts, démarches intelligentes et promptes en matière administrative, électorale, militaire, juridique, hospitalière ou charitable, etc., seront très appréciés : souvent, un seul service rendu ainsi entraîne un déplacement de quatre ou cinq voix. »

C'est-à-dire obtenir de la République des faveurs pour mieux la combattre : peser sur le Gouvernement et sur les fonctionnaires pour que ces faveurs soient accordées aux clients des réactionnaires au détriment des républicains, et en faire la menue monnaie de l'Eglise au bénéfice des candidats cléricaux.

Ressources. — Intéresser à l'organisation quelques personnes riches, et recruter de nombreux adhérents et sociétaires à l'*Action libérale.*

C'est-à-dire rafler l'or du riche et les sous du pauvre, susciter des candidatures d'argent et capter les sièges des républicains par la corruption et l'intimidation.

Ce beau programme est partout suivi. Le cynisme des moyens et la malhonnêteté du but n'effarouchent pas une minute les gens de sacristie. La maxime jésuitique : « La fin justifie les moyens » stimule leur volonté et enhardit leur action.

Tous ces hommes délicats qui fréquentent à l'*Action libérale* avaient cependant fulminé, dénoncé et anathématisé à propos des fiches de la soi-disant délation ; ils réclamaient des mesures coercitives contre tous les bons citoyens qui avaient envoyé au Ministre de la Guerre des renseignements confidentiels que ce dernier faisait minutieusement contrôler. Pendant ce temps, l'*Action libérale* faisait des fiches individuelles son système électoral et de la fabrication de dossiers secrets sa méthode d'organisation. Tartufe est pris la main dans le sac. Pour ne pas être tâxé d'exagération, je vais vous citer encore ses intructions.

Les délégués de l'Action libérale

Les cléricaux et les mélinistes ont notamment reproché au cabinet Combes d'avoir institué dans chaque commune des délégués qui correspondaient avec l'Administratton préfectorale. M. Combes n'avait fait, du reste, que suivre l'exemple de M. Waldeck-Rousseau, des cabinets précédents, et notamment de MM. Méline et Ribot.

Le premier soin de l'*Action libérale* a été de chercher dans chaque commune un homme qui consentit à être son délégué. Elle invite instamment son secrétaire de canton à le désigner.

Il y suscitera et y décidera à l'action pratique un homme dont le bon choix a ici une importance plus considérable encore, puisque, lui, se trouve en contact direct avec le corps électoral. Il doit donc être surtout estimé et populaire.

Ce sera le correspondant de commune.

Et quel sera le rôle de ce délégué ? Un modèle de questionnaire lui est envoyé. On lui demande de dire notamment :

« Quelles sont les personnes qui exercent une bonne influence dans le canton ou dans la commune ? Quelles sont celles qui y exercent une mauvaise influence ? »

Les dossiers de l'Action libérale

Ce délégué s'emploiera donc d'abord à constituer des dossiers. L'*Action libérale* lui trace soigneusement la besogne. Comme « *dossiers principaux indispensables* », il devra avoir :

1° Noms, biographies, actes intéressants *des hommes et groupes politiques* ou influents, bons ou mauvais ; — liste des principales *associations* avec notes sur leurs tendances, leurs chefs, l'esprit de leurs membres et de leur influence ; liste des *revues et journaux locaux* avec tous les renseignements intéressants les concernant (tirage, diffusion dans chaque commune, correspondants, *propagateurs*, moyens d'action) etc.

... 5° Nom et nuance du maire, des adjoints, des conseillers municipaux ; — la *biographie des conseillers* et leurs votes caractéristiques ; des *notes sur les notables et groupements* bons et mauvais, etc.

Les fiches de l'Action libérale

Ce n'est pas suffisant de constituer des dossiers secrets sur tous les hommes politiques, sur toutes les Associations et tous les notables républicains. L'*Action libérale* arrive du coup à la perfection du système et fabrique une fiche pour chaque citoyen.

Pour justifier ce vaste espionnage, exercé sur tous les Français, elle invoque des considérations stratégiques. Elle dit à ses délégués de commune : « Le travail électoral réclame une organisation et une action permanentes » ; et elle ajoute :

« Un général ne part jamais en guerre avant d'avoir étudié sa carte d'état-major et reconnu les forces de l'ennemi.

« Ici, notre carte d'état-major, c'est la liste électorale ; notre reconnaissance, c'est l'étude et le classement des électeurs.

« Tant que cette opération préliminaire n'a pas été faite, on agit à l'aveugle, au hasard, sans savoir exactement ce qu'on fait. On perdra son temps à prêcher des convertis ou des adversaires irréconciliables, au lieu de concentrer ses efforts sur la masse flottante des indifférents ou des indécis qu'il y a chance de convaincre et qui décident du sort des élections.

« Le premier soin du secrétariat sera donc de faire copier la liste électorale à la mairie ou à la préfecture et de l'annoter.

« *On accompagne chaque nom de la note 1, 2, 3, 4, suivant que l'électeur ; 1 vote et vote bien ; 2 est indécis ; 3 s'abstient ; 4 est réfractaire et irréductible.*

« On peut remplacer ces chiffres par des signes conventionnels.

« Pour faciliter ce travail, on fait copier la liste électorale sur fiches — *une fiche par électeur* — que l'on classe ensuite par rues. On confie le soin d'annoter ces fiches à un électeur ami ou à un groupe d'électeurs du quartier, qui se répartissent les rues et les maisons. »

Ainsi donc, l'*Action libérale* couvre le territoire d'un immense réseau de secrétariats de département, de circonscription, de canton, et de délégués de commune, dont la tâche principale est de surveiller et noter les habitants. Chaque citoyen aura sa fiche, chaque Association et chaque notabilité républicaine son dossier. La congrégation recommande cet ingénieux système *ad majorem Dei gloriam* : c'est pour la plus grande gloire de Dieu.

Boycottage et Chantage

Il manquait aux acolytes de M. Piou de réhabiliter le boycottage et le chantage et de s'en faire une arme de guerre et un instrument de règne ; leur prévoyance n'a pas négligé ce pieux procédé. Les prescriptions de *l'Action libérale* sont formelles :

« Les délégués et les secrétariats s'efforceront de *faire comprendre aux libéraux de s'adresser de préférence aux ouvriers et fournisseurs amis* et de pratiquer ainsi la solidarité. »

Mais ces « ouvriers et fournisseurs amis », comment les reconnaître et les faire connaître ? Il est évident que l'association ne constitue pas des dossiers pour les enterrer dans des cartons et n'établit pas des fiches pour le plaisir de la statistique. Ses délégués et ses secrétaires auront d'autant mieux sous la main la liste des *bons*, des *indécis*, des *réfractaires* et des *irréductibles*, qu'ils l'auront confectionnée eux-mêmes. Ils ne pourront recommander aux

« libéraux » les « ouvriers et les fournisseurs amis » qu'en les nommant et en désignant en même temps... les autres.

On n'ira pas trompetter par la voie de la presse la mise à l'index des pauvres diables qu'il faut laisser crever de faim et des détaillants placés en quarantaine : on s'exposerait trop aisément à des revendications judiciaires. Cette jolie opération se poursuivra dans des visites à domicile ou au bureau du délégué et des secrétaires, d'oreille à oreille.

Il est non moins évident que ce boycottage préparera un chantage. Les délégués, si zélés à faire affluer la clientèle chez les « amis » et à la détourner des « réfractaires et irréductibles », s'efforceront de ramener les « indécis » dans la voie du Seigneur et de les faire passer du numéro 2 (indécis) au numéro 1 (vote bien). A ceux-là, qui s'étonneront de ne plus recevoir la commande du châtelain et du bourgeois dévot, on fera vite entendre qu'elle leur reviendra : il leur suffira de sortir de « l'indécision » et de voter à bulletin ouvert pour le candidat de l'Eglise. Ils auront immédiatement mérité la note 1, la fourniture des « libéraux » et le satisfecit de l'*Action libérale*.

Quant aux autres, à ces imprudents abstentionnistes et à ces républicains impénitents dont la fiche porte la note 3 (s'abstient) et 4 (est réfractaire ou irréductible), on les abandonnera à leur malheureux sort. Le travail et les fournitures sont réservés au numéro 1, à ceux qui « votent et votent bien ». La famine et la faillite seront le lot des numéros 3 et 4, qui ont commis le crime de s'abstenir ou de voter pour la République et selon leur conscience.

Tout cela se fera naturellement sous le couvert et au nom de la liberté. C'est pour « arracher la France aux sectaires qui l'oppriment » que les ardents « libéraux » de l'*Action libérale* établissent le dossier de toutes les notabilités et associations républicaines, la fiche de tous les citoyens, et confisquent la liberté électorale. C'est pour assurer le succès du « meilleur candidat » que cette machine de guerre est savamment montée.

Les candidatures réactionnaires

Quel sera ce candidat dans chaque circonscription ? L'*Action libérale* ne se fait pas d'illusion. Si elle s'avise de patronner ouvertement des candidatures, leur échec est assuré d'avance dans la plupart des arrondissements. La

France, qui acclame la suppression des congrégations et la séparation des Eglises et de l'Etat, ne consent pas à retomber sous le joug. Il est chimérique de lui faire accepter des partisans avérés des revendications de l'Eglise; il est inutile d'inviter les électeurs à « faire des manifestations platoniques sur un nom voué d'avance à l'insuccès ». Ces manifestations, écrit l'*Action libérale*, « ne mènent à rien », et en politique réaliste elle ajoute :

« *Mieux vaut donc viser le résultat pratique possible,* C'EST-A-DIRE L'ÉLECTION DU MEILLEUR CANDIDAT, *étant donnés les circonstances locales et l'état d'esprit des électeurs.*

« Il est indispensable, pour cela, de ne se faire aucune de ces illusions dont nous sommes trop coutumiers, de voir les choses telles qu'elles sont et *non telles que nous les voudrions.*

« Si un candidat très bon a vraiment des chances sérieuses, de l'avis des correspondants et secrétariats, ce sera parfait.

« Mais, le plus souvent, les meilleurs, réduits à leurs seules forces, n'ont aucune chance de faire passer un candidat.

« Il leur faut donc, de toute nécessité, recourir aux alliances. »

Et quels alliés choisira l'*Action libérale?* Il semble à première vue qu'elle devrait s'adresser exclusivement aux mélinistes qui lui donnent toutes les garanties de versatilisme et de docilité. A ce compte, elle aurait un lot de non-valeurs électorales et elle se livrerait à ces « manifestations platoniques qui ne mènent à rien ». Elle veut brouiller les cartes, diviser les républicains, réussir par la ruse et l'intrigue, et elle a besoin d'avoir ses coudées franches. Elle fera prendre des engagements secrets à un candidat qui portera peut-être notre étiquette et elle l'opposera à un candidat de même nuance. C'est à nous à déjouer cette perfidie.

Nous sommes certains qu'elle en fera usage; ses instructions à ses adhérents lui en laissent la facilité. « Les alliances, nous dit-elle, varieront selon les régions et les circonstances. » Et pour que ses clients admettent cette tactique subtile et se décident à voter pour le candidat, en apparence hostile, avec lequel on s'est mis d'accord dans la coulisse, l'*Action libérale* prescrit à ses secrétaires de « *ne demander que ce que le candidat jugé le meilleur ou le moins mauvais peut raisonnablement accorder* SANS COMPROMETTRE SON ÉLECTION ».

Après avoir été coulant sur le programme, exigera-t-on de ce candidat une étiquette qui plairait aux « libéraux » et lui nuirait aux yeux des républicains dont il porte les couleurs et recherche les voix ? On s'en gardera bien, cette maladresse compromettrait tout. « *Les secrétariats examineront quelle étiquette il conviendra d'adapter au candidat à soutenir.* » Ici blanche, là rose, ailleurs tricolore ou même rouge : peu importe l'étiquette qui couvrira la marchandise électorale. Pour piper les naïfs, on prendra la couleur qui séduit.

Les compères de l'Action libérale

Contre les candidats des comités radicaux, radicaux-socialistes, socialistes ou révolutionnaires, on fera surgir ou on soutiendra des indisciplinés, des traîtres, des candidatures radicales, radicales-socialistes, socialistes ou révolutionnaires : « l'étiquette » ne signifie rien. Et que demanderont les Révérends Pères de l'*Action libérale* à ces compères ? Comment pourront-ils justifier devant le suffrage universel l'appui qu'ils seront contraints de rendre public pour qu'il soit efficace ? Il ne faut pas « compromettre l'élection » de ces complices en leur imposant des déclarations imprudentes qui sentiraient trop la sacristie et heurteraient de front les républicains ; mais il faut leur en faire dire assez pour entraîner « les libéraux » sans que les républicains s'éloignent.

Le problème est ardu, délicat ; les casuistes de l'*Action libérale* lui ont trouvé une solution élégante. On fera inscrire dans le programme de ces « alliés » « une ou deux revendications qui varieront selon l'élection et les questions à l'ordre du jour ; par exemple : liberté d'association et d'enseignement, liberté des manifestations ».

Ce n'est pas plus difficile que ça, mais la difficulté était de le trouver. Cette « variation des revendications » selon « les circonstances locales et l'état d'esprit des électeurs » est une merveille qu'eût admirée Escobar.

Le printemps de 1906 nous ménagera donc une floraison subite de candidats multicolores qui se réclameront de tous les partis à l'exception du seul — la prudente *Action libérale* — qui leur aura donné, dans la coulisse, l'investiture et l'argent. Il s'affirmeront sûrement plus républicains que nos amis, et sur les questions sociales — ce sera le mot d'ordre de la congrégation — nous reprocheront notre timidité. On ne les verra cependant intransigeants que sur « *la liberté et le droit commun* », car, le proclame fièrement l'*Action*, « *tel est au fond notre programme* ».

Il est probable que si l'association de M. Piou n'y ajoutait pas « les fonds » de sa caisse, ces candidats de la liberté et du droit commun, de la liberté d'enseignement surtout, garderaient ce programme au fond de leurs malles. Nous sommes résignés à le leur voir déballer et nous devons même une certaine reconnaissance à l'*Action libérale*, qui nous dévoile aussi ingénuement sa tactique et son but.

Elle se croit trop certaine du succès, la Congrégation! Sa savante organisation de secrétariats et de délégués, l'accumulation de ses dossiers et de ses fiches ne la préserveront pas du désastre. Nous pouvons lui dire d'ores et déjà que ses candidats sont « brûlés », et elle ne nous rend pas un service médiocre en précisant à quel signe distinct nous les reconnaîtrons.

Les Agents provocateurs

J'appelle votre attention sur le passage des instructions de l'*Action libérale* à ses adhérents que je vous ai cité plus haut. Elle leur enjoint de *pénétrer et conquérir de l'influence dans les Associations adverses ou indifférentes.* Cette cynique prescription, qui révèle une absence complète de sens moral, témoigne de la volonté bien arrêtée de réussir quand même et par tous les moyens.

On cherchera à introduire dans vos Comités et vos Associations des fanatiques qui prendront le mot d'ordre, ou des affamés qui accepteront en même temps l'argent de l'ennemi. Leur consigne sera de vous espionner et de vous diviser, de vous pousser aux résolutions dangereuses et de vous nuire dans l'opinion. Votre esprit politique déjouera ce calcul scélérat et vous devrez redoubler de vigilance pour écarter et démasquer ces Jésuites de robe courte.

La presse congréganiste

L'*Action libérale* n'a eu garde de délaisser ce formidable outil de défense et d'action qu'est la presse. Pendant ces derniers mois, elle a consacré et fait consacrer des sommes importantes à acheter et transformer des journaux existants ou à en publier de nouveaux. Elle a adopté cette maxime du cardinal Lavigerie : « Fonder, soutenir un journal destiné à éclairer les esprits, est, en un sens, aussi nécessaire, aussi méritoire que de construire une église. »

Les fiches des couvents

Je rappelle pour mémoire une découverte qui a fait quelque bruit. On s'était demandé quelle était l'occupation de tant de moines enfermés dans les couvents, à quelle besogne spéciale s'adonnaient les « contemplatifs » et autres gens de robe. La trouvaille faite à Caen chez les « Missionnaires de la Délivrance » a permis d'entrevoir les mystérieux travaux de ces cénobites.

En procédant à l'inventaire des objets mobiliers de cette institution, le liquidateur a eu la surprise de dénicher un grand nombre de bulletins et de fiches ayant un caractère électoral. Ces intéressants papiers portaient des colonnes spéciales pour les renseignements d'état civil de chaque électeur de Caen et une colonne pour les « observations. »

Le liquidateur a mis, en outre, la main sur une autre catégorie de fiches visant exclusivement les élections consulaires.

On s'imaginait que ces reclus s'absorbaient dans la méditation et vivaient pour la prière. On voit, au contraire, que « ces bons pères » ne se désintéressaient d'aucune espèce d'élections ; ils employaient leurs loisirs à faire des fiches.

Dans combien de couvents s'accomplissait la même opération ? Les journaux congréganistes qui ont mené un si beau tapage de la « délation dans l'armée » ont gardé là-dessus une discrétion ecclésiastique.

La corruption électorale

A ses moyens électoraux habituels, pression patronale, intimidation, menace, boycottage, la réaction ajoutera son procédé favori, la corruption, l'achat des voix, le troc des consciences. Mon rapport au Congrès de Toulouse vous a signalé les lamentables conséquences de la longanimité excessive de la Chambre, qui a validé les élections les plus scandaleuses. Le Parlement n'a pas voté les lois qui limiteraient les dépenses électorales et frapperaient les corrupteurs du suffrage universel. Cette faiblesse encourage les écumeurs de scrutin, et vous assisterez l'année prochaine à une intervention d'argent qui dépassera celle de 1902, contre laquelle vous avez unanimement protesté.

La caisse de *l'Action libérale* est bien remplie. Vous avez remarqué qu'elle s'était à peine entr'ouverte aux élections municipales de 1904, quoiqu'elle fût déjà garnie. On a laissé les candidats au Conseil municipal de Paris se tirer d'affaire eux-mêmes. S'il était tentant de garder l'Hôtel de Ville au nationalisme, l'effort nécessitait un trop grand service d'argent. On a préféré réserver, amasser la forte somme pour les élections législatives de 1906.

L'Action libérale s'est ingéniée à réunir un énorme trésor de guerre. Après avoir solennellement déclaré que « l'argent c'est le nerf de la guerre », elle a constitué sa caisse électorale. Ses instructions à ses secrétariats ont préconisé la méthode suivante :

« Souscriptions dans les journaux; établissement de *contributions volontaires* proportionnelles au nombre d'habitants de chaque commune : 5, 10, 20, 50, 100 francs, etc., et dont un habitant notable de la localité accepte la responsabilité et le recouvrement; *démarches personnelles faites par des hommes autorisés et influents auprès des personnes pouvant donner une somme importante;* envoi de listes d'adhésions, *visites individuelles surtout;* organisation du *Sou électoral*, 15 ou 10 centimes par semaine. »

Elle fait cette très juste observation : « *Il faudra d'ailleurs d'autant moins d'argent qu'on sera mieux organisé.* » Et ayant beaucoup d'argent, elle perfectionne activement son organisation et se prépare à subventionner de nombreux candidats.

La conquête des Pouvoirs Publics

Et pourquoi cet immense effort, ce vaste filet de secrétariats et de délégués qui s'étend à chaque commune, ces appels incessants au fanatisme, tant d'excitations pour couper la France en deux camps irréconciliables ? Pourquoi une si furieuse passion à conquérir les Pouvoirs Publics ?

C'est que les Assomptionnistes ont formulé ce nouvel évangile moderne : « *Les élections, c'est l'œuvre des œuvres.* » Leur filiale, *l'Action libérale*, répand à travers le pays la maxime congréganiste. Sa déclaration de principes est catégorique :

« Avenir du pays, lois, droits, libertés, œuvres, intérêts publics et privés, tout, aujourd'hui, relève du suffrage universel. Qu'on s'en réjouisse ou qu'on le déplore, c'est un fait.

« Il n'y a donc pas deux moyens d'améliorer la situation dont on se plaint·

« *Il n'y en a qu'un :* CHANGER LA MAJORITÉ DANS LES ASSEMBLÉES : Sénat, Chambre, Conseils généraux et d'arrondissement, Conseils municipaux. »

Maîtresse de la majorité dans les Assemblées, la réaction aurait tôt fait de restaurer l'ancien ordre de choses et de légiférer à son profit. Pour atteindre ce but, *l'Action libérale* s'appuie sur une série d'Associations qui obéissent à l'Eglise.

Ligue Patriotique des Françaises

La *Ligue patriotique des Françaises* est une annexe féminine de *l'Action libérale*. Sa mission particulière est de rechercher l'argent des femmes et de le verser à la caisse de M. Piou. Son programme, bien terre à terre pour des dames qui invoquent à chaque instant le ciel, est condensé en ces mots : « *Former des réserves de fonds pour l'œuvre électorale.* »

Les nobles personnes qui forment le Comité directeur de la Ligue ont montré cette année un zèle remarquable. Elles quêtent à domicile, opèrent dans les salons et montent dans les mansardes.

Les commerçants et industriels

M. Piou a été déçu de ce côté. La Congrégation a eu beau catéchiser les commerçants et industriels et les inviter à s'affilier à *l'Union du commerce et de l'industrie*, cette Association n'est pas parvenue à dépasser la centaine d'adhérents.

La *Fédération des commerçants et industriels français*, où se sont réfugiés les débris du mélinisme, ne parvient pas à vaincre l'indifférence publique. Elle n'est que plus irritée contre le *Comité républicain du commerce et de l'industrie*, qui groupe de plus en plus les compétences et les énergies du commerce et de l'industrie français.

Le *Comité républicain du commerce et de l'industrie* compte aujourd'hui soixante-six sections et douze mille membres. Bientôt, il n'y aura pas une ville importante de ce pays qui n'en possède une section. Son dévoué président, M. Mascuraud, exerce un véritable apostolat à travers la France républicaine ; chacune des sections qu'il fonde devient un centre d'action démocratique et de défense des intérêts nationaux. En le nommant sénateur de la Seine, en janvier dernier, les électeurs ont su récompenser la fermeté des convictions, le désintéressement et les mérites professionnels. Le Comité Exécutif l'en a félicité par un ordre du jour voté à l'unanimité.

La Jeunesse catholique

L'*Action libérale* tire un puissant concours de deux associations qu'elle qualifie de « groupements amis » : l'*Association catholique de la Jeunesse française* et *le Sillon*.

Les groupes de « Jeunesse catholique » sont reliés entre eux par des « Unions diocésaines » et « régionales » et comptent trente-cinq mille adhérents. Ils ont à Paris un comité central dirigé par le fougueux défenseur des congrégations, M. Lerolle, et des secrétariats de zones rayonnant de Paris dans les départements. Chaque secrétaire de zone correspond avec les groupes de sa région.

Les « Jeunesse catholique », frais émoulus des ignorantins et des jésuitières, composent le public des réunions cléricales, se livrent à des manifestations dans les rues et font tapage dans les réunions républicaines. On les attire par des renseignements professionnels, des consultations juridiques et des renseignements syndicaux. Des « Jeunesses » du même tonneau clérical les secondent : « Jeunesse républicaine patriote », « Jeunesse républicaine antisémite », « Jeunesse républicaine plébiscitaire », « Jeunesse républicaine socialiste patriote », que l'Eglise mobilise.

Le Sillon

Le Sillon a montré cette année une grande activité. Il a créé de nouveaux « cercles d'études » comprenant chacun une quinzaine environ de jeunes gens, ouvriers ou employés pour la plupart, qui sont dressés à faire des conférences-causeries et à endoctriner les travailleurs.

Son activité se porte également à former des groupes de « jeune et vieille gardes », adolescents de seize à vingt-et-un ans, cléricaux fanatiques au poing solide, qui escortent et acclament les orateurs catholiques et conspuent les orateurs républicains.

L'Église militante

Ces divers groupements, *Action libérale, Association républicaine libérale, Jeunesse catholique, Sillon*, ne sont qu'une des formes de l'action cléricale. Le rapporteur du Congrès des catholiques du Nord, M. Bataille, « aumônier des Œuvres ouvrières » à Lille, a précisé « le devoir des catholiques en face de ces groupements ».

« Ils doivent, dit-il, leur apporter le concours de leur intelligence, de leur activité et de leur bourse. Mais là ne s'arrête pas le devoir et, à côté de l'action politique et électorale, il est aujourd'hui plus nécessaire que jamais que les catholiques secondent, de tous leurs efforts, l'action religieuse et sociale de l'Eglise; il est nécessaire que tout bon chrétien se fasse apôtre. »

Cet « apostolat » consiste à « fonder partout des foyers « d'action catholique, c'est-à-dire des comités catholiques « d'œuvres, et à soutenir les œuvres destinées à procurer « la gloire de Dieu et le plus grand bien des âmes. » Ce qu'il faut traduire par ligoter l'électeur et le contraindre pour le salut de son âme et du pays à voter pour les candidats catholiques. L'Eglise a créé à cet effet une multitude d'œuvres et elle déploie une rare ingéniosité à les faire vivre. Depuis plusieurs années, elle s'est proposé « d'organiser, développer, coordonner les *forces paroissiales* » par la formation de *comités catholiques* à l'instar de l'Italie.

Les Comités catholiques

Les promoteurs veulent « réunir les catholiques et les « associations catholiques de la France dans une action « commune et concordant *pour la défense des droits du « Saint-Siège* et des intérêts religieux et sociaux des « Français, suivant les désirs et les exhortations du Sou- « verain-Pontife, et sous la direction de l'épiscopat et du « clergé. »

Les « intérêts religieux et sociaux des Français » ne sont ici qu'une clause de style. Les fondateurs lâchent leur pensée de derrière la tête en assignant comme but suprême « *la défense des droits du Saint-Siège* », c'est-à-dire la revendication du pouvoir temporel du pape. Leur idée fixe est de rétablir le « pape-roi », de le réinstaller dans ses anciens états pontificaux et dans Rome, sa capitale. Leur moyen ne varie pas : c'est de se servir de l'épée de la France pour chasser de Rome le monarque italien usurpateur et le remplacer par le « Souverain-Pontife » dépossédé.

Ces prétentions nous paraissent insensées. Nous ne saurions oublier que le refus de rappeler en 1870 le corps d'occupation de Rome nous a fait perdre l'alliance de l'Italie, et qu'en 1871, en pleine occupation prussienne, la pétition des évêques français a osé demander à l'Assemblée nationale « la restauration du pape ». Notre heureuse réconciliation avec la nation italienne a effacé les malentendus suscités par les ennemis de la France. Nous devons veiller soigneusement sur les agissements des fanatiques, « catholiques avant tout », qui sacrifient l'intérêt national à l'intérêt romain.

Ces comités catholiques restent à organiser dans une partie de la France. On en a entrepris notamment la formation « dans la province ecclésiastique de Cambrai », et je vous en décris le fonctionnement, qui vous permettra de juger ce qui se fait ailleurs :

Un comité régional pour le Nord et le Pas-de-Calais, correspondant à l'archevêché de Cambrai ;

Des comités de département, correspondant à l'évêché ;

Des comités d'arrondissement ;

Des comités de canton, correspondant au curé-doyen du canton ;

Des comités de paroisse, correspondant au curé de la paroisse.

Pour constituer un « comité paroissial », les initiateurs « exposent leur projet à leur curé et lui demandent son agrément ». Mais, « comme il peut être appelé, par les circonstances, à prendre des décisions hardies, à provoquer des manifestations et à *faire des actes qui risqueraient de gêner ou de compromettre le clergé,* ce comité est essentiellement laïque ».

Le curé est ainsi mis à couvert et se borne à inspirer les décisions sans prendre les responsabilités. « Le curé ou *son délégué* peut toujours assister aux séances. » Les objets en délibération sont très nombreux : « Rien de ce qui regarde l'action catholique ou la défense des intérêts religieux ne doit rester étranger aux comités catholiques. » Une recommandation est à méditer : « Le comité catholique ne doit jamais oublier qu'il est constitué, non pour délibérer, mais pour agir. » Ce langage, qui sent son moine ligueur, nous édifie sur les desseins de nos adversaires.

Les délégués des diverses paroisses du canton se réunissent, et, « après avoir obtenu l'agrément de M. le curé-doyen, se constituent en *comité de canton* ». C'est la hiérarchie catholique qu'on observe strictement.

Pour l'Église dirigeante

On ne cherche pas à concurrencer *l'Action libérale*, ni à faire double emploi avec elle. Un orateur l'a expliqué nettement en ces termes au Congrès catholique du Nord :

« L'Action libérale contient à l'heure actuelle les dévouements les plus déterminés et les plus autorisés en faveur de la défense catholique ; mais, en vue d'étendre son champ d'action, elle entend se tenir sur son terrain qui n'est pas précisément le terrain catholique. Il y a de braves gens qui sont catholiques, il y en a qui ne le sont pas. *Ce sont ces derniers que l'Action libérale peut et veut atteindre.*

« C'est pourquoi, là où il existe un Comité d'Action libérale, le Comité catholique doit marcher de pair avec lui.

« Le Comité catholique marche sous la direction du curé, le Comité libéral doit être soumis à une autre direction. »

Ainsi les rôles sont parfaitement délimités. M. Piou a reçu mission d'entraîner les non catholiques dans l'orbite catholique, et comme nous remarquons parmi ses acolytes des protestants, voire même des israélites et de joyeux sceptiques acceptant « les directions pontificales », l'Eglise favorise cet étrange recrutement. Les Comités catholiques réunissent, de leur côté, les paroissiens sous la tutelle du curé et par l'intermédiaire de croyants triés sur le volet. La subordination est nettement spécifiée. « Les laïques sont de l'Eglise enseignée et de l'Eglise dirigée. » La direction appartient à « l'Eglise enseignante et dirigeante. »

Le Délégué catholique

Dans la Dordogne, où l'évêque, M. Delamarre, s'est signalé par la violence de langage et la combativité, une variante est introduite dans l'organisation des « Comités catholiques paroissiaux ». Le prélat a remarqué que la présence des hobereaux éloignait du Comité les travailleurs des champs, qui sont fixés sur l'égoïsme et la vanité de ces oisifs, et son vicaire général, M. Cauvin, a recommandé « de ne pas mettre dans le même Comité les ouvriers et les patrons, les travailleurs et les rentiers, *le vis-à-vis de différentes classes* étant peu favorable au développement de l'initiative pour l'individu. »

Cet évêque se méfie des Comités nombreux et conseille de « s'en tenir au chiffre de deux à dix membres. Ne pas dépasser cinq serait l'idéal ». Et pour les rehausser à leurs propres yeux, il les intitule *Délégués catholiques*. C'est que la besogne à laquelle ils vont se livrer n'est pas précisément reluisante, ni même très chrétienne.

Les « Délégués catholiques » font des conférences et procèdent à des ENQUÊTES PAROISSIALES dont ils rendent compte en séance de Comité, deux fois par mois. Qu'est-ce que ces « enquêtes paroissiales ? » Je cite textuellement :

« *L'enquête paroissiale* constitue la partie principale du travail confié au Comité catholique. Elle se compose des différents *rapports que font les Délégués* sur la situation de la paroisse.

« Ces rapports sont écrits, verbaux ou mixtes, au choix de chaque membre du Comité.

« 1° Ils exposent le mal dit ou fait contre la religion ou les bonnes mœurs dans l'endroit ou la région depuis quelque temps.

« Ils passent en revue *les calomnies qui courent les maisons, les auberges, les marchés, les voitures publiques.*

« 2° Ils rendent compte ensuite du bien accompli et des progrès réalisés à tout point de vue.

« 3° Ils émettent enfin un avis sur le bien à faire. »

Voilà donc la belle besogne à laquelle sont conviés « les Délégués catholiques ». Tous les quinze jours, dans chaque paroisse, à huit-clos et sous l'œil du presbytère, quatre à cinq « Délégués » de l'évêque feront des rapports écrits, ou verbaux ou mixtes, au choix de chaque membre du Comité », sur les menus incidents de la vie locale ; ils raconteront tous les cancans, tous les commérages de l'endroit ; ils répèteront et noteront tout ce qui se dit et se passe dans chaque ménage, dans chaque maison, dans les auberges, les marchés et même les voitures publiques. Rien ne devra échapper à ces petits inquisiteurs de village, leur zèle leur suggérera ensuite « les avis » à émettre, les mesures à prendre. Ces rapports formeront les dossiers secrets de la cure.

Telle est l'œuvre de basse police que l'Eglise a l'audace d'assigner à ses fidèles. On peut douter qu'il en existe quatre à cinq dans chaque paroisse, assez dénués de sens moral pour accomplir sette tâche infâme. Si on en trouvait, ils seraient bientôt démasqués et exposés au mépris public. L'évêque de Périgueux a compris la difficulté de les découvrir et de les décider. Son vicaire général, M. Cauvin, indique donc aux curés comment ils arriveront au but :

« Le curé doit tendre avec la lenteur et la prudence nécessaires à grandir le plus possible la grandeur morale des Délégués de sa paroisse.

« *Il doit s'efforcer surtout de former en eux* DES HOMMES SANS AUCUN RESPECT HUMAIN *et pleins de l'esprit de sacrifice.* »

On a peine à concevoir qu'un évêque fasse donner publiquement des instructions d'une si révoltante immoralité. Elles jettent un jour curieux sur la mentalité du haut clergé et sur les préoccupations qui l'animent. Elles témoignent que nos adversaires sont aussi remplis d'audace que légers de scrupules.

Les Commis-Voyageurs catholiques

Nous mesurerions exactement la croissance de ces nouveaux groupements, si leurs promoteurs organisaient partout des Congrès périodiques. Mais ils dissimulent souvent leurs travaux et agissent à la sourdine. M. Thellier de Poncheville en a dit le motif au Congrès catholique du Nord. « Lorsque la France sera couverte d'un grand réseau de Congrès catholiques, alors on pourra se réunir en Congrès. »

« Pour provoquer les créations » de ces Comités dans le Nord, d'ingénieux ecclésiastiques ont eu l'idée de se servir de commis-voyageurs. Un abbé ayant fait remarquer au Congrès que « si l'on attend le passage du commis-voyageur diocésain, on attendra longtemps », le chanoine Carton lui a offert en exemple le système en vigueur : « La section d'organisation de Lille a eu ses commis-voyageurs. Ils ont roulé toute l'année et ont visité les arrondissements d'Avesnes, Lille, Dunkerque et Hazebrouck. Le système n'est pas une innovation, il est déjà en pratique. »

Après « les Délégués catholiques » de l'évêque Delamarre, nous avons maintenant « les commis-voyageurs » en Comités catholiques. C'est la dernière création de l'Eglise.

Autres Moyens de Combat

« Les œuvres destinées à procurer la gloire de Dieu et le plus grand bien des âmes » sont innombrables. Elles tendent toutes à augmenter la puissance morale de l'Eglise, sa clientèle électorale et son pouvoir dans l'Etat. Mon rapport au Congrès de Lyon les a divisées en trois catégories : 1° œuvres dites de foi et de prière ; 2° œuvres d'enseignement et de presse; 3° œuvres dites sociales et charitables. Une vigoureuse impulsion leur a été imprimée en 1904-1905.

Les Œuvres de foi et de prière

Sous prétexte de piété, ces œuvres enrégimentent les fidèles, surexcitent leur fanatisme, les disposent à des sacrifices pécuniaires constants. La variété de ces œuvres est infinie; voici les principales :

Les pèlerinages eucharistiques d'arrondissement, où l'on convie les paroissiens à de pompeuses manifestations.

Les Congrès eucharistiques, où les prêtres délibèrent sous la présidence de l'évêque, qui chauffe à blanc leur zèle antirépublicain.

La *Ligue de la Messe*, la *Ligue de l'Ave Maria*, la *Croisade du Chapelet*, la *Croisade Mariale*, la *Ligue de la Communion hebdomadaire*, l'*Œuvre de Montmartre*, l'*Œuvre du Sacré-Cœur*, l'*Œuvre de Saint-Michel*, l'*Association de la Sainte-Famille*, etc., qui « préparent la rédemption du pays ».

Une mention spéciale est due à l'*Œuvre de la propagation de la foi*, dont l'Eglise tire des ressources colossales. En 1903, cette œuvre a produit en France 6,240,000 francs. La crédulité publique est un filon inépuisable aux mains de la Congrégation.

La *Société de Saint-Vincent de Paul* organise des prières et des retraites spécialement pour les hommes dans les paroisses. En période électorale, cette association de marguilliers fait preuve d'une activité dévorante.

Les confréries et archiconfréries pullulent et fournissent la clientèle qui se rend aux « pèlerinages nationaux »,

Lourdes, La Salette, Paray-le-Monial. Ces sanctuaires ont reçu, en 1904, la visite d'un nombre immense de pèlerins, et réalisent le miracle annuel d'enrichir la congrégation qui exploite par personnes interposées les hôtels et les bazars.

Le Tiers-Ordre

Mon rapport au Congrès de Toulouse vous a révélé l'existence occulte laïque, qui comprend des centaines de milliers d'hommes et de femmes. On en a contesté la vérité; en voici une preuve nouvelle.

C'est le Congrès catholique du Nord qui, en 1875, a « invité les membres des comités catholiques à s'enrôler dans les milices pacifiques des Tiers-Ordres de Saint-François et de Saint-Dominique ». Le comte de Nicolay nous explique la nature du Tiers-Ordre : « Ce n'est pas une *confrérie* ordinaire. C'est un *ordre* véritable, qui a son *postulat*, son *noviciat*, sa *règle*, son *habit*, son *administration* propre et ses *privilèges* ».

Les femmes et les hommes sont admis parmi les Tertiaires, qui portent un insigne et ont un mot de passe. Léon XIII avait émis le vœu que « chaque paroisse eût sa Fraternité ». Son successeur, Pie X, étant curé, dirigeait dans sa paroisse une importante Fraternité; sa nomination de pape a stimulé l'ardeur des directeurs du Tiers-Ordre.

Les naïfs s'imaginent que la loi sur les Associations et la dissolution des congrégations non autorisées ont dispersé l'armée des Tertiaires ou ralenti son recrutement. Ils seront vite détrompés. Le rapport de l'abbé Bataille au Congrès catholique du Nord établit que cette Association illicite ne fut jamais plus prospère et que la congrégation se moque absolument des lois de la République.

Cet abbé écrit : « La persécution actuelle, en dispersant les religieux franciscains, n'a pas détruit en France le Tiers-Ordre. Elle a même excité le zèle des Tertiaires. Jamais les réunions mensuelles des Fraternités n'ont été aussi nombreuses ».

La seule ville de Lille possède douze Fraternités, comptant 2,000 tertiaires, dont 500 hommes et 1,500 femmes.

A Roubaix, « la Fraternité des hommes comprend 600 membres, hommes et jeunes gens ».

« Chaque membre porte un numéro matricule qui, avec le salut franciscain, lui sert de mot de passe pour entrer aux réunions. »

On prend mille précautions pour recruter les adeptes. Les personnes présentées ou demandant à faire partie de la Fraternité doivent assister pendant un an aux réunions mensuelles, où on leur apprend ce qu'est le Tiers-Ordre, la règle et les obligations.

« A la fin de cette année de noviciat, le postulant passe un examen pour être admis à la profession. »

Et pourquoi tous ces mystères, ce stage, un insigne, ces réunions mystérieuses et un mot secret de passe ? C'est que « le *Tiers-Ordre*, œuvre de piété, est et doit être aussi « une *œuvre d'action*. Ce n'est pas en tant que Tiers-Or- « dre, mais comme tertiaire, que cette action s'exercera ».

Et quelle est cette action ? On la devine, et on nous fournit seulement ce détail :

« Les tertiaires doivent s'immiscer dans toutes les œuvres qui ont un but honnête et louable et y acquérir une place prépondérante.

« Il doit y avoir des tertiaires dans toutes les œuvres.

« Un groupe spécial de *jeunes gens* existe pour l'action ».

L'Eglise dispose ainsi d'une véritable milice qui obéit aveuglément à ses ordres et se glisse partout sans qu'on puisse la démasquer.

L'action cléricale dans l'armée

La Congrégation n'a cessé de pénétrer l'armée et d'y asseoir son influence. Le Parlement avait supprimé les aumôniers militaires, elle les a ressuscités d'une façon détournée. Les évêques ont désigné, pour chaque garnison, un « prêtre chargé des *œuvres paroissiales militaires* ». Un *Comité consultatif de l'aumônerie militaire*, présidé par M. Fortier, chanoine honoraire de Paris, surveille l'organisaiion de ces œuvres.

« Œuvres de retraites des conscrits », « messes de départ », « messes militaires » et « cercles catholiques militaires » permettent d'attirer et d'endoctriner les soldats. Le curé de la paroisse « adresse les jeunes partants au prêtre désigné par l'autorité diocésaine ». Si le cercle militaire est interdit à la troupe, « les jeunes soldats sont convoqués au domicile du prêtre. La liste de ces amis dévoués des bleus est dans l'*Ordo* de tous les diocèses ».

La propagande cléricale s'insinue ainsi dans chaque régiment et elle est trop souvent facilitée par les officiers que déverse annuellement l'école de la rue des Postes. Avec ces derniers, nous saisissons sur le vif l'action du Tiers-Ordre.

La Légion de Saint-Maurice

Cette légion groupe uniquement les officiers «tertiaires», dont la mission est de surveiller leurs camarades et les soldats. On a publié récemment le questionnaire auquel ils répondent; en voici le passage principal :

Etat moral de la compagnie : combien de protestants et autres sectaires ?

Combien de francs-maçons ?

Combien d'autres impies notoires ?

Le dimanche est-il observé ?

Habitudes relativement au devoir pascal ?

Quels sont ceux qui fréquentent le Saint-Sacrement ?

Les mauvais journaux sont-ils reçus, et par qui ?

Noms des officiers ayant une propension pour le régime actuel ?

La presse cléricale et nationaliste, qui a tant crié à propos de la soi-disant « délation dans l'armée », a fait prudemment le silence sur ce document édifiant. Tous les moyens sont bons à l'Eglise, même les pires, pour étendre et consolider sa domination.

Dans les écoles

Les heureuses mesures prises par le cabinet Combes n'ont pas vaincu les résistances des cléricaux. La Congrégation a tourné la loi ; sur quinze mille écoles congréganistes qui ont été fermées, huit mille sont déjà rouvertes. Les évêques ont favorisé les fausses sécularisations, les ignorantins et les sœurs enseignent comme par le passé. Le rapport au Congrès catholique du Nord nous dit ironiquement que la « robe du religieux a fait place à des vêtements d'une coupe plus variée, pour le plus grand profit des maîtres tailleurs ».

Par l'école, l'Eglise façonne le cerveau des futurs citoyens et elle redouble d'efforts pour conserver l'éducation publique. Son principal instrument est la *Société générale d'éducation et d'enseignement*, qui assiste des milliers d'écoles, d'instituteurs et d'institutrices sécularisés, délivre des consultations et correspond avec une quarantaine de Comités départementaux ou régionaux.

La *Ligue de l'enseignement libre* est de formation récente; elle a pour but de concurrencer l'admirable *Ligue de l'enseignement*, qui rend à l'enseignement laïque des services inestimables.

Les *Associations scolaires des pères de famille* ont été créées à Lyon et ne fonctionnent encore que dans une dizaine de départements circonvoisins du Rhône. Elles poursuivent notamment : « l'organisation d'associations locales de pères et mères de famille, l'inspection des écoles libres, cette inspection étant confiée, pour la partie religieuse et morale, aux délégués des évêques. »

Pour échapper aux conséquences de la loi de 1901, l'Institut des Frères des écoles chrétiennes s'est transformé en *Association des familles de l'institution libre de Saint-Joseph*. Ses fondateurs ne se gênent pas pour le proclamer : « Nous substituons à la Congrégation des Frères des écoles chrétiennes une administration nettement laïque qui prend en main l'administration de l'enseignement pour l'avenir, l'entourant ainsi d'un pouvoir légal. »

La loi est désarmée, les cléricaux la violent impunément; des solutions radicales sont à inscrire au programme électoral de 1906.

Les œuvres sociales et charitables

L'Eglise fait grand bruit du concours qu'elle donne aux « œuvres dites sociales et charitables ». Elle ne cherche, en réalité, qu'à augmenter sa puissance. Sa grande préoccupation est d'enrégimenter les électeurs, et de les conconduire docilement à l'urne.

L'Action libérale en fait le franc aveu; ses instructions contiennent ce passage significatif :

« Aidons à la fondation de Syndicats professionnels, caisses rurales et de secours mutuels, caisses de retraite, maisons et jardins ouvriers facilitant à tous l'accession à la propriété, etc.

« Entrons aussi, comme membres actifs ou honoraires, dans toutes les sociétés locales de gymnastique, de tir, de sports, de musique, etc. ; mais sans nous laisser absorber et sans JAMAIS PERDRE DE VUE LE BUT ÉLECTORAL VERS LEQUEL NOUS DEVONS TOUT COORDONNER. »

« Le but électoral », voilà donc le mobile unique, exclusif, auquel obéit l'Eglise en patronnant avec ostentation les « œuvres dites sociales et charitables. » Elle ne les conseille que pour en recueillir un bénéfice au jour du vote.

Les Unions professionnelles catholiques

A côté et en dehors des syndicats professionnels libres se forment des unions professionnelles catholiques, où la communauté de foi est le lien corporatif.

Nous avons ainsi des Unions fédérales catholiques de l'habillement, des tissus, de l'alimentation, de la bijouterie, des propriétaires d'immeubles, des architectes, des ingénieurs, etc. Elles sont groupées en un *Syndicat central*, qui a son siège à la Bourse de commerce de Paris, et pour objet, aux termes de ses statuts, de « faire l'union professionnelle sur le terrain professionnel et *catholique* ».

Rue du Faubourg-Saint-Martin, existe une « Union fraternelle du commerce et de l'industrie » dont le but particulier est d'« amener et conserver aux commerçants et aux industriels adhérents les préférences de la *clientèle catholique.*» On n'y entre qu'à la condition de « justifier par des « références ses tendances chrétiennes, et tout membre « notoirement hostile à la religion en doit être immédiate- « ment exclu ».

On vise évidemment à l'accaparement de la « clientèle catholique », et on tend au boycottage des commerçants et des fabricants mécréants. L'*Association médicale française* a imaginé, elle, de monopoliser les malades catholiques. Elle se compose de médecins « catholiques », à l'exclusion de tous autres. Son Comité général renseigne ses affiliés sur tous « les remplacements de médecins catholiques, soit momentanés, soit définitifs » et se charge « d'assurer à tous ses membres la clientèle catholique de leur région, en les recommandant à toutes les personnalités du pays (évêques, curés, propriétaires, industriels, commerçants, maires et conseillers municipaux s'il y a lieu), par l'intermédiaire soit de la *Société des propriétaires et notables chrétiens*, soit de la *Société des agriculteurs de France*, soit de tous les *autres groupements catholiques*, avec lesquels le Comité général entrera en relations ».

Si ce système se développe, nous n'aurons plus affaire à des syndicats ou des corporations, mais à des confréries religieuses. L'Eglise y trouvera son compte, au lendemain de la séparation des Eglises et de l'Etat. Toutes ces associations cléricales lui fournissent les cadres des « associations cultuelles ».

Après la Séparation

Nos congrès annuels avaient proclamé à l'unanimité la nécessité de la Séparation. Le grand honneur du Parti radical et radical-socialiste sera d'avoir profité de circonstances favorables pour réaliser cette réforme décisive. Nous adjurons le Sénat de discuter la loi à l'ouverture de la session d'octobre, et nous espérons que les députés accepteront sans modification le texte qui leur sera envoyé du Luxembourg, comme ils l'ont fait de la loi militaire. Une prompte application déjouera les calculs des cléricaux, leurs calomnies et leurs manœuvres. Les croyants auront le temps de reconnaître qu'on les trompait en leur racontant que la loi fermait les églises et confisquait la liberté du culte.

Par la Séparation, nous avons voulu affirmer le principe de la liberté de conscience et assurer la neutralité religieuse et l'égalité de tous les cultes. Mais, dès maintenant, se pose une grave question qui se relie étroitement à la tactique et à l'organisation des partis politiques, et nous devons résolument l'envisager.

L'Eglise libre a le choix entre deux méthodes : se soumettre à la loi, s'adonner exclusivement à l'enseignement de la religion et n'être plus qu'une *Association cultuelle* ou renouveler les fautes du passé, abuser des facilités et des privilèges que lui accorde la loi, poursuivre la domination de la puissance publique et constituer une *Association politique*. La paix civile dépendra de sa décision. La première méthode lui garantit des avantages incomparables, la deuxième l'entraîne dans la voie la plus périlleuse.

Depuis trente-cinq ans, elle a été en conspiration permanente contre la République ; elle a inspiré et dirigé tous les mouvements, tous les complots, toutes les tentatives réactionnaires. Hynoptisée par le passé, elle caressait le rêve de domestiquer le pouvoir civil et de fonder un Etat romain dans l'Etat français. La Séparation la ramène à la réalité : renoncer à la politique, se résoudre au rôle d'« association cultuelle » ou perdre les bénéfices de la législation spéciale qui la régira.

Les Associations cultuelles

Des amis nous objectent :

« La loi crée sur tout le territoire de la République des sociétés cultuelles, associations catholiques ayant le droit de se fédérer, avec caisse et direction centrales. C'est une organisation de guerre dont on fait cadeau à l'Eglise. C'est un Etat dans l'Etat que la République constitue de ses propres mains.

« L'Eglise catholique est une monarchie absolue, la loi sur la Séparation maintient son unité qui se fait à Rome. L'évêque n'est pas le représentant des fidèles dans son diocèse. Désormais, le pape sera le souverain maître du clergé français et, par son pouvoir absolu de nommer et déposer les évêques, tiendra sous sa férule les desservants et les fidèles. »

C'est à peu près ce qui existait déjà en fait : ce système ne sera plus entretenu aux frais de l'Etat, qui observait le Concordat et était impuissant à le faire respecter de l'Eglise.

Mais ces amis ajoutent :

« L'Eglise à l'état libre sera un *Parti* et une *Congrégation*. Elle était flanquée, hier, d'associations religieuses ; elle le sera, demain, d'associations laïques qui reprendront la même œuvre, poursuivront les mêmes entreprises sous le couvert de la loi.

« Les Sociétés civiles à la dévotion de l'Eglise useront des mêmes blancs-seings, des mêmes contre-lettres, des mêmes contrats fictifs qu'aujourd'hui. Ses captations, donations et extorsions de fonds continueront de plus belle.

« Par l'Association cultuelle, la paroisse se fortifie et devient le foyer de l'action catholique. Les registres d'adhésion et de recensement des associés seront autant de registres inquisitoriaux. L'ouvrier et le commerçant seront tenus de s'inscrire et de cotiser, sous peine de manquer de travail ou de perdre la clientèle.

« Chaque Asssociation cultuelle formera un Comité politique. Leur Fédération en fera, comme en Allemagne, un « Parti catholique » qui prendra son mot d'ordre à Rome. »

C'est au clergé de choisir. Les Associations cultuelles « devront avoir exclusivement pour objet l'exercice d'un culte ». Leurs listes seront-elles des listes de fidèles, de clients ou de soldats? Et, à l'exemple de Mercadet, les évêques respecteront-ils la loi en la tournant? Leur conduite dictera les résolutions des républicains.

La loi a entendu briser l'Eglise romaine dans sa « puissance temporelle » et dans son « organisation politique ». On ne saurait admettre que l'Eglise séculière reconstitue à son profit la mainmorte des Congrégations dissoutes ou s'érige en « Parti polique ». Sa liberté s'exercera illimitée dans le domaine religieux, tout rôle politique lui sera interdit.

Les violents et les fanatiques la pousseront à violer la loi, à en dénaturer l'esprit et la lettre. Elle devra être une « Association cultuelle », rien qu'une Association cultuelle. Tout le monde la laissera alors se livrer paisiblement à ses exercices. Mais si elle oublie la volonté du législateur républicain, si elle se jette dans la politique et tend à devenir un Gouvernement occulte et factieux, le droit de légitime défense imposera à la République des mesures de préservation sociale.

Le Parti radical et radical-socialiste

Ce magnifique Congrès atteste la puissante vitalité de notre Parti. Vous avez perfectionné votre organisation depuis l'année dernière, mais il reste encore beaucoup à faire.

Nous constatons avec surprise que divers arrondissements, représentés par des députés radicaux-socialistes, ne possèdent pas de Comités adhérents au Parti et que plusieurs de ces députés n'ont pas envoyé leur adhésion au Comité Exécutif. Nous sommes étonnés que, dans certains départements où la représentation sénatoriale et législative est composée en majorité de nos amis politiques, les Fédérations départementales ne soient pas constituées. Ces lacunes doivent être comblées au plus vite.

Le Comité Exécutif est unanime à vous recommander la règle de discipline et d'action suivante :

Ne pourront être considérés comme des représentants radicaux et radicaux-socialistes les élus qui n'adhèrent pas directement au Comité Exécutif ou qui n'appartiennent pas à un Comité adhérent au Parti.

Le Parti radical et radical-socialiste a fondé une organisation permanente qui groupe tous les Citoyens se réclamant de ses doctrines. Nos Congrès annuels qui composent l'Assemblée plénière et souveraine du Parti, ont défini la méthode, arrêté les conditions de l'action individuelle et collective. Vous ne sauriez désormais admettre que des individualités puissent se revendiquer du Parti et agir en son nom, si elles se soustraient aux obligations communes de propagande, de discipline et de cotisations.

Nous attachons le plus grand prix à maintenir le parfait accord des électeurs et des élus. Leur devoir réciproque est de compléter ensemble l'organisation locale et générale de leur Parti.

Nous vous invitons à hâter la création des Comités communaux dans les localités où il n'en existe pas encore. Les élections approchent ; si nous sommes le Parti le mieux organisé, nous augmenterons encore nos chances de succès.

Les élections de 1906

Nous comptions sur le projet de loi, voté à une énorme majorité par la Chambre, qui protégeait la liberté et la sincérité du scrutin. A l'unanimité, le Congrès de Toulouse en avait admis les dispositions. Nous regrettons beaucoup que le Sénat ne l'ait pas accepté et que des sénateurs adhérents à notre Parti l'aient repoussé.

En supprimant la cabine d'isolement qui fonctionne à la satisfaction générale en Angleterre, en Allemagne, en Belgique. en Australie et aux Etats-Unis, les sénateurs ont rendu illusoire le vote sous-enveloppe. Nous en appelons a la Chambre et du Sénat mal informé au Sénat mieux informé. Le Parti radical et radical-socialiste réclame énergiquement ces mesures protectrices du suffrage universel.

Depuis le mois de janvier, le Comité Exécutif à commencé l'examen de la situation électorale. Ce laborieux travail a été fait en commission, arrondissement par arrondissement ; tous les élus du Parti, sénateurs et députés, les délégués de chaque département au Comité Exécutif, les délégués des Comités, ont été appelés à donner leur avis, à fournir des rapports écrits ou verbaux. En séance du Comité Exécutif a été présenté et discuté le rapport sur chaque département. L'impression la plus rassurante s'en dégage.

Au premier Congrès de 1901, nous avons hautement déclaré que nous n'avions pas d'ennemis à gauche. Un débat s'est engagé au Comité Exécutif sur les bases de l'accord qui nous unit à nos amis du Bloc républicain ; vous en délibérerez à votre tour et vous vous prononcerez.

Vous entendez que tous les fils de la République française fassent énergiquement front à l'adversaire commun. Comme vos pères de 1792 et 1793, vous êtes patriotes avant tout et vous confondez dans un même amour la Patrie et la République, qui sont indissolublement liées. Vous poursuivez infatigablement le progrès social par la paix et les réformes, et vous attendez du suffrage universel une nouvelle consécration de vos théories. Nous sommes convaincus de l'assentiment de la majorité du Pays.

Bloc contre Bloc. La situation sera en 1906 la même qu'en 1902. La lutte ne sera ni entre les radicaux et les socialistes, ni entre les républicains plus modérés qu'eux et les radicaux-socialistes. Elle sera entre la réaction et la République, entre l'action cléricale et césarienne et l'action laïque et démocratique.

Les candidats du Parti radical et radical-socialiste auront leur programme très net, iront confiants au scrutin. Avec les républicains de gauche, Citoyens, nous nous retrouverons tous unis et debout pour la République contre la réaction.

VÉRIFICATION DES POUVOIRS

L'ordre du jour appelle la lecture du rapport de la commission de vérification des pouvoirs.

M. Elie Mantout, *rapporteur*. — Citoyens, après le grand républicain que vous venez d'entendre, je ne pensais pas prendre ici la parole, mais puisque le président me la donne, je la prends car j'ai un devoir à remplir.

La commission de vérification des pouvoirs, issue du tirage au sort, a désigné pour la présider le citoyen Lafferre, son nom qui est synonyme de droiture doit suffire pour qu'il n'existe aucun doute sur l'impartialité avec laquelle a été conduite ses travaux. (*Vifs applaudissements.*)

J'ai eu l'honneur d'être choisi comme rapporteur et suis heureux de venir vous dire que vos délégués, dont les pouvoirs ont été vérifiés ce matin, ont été admis, et la commission vous demande à son tour de ratifier sa décision.

Une seule objection a été soulevée par MM. Razimbaud, père et fils, sénateur et député de l'Hérault, concernant l'adhésion du conseil municipal de Cessenon. Cette adhésion devrait être refusée, car la municipalité serait réactionnaire et aurait été, dernièrement, l'objet de sentiments sympathiques de la part du curé à la suite d'un accident survenu au maire de cette commune. *(Rires.)*

Le citoyen Pelisse, au nom de la Fédération radicale et radicale-socialiste de l'Hérault, a soutenu que la municipalité était républicaine, qu'elle est adhérente à la Fédération radicale de l'Hérault, où elle a été admise après une enquête approfondie qui a démontré l'inanité des accusations portées contre elle.

M. Dupré déclare que la Fédération est prête à faire une nouvelle enquête, et, si les faits incriminés sont exacts, elle traduira devant elle cette municipalité; il demande que la nouvelle enquête soit faite par la Fédération radicale de l'Hérault.

Cette proposition a été adoptée à l'unanimité moins trois voix par la commission.

La réclamation concernant le quartier Saint-Ambroise dans le onzième arrondissement n'a pas été réglée.

Un membre. — Je demande la parole pour une motion.

Le citoyen Elie Mantout. — Le cas qui intéresse le quartier Saint-Ambroise dans le onzième arrondissement de Paris n'est pas tranché, puisque la commission doit se réunir ce soir. Nous aurons une réunion pour examiner le bien fondé de la réclamation. Nous l'avons trouvée quant à présent dénuée de fondement. *(Exclamations diverses.)* Voulez-vous me permettre?... Comme nous ne sommes pas suffisamment renseignés sur cette réclamation, nous avons décidé qu'elle serait ce soir l'objet d'une nouvelle délibération. Depuis notre réunion nous avons reçu une nouvelle réclamation concernant le onzième arrondissement. Si le citoyen André Hesse est dans la salle, je l'invite à assister à la séance de la commission, car c'est de lui qu'il s'agit, et nous ne voudrions pas condamner ou absoudre sans entendre l'intéressé.

Telles sont les décisions que la commission nous a demandé de vous proposer de ratifier.

Le citoyen André Hesse. — Je vous demande la permission de dire un mot de la réclamation.

Plusieurs voix. — Allez à la Commission.

Le citoyen André Hesse. — Vous êtes plus que la Commission, vous êtes le Congrès. *(Interruption.)*

Je ne pensais pas prendre la parole, mais on a prononcé mon nom. Me permettrez-vous de répondre ?

Voix diverses. — Allez à la Commission à quatre heures et demie.

Le citoyen ANDRÉ HESSE. — Sans doute, mais on semblait me traiter en accusé, et je ne puis accepter cette situation, car je ne suis pas un accusé.

Le citoyen RAZIMBAUD fils. — Je demande qu'au lendemain du vote de la grande loi qu'a votée le Parlement, on exclue de notre Parti ceux qui recrutent leurs électeurs parmi les fidèles de l'Eglise.

Si je viens ici protester contre l'admission du groupement de Cessenon, ce n'est pas parce que c'est une question personnelle, mais c'est pour ne pas laisser commettre une grosse faute à notre Parti et pour sauver son honneur.

Quarante-huit communes de mon arrondissement sont républicaines, une seule, celle de Cessenon est réactionnaire et cléricale, or c'est celle-là qu'on a admise dans la Fédération, et comment ? La municipalité de Cessenon fait une demande à la Fédération. A qui s'adresse la Fédération pour avoir des renseignements ? Ce n'est pas au député de l'arrondissement, secrétaire du groupe Pelletan à la Chambre, ce n'est pas au délégué du Comité Exécutif de la Fédération, ce n'est pas aux quarante-huit municipalités républicaines de l'arrondissement, ce n'est pas à un seul groupement républicain, c'est purement et simplement au beau-père du maire actuel et c'est parce que le beau-père du maire actuel donne un certificat de républicanisme qu'on admet cette municipalité.

Or, il y a six semaines, le curé de Cessenon, en chaire, invitait ses fidèles à des prières publiques pour le rétablissement de la santé du cher maire de Cessenon. *(Rires et applaudissements.)*

Et c'est nous, Parti radical, qui admettons de pareilles municipalités dans notre Parti !

Le Président. — Le représentant du Conseil municipal de Cessenon a fait une proposition. M. Razimbaud, député, proteste contre cette proposition. Je vais mettre aux voix les conclusions de la Commission d'enquête.

Nombreux cris. — Non ! Non !

Le citoyen LAFFERRE, *député de l'Hérault.* — Je viens demander au Congrès, non pas comme Président de la

Commission, mais comme Président de la Fédération de l'Hérault, de vouloir bien nous permettre de faire une nouvelle enquête sur la municipalité de Cessenon. La Fédération de l'Hérault a cent vingt ou cent trente groupements ; admettez qu'une erreur ait été commise. Je ne le crois pas, mais c'est possible. Je vous demande simplement de faire une nouvelle enquête. Je ne crois pas que dans ces conditions le citoyen Razimbaud n'accepte pas.

Le citoyen RAZIMBAUD. — Parfaitement ! J'accepte !

Le citoyen LAFFERRE. — Bien entendu, cette enquête ne suspend pas le droit pour cette municipalité de faire partie du Congrès. Elle ne fait pas partie seulement du Comité, mais de la Fédération radicale et radicale-socialiste et de la délégation de l'Hérault. (*Applaudissements.*)

Nombreux cris. — Aux voix ! La clôture !

Le citoyen RAZIMBAUD. — Je me rallie à la proposition du citoyen Lafferre.

Le citoyen LAFFERRE. — Citoyens, le débat est clos. La municipalité de Cessenon a été envoyée non pas seulement par la délégation de l'Hérault, mais par la Fédération nationale. Nous n'avons pas le droit, en ce moment, de l'exclure du Congrès. Il faut attendre les résultats de l'enquête que le Comité Exécutif et la Fédération de l'Hérault vont faire. (*Très bien !*)

Le Président met aux voix les conclusions de la Commission qui sont adoptées.

LES COMMISSIONS

Le Président. — Citoyens, nous avons à procéder à la composition des Commissions. Ceux qui veulent faire partie de ces Commissions voudront bien se faire inscrire au secrétariat et se rendre au local qui leur sera indiqué pour les réunions. Les Commissions se reuniront demain matin, à huit heures et demie, pour commencer leurs travaux.

La dernière Commission a été prévue par le Comité Exécutif conformément, du reste, à tous les précédents Congrès.

C'est une Commission de vingt-deux membres pour la rédaction du programme de la législature et la déclaration du Parti. Conformément au règlement, la Commission de vingt-deux membres doit être nommée par le Congrès.

A cet effet, le Congrès voudra bien nous envoyer des noms, nous lui proposerons une liste qui peut-être, par la qualité des personnes qui en font partie, vous paraîtra acceptable.

Nous avons pensé que, dans cette Commission, devaient entrer les membres qui avaient été désignés par vous, pour présider les séances de ce Congrès, c'est-à-dire MM. Henri Brisson, Léon Bourgeois, Pelletan, Emile Combes, Maujan et votre serviteur. (*Applaudissements.*)

Ensuite MM. Desmons, vice-président du Sénat, et Doumergue, vice-président de la Chambre des Députés, puis les anciens présidents du Comité Exécutif, à savoir : MM. Ferdinand Buisson, Puech, Lafferre, Maurice Faure, Bourrat, Henri Michel.

Enfin, nous vous proposons de prendre, parmi les non-parlementaires, les noms suivants : Hector Depasse, publiciste, Président des Comités de l'Arrondissement de Saint-Denis ; Louis Bonnet, publiciste, Président de la Fédération des Comités radicaux et radicaux-socialistes de la Seine ; Maurice Sarraut, publiciste, Président des Comités radicaux et radicaux-socialistes de l'Aude ; Bourceret, publiciste, Vice-Président du Comité Exécutif ; Robert, publiciste, rédacteur en chef du journal le *Progrès du Nord ;* Gariel, directeur du *Petit Méridional.*

Une voix. — On proteste.

Le Président. — Je propose en outre le citoyen Desplas, ancien président du Conseil municipal de Paris ; le citoyen Chérioux, ancien président du Conseil général de la Seine.

Une voix. — Et la province?

Le Président. — C'est entendu, citoyens ! Nous ne vous donnons là que des indications.

Plusieurs voix. — Le citoyen Dalimier !

Le citoyen LAGASSE. — Citoyens, je demande que d'autres noms soient ajoutés aux vingt-deux dont se composera la commission. Je demande qu'en toute liberté le Congrès fasse surgir de ses rangs mêmes les noms de quelques-uns des lutteurs qui sont souvent à la peine et que l'on ne voit jamais à l'honneur ! (*Vifs applaudissements.*)

Le citoyen ARMAND CHARPENTIER. — Je dirai deux mots

seulement, citoyens. Si je m'en rapporte à vos applaudissements, il est certain que vous approuvez la pensée de notre ami Lagasse, que, d'ailleurs, j'approuve également. Mais, citoyens, comment ajouter des noms aux noms déjà intéressants qui se recommandent par eux-mêmes et que vient de dire notre président, le citoyen Morlot, si vous n'augmentez pas le nombre des membres de cette commission? Et alors je me tourne vers notre bureau et je lui demande si le règlement s'oppose à ce que ce chiffre de vingt-deux soit porté à trente-trois, comme nous le proposons ici. *(Très bien!)* Nous le demandons au bureau : le règlement s'y oppose-t-il?

Plusieurs voix. — Non! non!

Le citoyen CHARPENTIER. — Par conséquent, citoyens, le Comité accepte, sur mon intervention, que le nombre des membres de la Commission soit porté de vingt-deux à trente-trois. Je suis satisfait d'avoir eu gain de cause et je n'ai plus qu'à me retirer.

Le Président. — On propose de porter à trente-trois le nombre des membres de la Commission.

Le citoyen CAZASSUS, *adjoint au maire de Saint-Gaudens.* — Citoyens, il nous semble qu'il est inutile de constituer des commissions et voici pourquoi : Le Comité Exécutif lui-même a longuement préparé pendant un an, depuis le Congrès de Toulouse, toutes les questions, à telle enseigne qu'il s'est permis de nous présenter un ordre du jour.

Je viens de lire, il n'y a qu'un seul instant, le papier qu'il a fait distribuer. Ce Comité Exécutif nous fixe lui-même cet ordre du jour, qui se compose uniquement de quatre questions, et alors nous avons à nous demander, citoyens, si c'est le Comité Exécutif ou bien le Congrès qui est souverain. *(Applaudissements sur divers bancs.)*

Je demande que les membres de la Commission se composent d'un tiers de parlementaires et de deux tiers de non parlementaires.

Le Président. — Il y a une proposition faite par le citoyen Charpentier de porter à trente-trois le nombre des membres de cette Commission.

(La proposition, mise aux voix, est adoptée.)

Le Président. — Nous avons une proposition du citoyen Cazassus tendant à composer la Commission de la manière suivante : un tiers de parlementaires et deux tiers de non parlementaires.

M. Chesseron. — Vous êtes en présence d'une proposition tendant à ce que la déclaration du Parti soit faite par la Commission composée d'un tiers de parlementaires seulement.

Je crois que cette déclaration aura une notoriété assez grande pour les élections prochaines pour que tous les points, toutes les virgules, toutes les lignes soient pesés par ceux qui vont les rédiger, et j'ai la prétention de dire que les parlementaires, qui ont l'habitude des discussions, sont mieux qualifiés que les autres.

M. Bepmale. — Il m'apparaît que ceux qui ont le mieux qualité pour rédiger les mandats des élus sont les électeurs. Il est bon que ceux qui sont appelés à mettre la main chaque jour à la besogne parlementaire rédigent eux-mêmes le programme.

Je suis donc d'un avis diamétralement opposé, non que je veuille les exclure systématiquement du comité, mais parce que je crois que les parlementaires, par la pratique quotidienne des couloirs de la Chambre, par l'isolement dans lequel ils se trouvent forcément vis-à-vis du pays, ayant perdu involontairement, par le fait même des choses, le contact quotidien avec les électeurs, que vous n'avez pas perdu, ne peuvent avoir de la situation politique du pays une compréhension aussi nette et surtout aussi parfaite que les électeurs eux-mêmes.

Voilà pourquoi j'appuie la demande qui vous a été faite tout à l'heure de composer la Commission chargée de rédiger la déclaration du Parti d'un tiers de parlementaires et de deux tiers de non parlementaires.

J'ajoute, sans que ceci soit un reproche ni une critique, que voilà quatre ou cinq ans que c'est la même Commission qui a rédigé les déclarations du Parti. Il me semble que là aussi il est peut-être bon de faire entrer des éléments nouveaux qui apporteront peut-être un sang plus jeune que celui de l'ancienne Commission.

Le citoyen Alamelle, *délégué d'Avignon*. — Voulez-vous permettre à un des plus jeunes d'entre vous de vous faire connaître bien exactement son opinion sur la question ?

Ici, il n'y a ni parlementaires, ni non parlementaires, il n'y a que des électeurs, il n'y a que des républicains.

Je demande donc au Congrès de vouloir bien se réunir dans ses Commissions, puisque les Commissions sont nommées, et de désigner les commissaires qui seront appelés à former la Commission de trente-trois membres, sans s'arrêter à un chiffre quelconque.

Le Président. — Vous avez entendu les propositions qui vous ont été faites. Je vous rappelle que le Congrès a décidé tout à l'heure que la Commission aurait trente-trois membres. Une proposition a été faite par le citoyen Bepmale, elle tend à faire entrer dans la composition de cette Commission un tiers de parlementaires et deux tiers de non parlementaires. Comme il faut en finir, c'est cette proposition que je mets aux voix.

(La proposition est adoptée.)

Le citoyen Destieux-Junca, *sénateur.* — La question est assez importante pour qu'il nous soit donné le temps de la réflexion. Je propose de renvoyer la nomination de cette Commission à demain pour que les membres du Congrès puissent s'entendre entre eux sur sa composition.

Le Président. — Je mets aux voix la proposition du citoyen Destieux-Junca.

(La proposition est adoptée.)

Le journal *le Radical* me prie de faire savoir aux membres du Congrès que les cartes pour la représentation purement gracieuse qu'il offre ce soir pourront être retirées dans ses bureaux, 142, rue Montmartre, jusqu'à huit heures du soir. (*Applaudissements.*)

Je rappelle, que les Commissions se réuniront demain à huit heures et demie.

Plusieurs voix. — Tout de suite.

Le Président. — Les Commissions sont invitées à se réunir immédiatement pour se constituer; elles commenceront leurs travaux demain, à huit heures et demie.

La séance est levée à 9 h. 1/2.

DEUXIÈME SÉANCE

Vendredi 7 juillet, après-midi

La séance est ouverte à deux heures, sous la présidence du citoyen Morlot, président du Comité Exécutif, président de la première séance du Congrès, qui invite le Congrès à constituer son bureau, en appelant d'abord à la présidence le citoyen Léon Bourgeois, ainsi qu'il a été décidé à la séance d'hier. (*Vifs applaudissements*).

BUREAU

Le Bureau est ainsi constitué :

Président : M. Léon Bourgeois, député, ancien président de la Chambre des députés et du Conseil des ministres.

Vice-Présidents : MM. Lafferre, député.
Debeaune, député.
Bépmale, député.
Chérioux, conseiller municipal de Paris.
Charles Philippe, conseiller général de l'Yonne.
Ch. Debierre, conseiller municipal de Lille.
Huc, directeur de la *Dépêche* de Toulouse.
Bellanger, de la Fédération de la Seine.

Secrétaires : MM. Mermillon.
Victor Chaussier.
F. Michaut, délégué de la Côte-d'Or.

Secrétaires : MM. QUÉROY, secrétaire de la Fédération de la Seine.
MARINI, délégué de l'Inde Française.
THOMAS, délégué de l'Yonne.
MÉNARD, conseiller général des Deux-Sèvres.
Armand CHARPENTIER, homme de lettres, délégué de la Seine.

Secrétaire général du Congrès : M. F. BOUFFANDEAU, secrétaire permanent du Comité Exécutif.

Discours de M. Léon Bourgeois

M. LÉON BOURGEOIS, en prenant possession du fauteuil de la présidence, prononce le discours suivant :

Citoyens,

Je voudrais d'abord vous exprimer tous mes remerciements pour l'accueil si cordial que vous m'avez fait hier et tout à l'heure, et vous dire combien j'ai été touché de toutes les marques de sympathie que vous m'avez données les années précédentes, alors que les circonstances que vous savez m'ont empêché de venir au milieu de vous, où ma pensée et mon cœur étaient déjà. *(Bravos.)*

Aujourd'hui encore, je crains bien que mes efforts ne me permettent pas de vous parler aussi longuement que je l'aurais désiré de toutes les questions qui nous préoccupent. Je me bornerai à quelques mots d'appel à la discipline et à l'union. Je crois que jamais plus qu'à l'heure actuelle la discipline et l'union n'ont été nécessaires à notre parti. C'est à elles qu'a été dû pendant plusieurs années le succès des nombreuses et grandes œuvres parlementaires et législatives qui ont été entreprises. *(Bravos).* Cette discipline et cette union, auxquelles on a donné ironiquement le nom de Bloc — bloc auquel nous tenons fermement — ont produit des résultats dont il ne faut pas méconnaître l'importance et la grandeur.

Nous sommes souvent injustes envers nous-mêmes, et

nous avons assez souvent en France l'habitude de considérer comme peu de chose les succès que nous remportons.

Si, cependant, jetant un regard sur les années qui se sont écoulées depuis 1899, c'est-à-dire depuis la formation de ce Bloc, nous mesurons la tâche accomplie et le chemin parcouru, si nous remarquons qu'en somme le Parti républicain radical a réussi, sous les ministères successifs de M. Waldeck-Rousseau et de M. Combes, et réussit encore aujourd'hui à faire passer dans les lois plusieurs des principes essentiels auxquels nous tenions énergiquement, nous pouvons dire que le Bloc n'a pas perdu sa journée. C'est l'égalité introduite dans le service militaire d'une façon définitive; c'est la liberté de la personne consacrée par la loi des Associations et par les lois sur les Congrégations. C'est enfin la laïcité de l'Etat assurée d'une façon définitive par la loi sur la Séparation. Tous ces résultats ont été obtenus dans le passé. C'est à cette union qu'ils ont été dûs. C'est pourquoi nous avons presque toujours — je voudrais pouvoir dire toujours — laissé de côté les questions de personnes pour ne nous préoccuper que des idées. C'est ainsi que nous avons pu faire vivre et triompher les gouvernements que je nommais tout à l'heure et auxquels je tiens à rendre ici encore un public et solennel hommage. *(Applaudissements répétés.)* Ils ont ici des représentants. Je me tourne vers eux, vos applaudissements sont une part de leur récompense, et les remercient comme ils doivent être remerciés par toute la France républicaine. (*Vifs applaudissements.*)

Je vous ai dit les résultats précieux de cette discipline. Elle est aujourd'hui plus que jamais nécessaire. Dans l'année qui va s'ouvrir, en 1906, il n'y aura pas moins de trois élections dont l'importance est considérable, élections sénatoriales au mois de janvier, élection présidentielle peu après, et, enfin, élections législatives ; c'est-à-dire que soit totalement, soit partiellement, les pouvoirs publics de la République française doivent être renouvelés pour quatre, sept ou neuf ans. Vous voyez quelle est la gravité de cette heure à laquelle nous touchons et combien il est indispensable que nous nous y présentions non pas en ordre dispersé, mais en rangs compacts, serrés autour de notre drapeau. *(Vifs applaudissements.)*

Ce n'est pas seulement pour l'année 1906 et pour les épreuves immédiates que cette étroite union est indispensable ; c'est pour tout l'avenir de notre démocratie.

La loi sur la Séparation n'est pas un terme, c'est un point de départ. (*Vifs applaudissements.*)

Je n'entends pas par là qu'elle soit, comme le disaient, il y a quelques jours, à la Chambre, les membres de la droite, une loi provisoire. Lorsque notre collègue Bepmale, dans la déclaration que vous connaissez, avait ironiquement employé ce qualificatif, la droite s'en est emparée, semblant dire que nous nous attendions bien à avoir à subir un effort considérable du corps électoral et que nous ne doutions pas que la loi que nous avions votée tomberait bientôt sous les coups d'une majorité nouvelle.

Ce n'est pas cela que nous craignons ! Non, la loi n'est pas provisoire, elle est bien définitive ; elle exprime bien la volonté, non seulement de la majorité de la Chambre, mais de l'immense majorité de la démocratie française. (*Applaudissements.*)

Cette loi, dis-je, n'est qu'un point de départ, et voici pourquoi : Nous n'avons pas substitué à un arrangement d'autorité un autre arrangement d'autorité. Nous avons, aux vieux arrangements d'autorité qui réglaient les rapports de l'Eglise et de l'Etat, substitué un régime de liberté, et nous avons entendu le faire ainsi parce que, citoyens libres et esprits libres, c'est à la liberté que nous voulons devoir le succès définitif. (*Applaudissements*).

Demain, lorsque les chefs ou les représentants, à un degré quelconque, de l'Eglise attaqueront les institutions ou les lois, ou se mêleront à la politique dans des conditions incompatibles avec leur caractère particulier, il ne s'agira plus, comme aujourd'hui et comme hier, d'aller demander au Gouvernement des armes contre eux. Il ne s'agira plus de suppression de traitements, ou d'appel comme d'abus, la lutte sera ouverte entre des partis politiques également libres de leurs manifestations, de leur action dans les limites de la loi et, par conséquent, nous devons combattre comme un parti politique, c'est-à-dire non pas en demandant des armes administratives au Gouvernement, mais en faisant incessamment dans les esprits la propagande de nos idées. (*Applaudissements.*)

C'est une tâche virile entre toutes à laquelle nous sommes conviés nous-mêmes, et nous saurons n'y être pas inégaux.

Mais, pour qu'il en soit ainsi, quelles conditions devons-nous remplir ? Pour être sûrs de ce succès, je l'ai dit tout à l'heure, il faudra que nous soyons étroitement et énergiquement unis. De plus, il faudra que nous ayons conscience de la supériorité de l'idéal moral et social que nous représentons. Cela n'est pas une parole de pure philosophie, une parole de théorie politique, c'est une parole pratique et dont les conséquences s'imposeront à nos actes de tous les instants.

Il y a deux principes en présence dans la lutte actuelle. L'Eglise catholique, elle, est bien loin de l'esprit chrétien des premiers jours. Aujourd'hui elle est considérée dans le monde. et elle se considère volontiers même, comme la gardienne nécessaire des puissances établies. Elle représente l'ordre dans le monde et l'ordre fondé sur l'autorité. Elle tempère, il est vrai, cette conception de l'ordre par l'exercice d'une vertu à laquelle je rends très très volontiers hommage : la charité. Mais la charité n'est qu'un palliatif de l'injustice, elle ne la fait pas disparaître. Je dirai plutôt qu'en rendant moins aiguës par instants certaines souffrances, elle tend, au contraire, à en prolonger le principe et la cause. (*Applaudissements prolongés.*)

Je ne trahirai donc pas la pensée d'un écrivain des plus distingués du Parti catholique en disant que l'Eglise est considérée comme la meilleure peut-être des gendarmeries sociales et c'est ainsi qu'autour d'elle se groupent beaucoup d'intérêts qui ne sont certainement pas les intérêts de la Démocratie, de la Justice, de la Nation. (*Applaudissements.*)

Qu'opposons-nous à cette doctrine, à cette théorie ?

Cette pensée de l'ordre que nous voulons, nous aussi, nous la concevons tout autrement. Ce n'est pas par l'autorité que nous voulons fonder l'ordre, c'est dans la liberté, et dans la liberté par l'avènement de la justice. (*Vifs applaudissements.*)

Oui, c'est par la justice et sur la justice seule que peut s'établir la paix. La paix qui existe dans les rues, je l'ai dit, et je le répète ici, n'est qu'une paix apparente si, en même temps que dans les rues, elle n'existe pas dans les consciences, et la paix n'existe dans les consciences que si tous ont le sentiment qu'entre les hommes, les citoyens d'un même pays, la justice enfin est réalisée. (*Applaudissements répétés.*)

C'est ce programme de justice sociale, c'est ce programme de solidarité que je voudrais, tous les jours davantage, voir notre Parti inscrire en tête de son drapeau.

C'est là qu'est la raison profonde de notre action et la cause certaine de notre succès.

L'injustice existe autour de nous à des degrés, sous des formes, dans des circonstances innombrables. L'injustice existe de toutes manières et nous avons à lutter pour lui substituer le régime de mutuelle équité.

De toutes ces lois que nous avons abordées péniblement, difficilement, que nous avons souvent renvoyées à nos Commissions, qui vont et viennent du Sénat à la Chambre, de toutes ces lois sociales, bien peu encore sont arrivées non pas seulement au vote définitif, mais même à la formule définitive sur laquelle notre accord se fera pour les admettre dans la législation elle-même.

Il faut que les accidents du travail soient plus complètement assurés, que la loi sur l'assistance, l'invalidité et la vieillesse — j'ai tort d'employer le mot *assistance*; hier, à la Chambre, on nous a démontré que ce n'était pas une loi d'assistance mais une loi de solidarité... (*Applaudissements.*) — Il faut que cette loi, qui est aujourd'hui devant le Sénat, revienne devant nous et soit définitivement votée. Il faut que d'autres formes d'assurances encore soient étudiées et établies dans notre pays. Il faut que l'ensemble des risques sociaux, risques sous lesquels succombent les travailleurs, que chacun individuellement ne peut prévoir et ne peut parer, soient réparés par une organisation commune, par la loi, par les ressources publiques de la Nation. (*Applaudissements*).

Ces risques sociaux étant assurés, il faut aborder et réaliser le dernier terme de la solidarité sociale : cette retraite universelle des travailleurs que nous considérons depuis longtemps comme notre dette envers la Démocratie et que nous devons avoir hâte de payer enfin à cette Nation. (*Applaudissements.*)

Toutes ces lois, tous ces programmes de solidarité sociale, tous ces efforts qu'il s'agit de faire pour réaliser enfin la justice entre les hommes, il n'y a qu'un moyen — heureusement ou malheureusement — de les réaliser : c'est de faire la réforme profonde de l'impôt, sans laquelle l'ensemble des ressources nécessaires à toutes ces charges ne pourraient pas être obtenues... (*Applaudissements*) non seulement parce que le chiffre total des ressources nécessaires pour parer à ces services de solidarité dépasserait les facultés actuelles de notre organisation financière, mais encore et surtout parce que si l'on demandait à notre organisation budgétaire actuelle les sommes complémentaires nécessaires, on aboutirait à ce résultat lamentable de charger encore davantage ceux qui ne peuvent plus être chargés et de ne pas frapper suffisamment ceux qui doivent, au contraire, donner plus qu'ils ne donnent actuellement comme contribution à la dette sociale. (*Applaudissements*).

Ce n'est pas à la légère, ce n'est pas par un hasard de circonstances qu'il y a bientôt dix ans, lorsque j'avais l'honneur de former le premier cabinet « homogène » qui a présidé aux affaires de la République, j'avais mis l'impôt sur le revenu avec le principe de la progression en tête de notre programme. Je persiste, dix ans après, à penser que si l'on n'a pas réussi à faire passer dans la loi l'ensemble des réformes, tout au moins une partie considérable des réformes dont nous parlons, c'est parce que l'instrument de ces réformes manquait, parce que la réforme de l'impôt n'était pas faite et que chacun de nous reculait devant les conséquences de dépenses qui auraient encore pesé davantage sur les plus faibles et les plus petits. *(Applaudissements.)*

Tout ce programme d'action sociale, de réformes fiscales, financières et sociales, mettons-le, très nettement, aujourd'hui, et très haut en tête de notre programme électoral commun.

J'estime que ce sera la meilleure manière d'engager utilement la lutte contre les adversaires dont nous parlions tout à l'heure. Je le répète, manifestons aux yeux des citoyens français la supériorité de notre idéal de justice. Il est plus haut que celui de nos adversaires ; il est plus facile à comprendre; il est meilleur à suivre et je dirai qu'il est nécessaire au point de vue moral qu'il se réalise dans notre pays.

On a parlé de la lutte des classes, c'est un fait, mais c'est un fait cruel. Je ne crois pas, quant à moi, que ce soit en la prolongeant qu'on arrivera à la solution du problème, je crois que c'est en la supprimant. *(Applaudissements répétés et prolongés.)*

Je crois que c'est en supprimant les classes qu'on arrivera véritablement à la justice sociale; c'est en faisant que tous les hommes se considèrent, non pas comme des étrangers les uns aux autres, mais comme des associés à la même œuvre... *(Très bien! très bien! sur divers bancs. Applaudissements prolongés.)* comme des membres d'une société où chacun doit payer sa dette, où le fait d'être le plus fort, le plus puissant, le plus riche, a cette conséquence certaine de faire de celui qui a cet honneur, celui qui a la charge la plus lourde et le devoir le plus impérieux. *(Bravos.)*

C'est dans l'idée de Proudhon, la vieille idée du mutuellisme, c'est dans l'idée du devoir mutuel entre tous les citoyens et l'obligation pour chacun de payer tout ce qu'il peut payer, pour que chacun de ceux qui sont en face de lui ait dans les avantages sociaux la part qui lui revient légitimement, qu'est la solution du problème. C'est ainsi seulement que la paix se fera par les consciences satisfaites.

En exprimant très rapidement et très sommairement ces quelques idées, en montrant comment la lutte contre

Le citoyen Georges Robert, rédacteur du *Progrès du Nord*. — Citoyens, dans la liste qui vous avait été présentée hier par votre Bureau et comprenant vingt-deux noms, un seul a été rayé, le mien.

S'il y avait eu des radiations multiples, si on avait complètement remanié la liste, je n'apporterais aucune protestations, mais les conditions dans lesquelles s'est faite cette radiation peuvent avoir des conséquences, non seulement en ce qui me concerne personnellement, mais encore en ce qui concerne les polémiques dans mon département. C'est pourquoi je crois devoir vous apporter quelques explications.

Après la réunion du Congrès, il s'est formé, paraît-il, une réunion officieuse, dans ce Palais même. J'étais appelé, comme président sortant de la Commission de la discipline et du règlement, à la place des Victoires, où je suis allé immédiatement après le Congrès; j'ai donc ignoré cette réunion, qui a été présidée par le citoyen Pelletan. En mon absence, sur les vingt-deux noms présentés, il n'y eut qu'une protestation qui porta sur le mien, protestation présentée par un délégué du département du Nord.

Ce délégué, je pense, est ici, et j'espère qu'il voudra bien renouveler, en ma présence, les attaques qu'il a formulées hier contre moi. (*Applaudissements.*)

On m'a représenté comme un dissident, m'ont rapporté quelques amis.

Le citoyen C. Pelletan. — Citoyens, je dois rendre compte de ce qui s'est passé. J'étais président, je ne pouvais donc me mêler au débat; un certain nombre de noms ont été contestés ; nous avons fait voter pour chacun d'eux ; j'ai vivement regretté pour ma part le résultat du vote, car tous les bons républicains savent les services que rend le citoyen Robert dans la presse du Nord. Comme nous devons éviter ici toute querelle personnelle, il semble que l'assemblée pourrait très bien joindre à la liste le citoyen Robert. (*Applaudissements.*)

Le citoyen Debierre. — Je demande la parole. (*Bruit.*)

Le Président. — Je mets aux voix la liste proposée, avec l'addition du nom du citoyen Robert. (*Approbation.*)

Le citoyen Debierre. — Un mot seulement, et je me retire. (*Mouvements divers.*)

Le Président. — Je donne la parole à Debierre.

Le citoyen Debierre. — Le président de cette assemblée

sait combien j'ai pour lui d'estime et de profonde affection, et c'est uniquement pour lui être agréable que je n'expliquerai pas devant l'assemblée les raisons capitales pour lesquelles les délégués du Nord ont contesté à M. Robert le droit de faire partie de la Commission que vous avez nommée. Si je vous les donnais, vous condamneriez tous... (*Protestations*) vous condamneriez tous, au nom du parti radical-socialiste, et au nom de la discipline républicaine, les faits certains, avérés, qui ont fait blâmer par la Fédération républicaine du Nord tout entière l'attitude de Robert dans ce département. (*Interruptions. Bruit.*)

Le citoyen ROBERT. — Je demande à répondre. (*Bruit.*) Du moment qu'on a institué le débat, je suis prêt à répondre. Les faits auxquels fait allusion Debierre remontent à dix-huit mois, à l'époque de sa candidature au Sénat... (*Bruit. L'ordre du jour ! La cloture !*)

Le Président. — Dans l'intérêt de notre Parti, je propose la clôture. Je mets aux voix la liste telle qu'elle a été indiquée.

Des voix. — Les noms ! Les noms !

Le Président. — Voulez-vous qu'il en soit donné lecture ? (*Oui ! Oui !*) Les voici : Emile Morlot, Léon Bourgeois, Henri Brisson, Maujan, Combes, Pelletan, Desmons, Doumergue, Ferdinand Buisson, Puech, Lafferre, Maurice Faure, Bourrat, Henri Michel, Hector Depasse (Seine), Maurice Sarraut (Haute-Garonne), Bourceret (Landes), Gariel (Hérault), Desplas (Seine), Charles Philippe (Yonne), Gustave Lefèvre (Seine-et-Oise), Debierre (Nord), Dupeux (Gironde), Chérioux (Seine), Alfred Faure (Hautes-Alpes), Charles Fabiani (Corse), docteur Crouzet (Gard), Silvy (Algérie), Richard (Saône-et-Loire), Lagasse (Lot-et-Garonne), Paul Tissier (Vendée), Hérriot (Rhône), Vidal (Haute-Loire), J.-B. Morin (Seine), Besnard (Indre-et-Loire), Falot (Seine-et-Oise) Nicol (Seine), Burot (Charente), Couderc (Haute-Garonne), Cazassus, (Haute-Garonne), Vinardi (Seine-et-Marne), Louis Bonnet (Seine), Georges Robert (Pas-de-Calais).

(Cette liste mise aux voix est adoptée.)

(*M. Léon Bourgeois céde la présidence à M. Bepmale, député, vice-président.*

VÉRIFICATION DES POUVOIRS

M. Bepmale, *président*. — La parole est à M. le Rapporteur de la Commission de vérification des pouvoirs, pour un rapport complémentaire.

Le citoyen Elie Mantoux. — Le citoyen Mathieu a demandé à la Commission de rejeter l'adhésion du Comité du quartier Saint-Ambroise, onzième arrondissement, disant que ce Comité n'existait pas. Les renseignements fournis nous apprennent que ce Comité est adhérent au Comité central depuis 1902, alors que le Comité auquel appartient le citoyen Mathieu n'est adhérent que depuis 1904.

En tout cas, devant l'affirmation formelle des protestataires, que le Comité d'Union radicale-socialiste n'existerait pas actuellement, la Commission a décidé de proposer au Congrès de surseoir à l'admission de ce Comité jusqu'à ce que son président ait fourni la justification de son existence actuelle, et de l'inviter à fournir cette preuve avant la séance de demain matin, huit heures et demie.

Sur la seconde contestation, la Commission a vivement regretté l'absence de l'auteur de la protestation ; néanmoins, les délégués de l'Oise tinrent à témoigner contre l'attitude du citoyen André Hesse dans ce département ; il a été reproché au citoyen Hesse d'avoir semé le désaccord dans le Parti républicain et d'avoir abandonné le parti radical, dans une lettre considérée par le Parti républicain de l'Oise comme injurieuse pour ses amis politiques. Le citoyen Hesse ne nie pas cette lettre ; il déclare qu'elle a été écrite le 16 octobre 1904, dans un moment de mauvaise humeur.

Ce n'est pas pour cet accès d'une minute que le Parti doit rejeter de son sein un homme qui a été un des plus ardents défenseurs de la cause, qui l'a défendue par la parole et par l'épée, alors que sur les marches du Palais de Justice la meute nationaliste acclamait Esthérazy. *(Très bien ! Applaudissements.)* Tel a été l'avis unanime de la Commission, qui vous demande, et demande surtout à nos amis de l'Oise qui, du reste, n'ont pas insisté, d'amnistier les faits reprochés au citoyen Hesse, qui aurait dû être renvoyé en instance devant la Commission de discipline qui était seule juge, et engage tous les citoyens qui auraient une réclamation à formuler contre un membre du Parti de suivre toujours cette voie, au lieu de venir apporter devant le Congrès des affaires déjà anciennes.

La Commission propose donc, après en avoir délibéré, et à l'unanimité, la preuve formelle n'ayant pas été faite, d'admettre comme valable le mandat du citoyen André Hesse, dont la dignité politique et professionnelle ne peut être contestée et qui, s'il a, à un moment, commis une faute politique, n'en a pas pour cela démérité de la République, qu'il a toujours fidèlement servie.

Une protestation a été apportée par le citoyen Oudard contre le citoyen Janius, de la loge la Fraternité des Peuples, ce citoyen déclarant lui-même appartenir au Parti socialiste, il reconnaît lui-même n'avoir aucun droit à assister au Congrès et il priera sa loge de se faire représenter par un membre du parti. La Commission émet le vœu qu'à l'avenir les Associations autres que les Comités radicaux ou radicaux-socialistes ne déléguent au Congrès que des membres appartenant au Parti.

En terminant, permettez-moi de vous dire que la Commission est heureuse de voir que, malgré le reproche qu'on nous a fait jusqu'à ce jour d'être un Comité d'exclusivisme, aucune exclusion n'a été prononcée cette année ; car les comités soucieux de leur devoir n'ont délégué que des républicains. *(Applaudissements.)*

Le citoyen Bepmale. — Je mets aux voix les conclusions de la Commission.

(Les conclusions sont adoptées.)

DE LA DISCIPLINE ELECTORALE. — RAPPORTS DU PARTI RADICAL ET RADICAL-SOCIALISTE AVEC LES AUTRES PARTIS DE GAUCHE.

L'ordre du jour appelle la discussion du rapport sur la discipline des programmes. Le citoyen Gariel a la parole.

Le citoyen Gariel. — Vous avez entendu les paroles de notre vénéré Président, lorsqu'il a fait appel à l'Union du Parti républicain et à la discipline.

J'ai hâte de vous dire que la proposition qui a été soumise ce matin par le Comité Exécutif lui-même à la Commission du Congrès n'a été dictée également que par la préoccupation de maintenir l'union parmi les républicains, de donner une force plus grande, s'il est possible, à la discipline jusqu'ici pratiquée.

Citoyens, je ne veux pas vous importuner de la lecture intégrale de mon rapport, je vous en fait un résumé.

(Le citoyen Gariel fait un résumé du rapport que nous publions *in extenso*.)

Rapport

Présenté par M. J. Gariel, au nom de la Commission spéciale et de la Commission du règlement et de la discipline.

Après une discussion approfondie qui s'est développée pendant de nombreuses séances, la réunion des deux Commissions (Commission spéciale de la discipline des programmes et Commission du règlement et de la discipline) a adopté le projet de résolution suivant qu'elle soumet à la sanction du Congrès :

Le Parti républicain radical et radical-socialiste compte fermement sur l'esprit politique et sur les sentiments de concorde de tous ses adhérents pour assurer, dès le premier tour du scrutin, l'union du Parti sur une seule candidature, partout où ce sera possible; les droits du Comité Exécutif restant réservés conformément à l'article 12 du règlement.

Au cas de pluralité de candidatures, il déclare être favorable à l'adoption de la discipline des majorités de programmes à substituer, dans toutes les circonstances électorales, à la discipline des majorités personnelles jusqu'ici pratiquée.

En vertu de cette discipline nouvelle, les représentants des programmes les moins favorisés devront se retirer devant le représentant en majorité du programme le plus favorisé, lequel demeurera ainsi. pour le deuxième tour, l'unique candidat du Bloc des républicains de gauche.

Pourront seuls être considérés comme susceptibles de bénéficier des désistements au second tour, les candidats ayant fait adhésion au programme de la Fédération nationale du Parti Radical et Radical-Socialiste et ayant été accepté par celle-ci.

La mise en pratique des dispositions qui précèdent aura force légale, après adoption par les groupements nationaux.

Le Bureau du Comité Exécutif est chargé de porter la

présente déclaration à la connaissance des représentants autorisés des partis républicains alliés.

La résolution vise donc un triple but :

1° Provoquer dès le premier tour la candidature unique de notre Parti, partout où ce sera possible ;

2° Réglementer la multiplicité de candidatures où elle n'aura pu être empêchée. Dans ce cas, assurer pour le deuxième tour, en même temps que le triomphe républicain, le succès du Parti, s'il est en majorité sur les partis républicains concurrents ;

3° Réserver l'application de la méthode nouvelle jusqu'à ce que l'adoption en ait été prononcée par les groupements nationaux. Dans ces groupements doivent seuls être compris : 1° l'Alliance démocratique ; 2° le Parti socialiste.

La résolution exprime avant tout le vœu pressant de voir l'unité de candidature au premier tour de scrutin devenir ou demeurer la tactique préférée des adhérents du Parti. Sans doute, des cas peuvent exister où la multiplicité des candidatures constitue le seul moyen de parer aux difficultés d'une situation électorale. Certaines circonscriptions offrent de tels exemples de division sur des noms de personnes ; les partisans des personnalités rivales sont tellement sûrs, chaque groupement pour son candidat respectif, de la majorité des adhésions du Parti, qu'il y aurait parfois folie et danger à essayer d'imposer la candidature unique au premier tour. Révolté par une décision d'une injustice évidente à ses yeux, le groupement évincé cesserait d'être un soldat dévoué, actif et sûr, et son rôle pourrait devenir funeste. Le Parti ne saurait courir le risque de créer de pareilles situations.

La candidature unique ne peut être la règle inviolable d'un parti que sa puissance même entraîne normalement à vouloir jouir largement, dans la seule limite de sa sécurité, du droit de choisir ses représentants. Mais les cas de malentendus irrémédiables sont heureusement des exceptions. Dans la plupart des circonstances, les divisions sont superficielles, les rivalités peu passionnées, la puissance et l'importance des courants d'opinion nettement marquées. Les appels à l'union par l'unité de candidature dès le premier tour sont susceptibles d'être entendus. Si même une intervention arbitrale était nécessaire, celle du Comité Exécutif s'exercerait utilement, celui-ci dût-il, faisant usage de l'article 12 du règlement, signaler et disqualifier les candidatures injustifiées parce que sans racine dans l'opinion, visiblement équivoques, ou créant la division sans profit et avec des dangers, et désigner la candidature unique, seule capable d'assurer le succès du Parti et de la République.

Toutes les précautions subsistent donc pour que l'unité de candidature soit la méthode pratiquée par le Parti, pour sa plus grand sécurité. Mais puisqu'elle ne peut être rigoureusement imposée, le Parti ne peut sans imprudence négliger de réglementer l'action de ceux de ses groupements que la multiplicité des candidatures aurait inévitablement divisés. Cette réglementation nécessaire, c'est sous la forme de la discipline des programmes que la réunion des deux Commissions la propose au Congrès.

Nous ne croyons pas qu'il soit nécessaire de défendre longuement la légitimité, l'utilité et l'à-propos de la mesure proposée.

Le principe de la discipline des programmes n'est pas contesté. Confier la candidature républicaine unique du deuxième tour au Parti républicain dont le programme a réuni la majorité républicaine, est une idée trop claire, trop juste pour que la contradiction essaie de se soulever contre elle. Sans contestation possible, rien ne saurait être plus légitime que de placer le drapeau du progrès républicain aux mains du groupement réformateur le plus puissant.

L'utilité de la mesure s'établit par sa légitimité même. S'il est équitable de s'appuyer sur l'ensemble d'idées et de revendications qui forme le programme de la majorité, il apparaît en même temps comme notoirement injuste et par conséquent inutile et dangereux de frustrer un Parti, en majorité numérique démontrée au premier tour, du droit d'appeler les groupements alliés à évoluer au deuxième tour, suivant l'axe républicain choisi par la majorité républicaine elle-même. Il est manifestement d'intérêt républicain de ne diriger la concentration des votes au deuxième tour que dans le sens fixé par la majorité. L'autorité d'une discipline est à ce prix. La discipline qui exige d'un groupement, formé autour d'un programme, l'abandon de ses prétentions au profit d'un groupement en infériorité numérique d'adhésions sur lui-même, ne peut être que sans force, parce que sans logique et sans justice. Elle court le risque de n'être pas observée.

Maints exemples pourraient prouver quels dangers représentent déjà pour le Parti républicain la variété et la dissemblance des programmes sur lesquels finalement l'union doit cependant se faire. Avancés et modérés ne sont-ils pas déjà quelquefois fort lourds à accomplir l'un vers l'autre le mouvement de rapprochement indispensable à la possession du terrain républicain commun. Ne serait-ce pas décourager définitivement les efforts de ces fractions républicaines, que de leur imposer la concentration vers un programme dépourvu de l'adhésion réelle d'une majorité. L'utilité de la discipline des programmes dans l'intérêt supérieur du Parti républicain se dégage avec une force particulière de cette observation. La discipline des programmes seule doit maintenir le contact entre les groupements républicains de programmes distincts et que seul peut rassembler, au bénéfice d'un programme en majorité incontestée, le devoir de conserver la République hors de toute atteinte réactionnaire.

Quant à l'à-propos de la mesure, il ressort clairement de cette variété d'opinions et de programmes déjà mentionnée.

La démonstration emprunte une énergie nouvelle au spectacle qu'offrent les fractions républicaines, aussi fermement résolues à défendre leurs conceptions particulières les unes contre les autres, qu'à faire bonne garde commune autour de la République. Si radicaux et radicaux-socialistes se confondent assez fréquemment à raison de vues évolutionnistes communes qui leur permettent d'envisager la République avec toutes ses conséquences, sans autre condition imposée au progrès que le développement parallèle de l'éducation de l'opinion, l'accord est moins aisé avec les socialistes en général, dont les formules spéciales, les principes directeurs diffèrent essentiellement des nôtres. Ces formules et ces principes, les socialistes les opposent ordinairement à notre programme d'évolution comme foncièrement dissemblables, exclusifs l'un de l'autre, n'ayant qu'un point de contact, le terrain de la République, indispensable à l'un et à l'autre des deux Partis, à notre Parti, dit Parti bourgeois, s'il faut en croire certains d'entre eux, pour y être inhumé le plus promptement possible, au Parti socialiste pour y succéder à la race éteinte. Les points de soudure entre la propriété individuelle qui est notre principe et la propriété collective qui est le principe socialiste, nous sommes seuls à les voir. D'autre part on en nie l'existence et l'on tient à être séparés de nous et contre nous. C'est même par des manifestations parfois très vives que se traduit ce besoin du Parti Socialiste d'éviter la confusion avec notre Parti. Aucun sentiment de rancune ni d'irritation n'inspire ces réflexions. Elles n'ont qu'un but, c'est de faire ressortir que la différence entre notre Parti et le Parti socialiste existe, qu'au regard des formules, seules en question, elle est grande, et que nous devons, sans nous départir un instant de la solidarité républicaine, défendre notre programme, nettement distinct du Parti socialiste. L'ancienne discipline des majorités personnelles n'y saurait suffire.

Créée sous l'Empire, pour réaliser le programme unique de l'Union libérale qui était le renversement de l'Empire, maintenue sous la République pour défendre la forme républicaine contre le retour offensif des forces monarchiques, elle rendit d'incomparables services pendant la longue période où l'unité de programme était la condition même de la lutte républicaine. Mais l'organisation, l'aménagement intérieur de la République au profit de chacun et de tous devaient susciter des conceptions diverses. Opportunisme, radicalisme, socialisme, collectivisme se sont, depuis, formulés en programmes électoraux. Depuis ce moment, la discipline des majorités personnelles, suffisante pour la seule défense de la forme républicaine, est devenue insuffisante pour faire prévaloir les volontés de la majorité ayant conquis par le vote la mission de l'organiser. La variété des plans d'organisation est grande; la passion de chaque Parti pour défendre le sien est vive. Le moment est venu de mettre la majorité organisatrice, quelle qu'elle soit, à l'abri des hasards injustes et de rendre au ressort du suffrage universel son entière sûreté de jeu, par laquelle pourra seule être portée au pouvoir la fraction d'opinion que l'adhésion des citoyens aura désignée à cet effet.

Serait-ce là une conception étroite, inspirée par l'intérêt exclusif d'un Parti ? Rien de semblable ne saurait être reproché au projet. Le Parti socialiste, en ce moment surtout, c'est-à-dire au lendemain de l'échec de sa tentative d'unification, a besoin autant que nous de se garantir contre la multiplicité des candidatures et de se munir du moyen de rassembler pour le deuxième tour ses forces électorales, dont la dispersion, au premier tour, est au moins vraisemblable. Son intérêt bien entendu se trouve donc dans la voie même où notre Parti aura vu le sien propre.

Enfin, nous l'avons dit, l'intérêt républicain est lié à ce que les programmes n'accèdent au pouvoir, c'est-à-dire ne bénéficient des forces d'application, que par la puissance et le droit réel des majorités.

Il nous est donc permis de dire que la discipline des programmes a pour elle l'équité, l'utilité et l'à-propos certain.

A ces divers titres, elle s'impose.

Existerait-il, cependant, contre son application, des objections graves tirées des faits et suffisantes pour mettre en échec, quant à sa mise à exécution, un principe désormais reconnu juste ?

Parmi les objections que la réunion des commissions a eu à examiner figure en toute première ligne celle qui est tirée de la résistance à prévoir, de la part des majorités personnelles, à s'incliner devant les droits, nouvellement reconnus, des majorités de programme.

Un exemple éclairera parfaitement la question.

Une élection met en présence trois candidats radicaux-socialistes, A., B., C., et deux candidats socialistes, D., E. Au premier tour de scrutin, les voix se répartissent comme suit :

A.,	radical-socialiste	2.500 voix
B.,	radical-socialiste	2.000 —
C.,	radical-socialiste	1.500 —
En tout, pour le programme radical-socialiste		6.000 voix
D.,	socialiste	2.800 —
E.,	socialiste	2.600 —
En tout, pour le programme socialiste		5.400 —

Le programme en majorité est le programme radical-socialiste. C'est donc ce programme qui doit rallier toutes les voix du bloc.

Sur quel nom ?

Sur celui du candidat le plus favorisé, A. qui a obtenu 2.500 voix.

Mais, observent les contradicteurs, deux candidats, D. et E., ont l'un, D. avec 2.800 voix, l'autre, E., avec 2.600, chacun une majorité sur le candidat A.

Comment faire comprendre à ces candidats et à leurs électeurs qu'ils ont à faire abnégation de leurs droits apparents et à donner leur vote au candidat A. ?

En leur donnant l'explication rationnelle, topique, qui ne souffre aucune contradiction. C'est le programme en majorité qui doit triompher quel que soit le nombre de candidats qui se partagent les voix : c'est le programme en minorité qui doit s'effacer quel que soit le nombre de voix de chaque candidat adhérent.

Et cette explication si simple, si claire, si juste, l'exemple nous montre avec quelle facilité l'électeur, dans sa droiture, l'accepte ; l'exemple nous montre également avec quel élan et quelle loyauté il applique un principe inconnu d'hier, exigeant de lui le sacrifice partiel ou total de ses droits habituels, mais dont l'evidence l'a convaincu.

Aux élections municipales de mai 1904, à Montpellier, radicaux-socialistes et socialistes convinrent de se répartir les sièges en faisant application entre eux des principes de la représentation proportionnelle.

Au premier tour de scrutin, les deux listes de 36 candidats, l'une radicale-socialiste, l'autre socialiste, se partagèrent les voix dans des proportions déterminées. L'ensemble des suffrages recueillis par les candidats de la première liste se trouva, à l'égard de l'ensemble des suffrages recueillis par la liste socialiste, dans la proportion de 26 à 10. Sur la liste unique du deuxième tour, comprenant un total de 36 candidats, figuraient donc 26 radicaux-socialistes, ayant obtenu en moyenne 4.632 voix, 10 socialistes ayant obtenu en moyenne 1.785 voix.

Cette liste fut élue par 7.000 suffrages environ avec un écart de 2 à 400 voix entre les candidats.

Au regard de l'objection qui nous occupe, ce que nous devons retenir, c'est que 10 radicaux-socialistes, en observation de l'accord intervenu, s'étaient effacés devant le même nombre de socialistes, bien que les premiers eussent obtenu une moyenne de 4.499 voix, tandis que les seconds n'en avaient obtenu qu'une moyenne de 1.935.

Les majorités personnelles, on le voit, savent s'incliner devant les droits réservés aux programmes. Le droit des radicaux-socialistes, épuisé à partir de la limite de 26 candidats, n'a pas été outrepassé par eux ; pour reconnaître le droit de la minorité socialiste, commençant où le leur venait de finir, ils ont sacrifié 10 de leurs candidats.

Cet exemple de l'abandon des droit apparents de majorité devant des droits réels de minorité n'est pas le seul.

Aux élections sénatoriales de Vaucluse du 9 avril 1905, une réunion préparatoire des électeurs républicains eut lieu la veille. Elle s'était donné mission de désigner en trois tours de scrutin le candidat républicain unique à élire le lendemain.

Les trois tours donnèrent les résultats successifs suivants :

Premier tour :

Abel Bernard................	105 voix
Maureaux....................	72 —
Pourquery de Boisserin.......	86 —
Clovis Hugues..............	59 —
Valabrègues................	37 —
Saint-Martin...............	26 —
Loque......................	2 —

Deuxième tour :

Abel Bernard................	135 voix
Maureaux....................	146 —
Pourquery de Boisserin.......	101 —
Clovis Hugues..............	2 —
Valabrègues................	2 —
Saint-Martin...............	1 —
Loque......................	0 —

Troisième tour :

Abel Bernard................	109 voix
Maureaux....................	262 —
Pourquery de Boisserin.......	2 —
Clovis Hugues..............	0 —
Valabrègues................	1 —
Saint-Martin...............	0 —
Loque......................	0 —

Comme on le voit, la majorité primitive du premier tour de scrutin, qui existait au profit de M. Abel Bernard sur chacun de ses concurrents républicains est devenue, au troisième tour, une minorité. M. Abel Bernard pouvait se prévaloir de sa majorité pour demeurer seul candidat et réclamer au profit de sa candidature le ralliement des minorités. Il n'en fut rien. M. Abel Bernard inclina son droit majoritaire apparent devant le droit réel latent des minorités à se réunir en majorité sur le nom d'un de ses concurrents. Enfin, mis en minorité définitive, il retira sa candidature, et le dimanche, 9 avril, le Collège électoral sénatorial donnait ce magnifique spectacle d'une élection au premier tour de scrutin par l'unanimité républicaine. Ici encore se trouve, et l'honneur en revient à notre collègue M. Abel Bernard, cette attitude respectueuse des droits non épuisés des minorités, observée par une majorité correcte et disciplinée.

Veut-on maintenant connaître maintenant les dispositions spontanées des électeurs républicains en faveur de la discipline des programmes ? Elles se sont manifestées dans l'exemple suivant :

Aux élections cantonales les plus récentes, en 1904, le *Petit Méridional* offrit aux électeurs de choisir entre les deux disciplines. Aucune campagne ne fut faite, les électeurs de la région connaissant depuis longtemps la théorie. Invitation fut seulement adressée aux candidats et aux comités de faire connaître leur préférence. Cette sorte de référendum, sanctionné par l'application immédiate du procédé, donna les résultats suivants dans les trois départements de l'Hérault, du Gard et de l'Aude, visés par l'expérience.

En négligeant les élections non disputées :

Dans l'Hérault, le 65 o/o d'acceptations de la discipline des programmes ;

Le 27 o/o d'acceptations de la discipline des majorités individuelles ;

Le 7 o/o sans discipline aucune.

Dans l'Aude, dans le même ordre 27 o/o, 27 o/o, 46 o/o.

Dans le Gard : 40 o/o, 22 o/o, 37 o/o.

Nous croyons donc sans valeur réelle l'objection qui suppose des majorités personnelles incapables de reconnaître le droit supérieur des majorités de programme ; sans valeur non plus celle qui considère la masse électorale comme inhabile à s'initier à la nouvelle forme du droit des majorités.

La réunion des commissions a également entendu contester la possibilité, pour les collèges électoraux, de distinguer entre tous les candidats républicains pour leur faire l'application des règles de la discipline des programmes, au cas où les programmes de ces candidats seraient nuls, vagues, insuffisants, où même aucune déclaration ne serait faite par ces derniers.

Ne doit-il pas être exigé des candidats qu'ils déclarent de quel programme ils se réclament ?

Nous estimons que cette exigence est légitime.

Il ne s'agit point ici d'adhérer à une fédération, à une association dont il faudrait accepter les règles intérieures. L'obligation est plus simple et moins étroite à la fois. Le candidat partisan d'un ensemble de réformes n'a qu'à faire connaître avec quel programme de groupement son programme particulier se confond ou celui dont il se rapproche le plus. Sa déclaration indique que sa personnalité pouvant être mise en minorité et perdre toute chance d'élection, il se propose de poursuivre sur un autre nom que le sien, le succès intégral ou le plus étendu possible de son programme. Déclaration normale indispensable que le corps électoral a le droit absolu et le devoir impérieux d'exiger. Le candidat qui s'y refuserait ferait ainsi l'aveu d'une ambition personnelle égoïste, tout à fait étrangère au succès des revendications qu'il aurait prétendu faire triompher. Les électeurs le plus spontanément portés à le soutenir se retireraient de lui et se refuseraient à jouer un rôle indigne d'eux, qui consisterait à aider au succès d'un candidat n'ayant souci que de lui-même et, ce souci écarté, restant absolument indifférent à la réalisation des réformes dont ils ont le désir et la volonté.

Quoi qu'il en soit, du reste, de l'attitude de ses électeurs, une sanction qui s'imposera vis-à-vis de tel candidat, c'est qu'aucun groupement ne voudra lier partie avec lui et lui réserver, par l'attribution éventuelle des voix de ses minorités, des chances en échange desquelles il n'offre rien.

Se poser en indépendant, sans lien avec aucune fraction républicaine, vaudra peut-être au candidat quelques voix de réactionnaires, espérant avoir quelque chose à pêcher en eau trouble. Les voix républicaines avisées et prudentes s'écarteront dès le premier tour. Bien plus, elles demeureront nécessairement concurrentes. La lutte entre le candidat du Parti et le candidat indépendant pourra donc déterminer le succès réactionnaire. La faute pèsera exclusivement sur celui qui, en se refusant à l'alliance républicaine offensive du premier tour, aura rendu impossible l'alliance républicaine au deuxième tour. Les électeurs républicains refuseront à l'avenir toute confiance au prétendu indépendant, simple arriviste, qui aura infligé un échec au Parti.

Les candidats vraiment républicains, ceux dont il importe à notre Parti d'assurer l'élection, ne refuseront donc pas de faire connaître leurs préférences de programmes. Les cas litigieux sont et resteront rares. Ils seraient au besoin réglés par les fédérations départementales ou par le Comité Exécutif.

Un cas a été prévu également, celui où un candidat adopterait une étiquette mensongère. C'est alors l'occasion de faire remarquer que l'adhésion du candidat à un programme de Parti ne suffit pas. Il faut que le Parti l'accepte. Un faux-frère, masqué pour un instant, ne saurait s'introduire dans les rangs. Ils doivent lui rester fermés. Les groupements locaux feront certainement bonne garde dans ce but. Il ne faut guère craindre que l'excès de leur zèle. Toute candidature nouvelle éveillera naturellement des tendances d'opposition de la part des partisans des candidatures déjà en ligne. Mais l'intérêt supérieur de la Fédération, de l'organisation générale, étant de ne compromettre aucune des chances du programme, on peut compter sur l'organe directeur du Parti pour empêcher les abus et pour ne rejeter que les candidatures véritablement indignes et par conséquent nuisibles.

Enfin, une objection fortement soutenue a longuement sollicité l'attention de la réunion des commissions. Par la discipline des programmes, la multiplicité des candidatures n'allait-elle pas se trouver excitée et encouragée ? Il ne nous a pas paru qu'il dût en être ainsi. Dans tous les cas où l'intérêt du Parti se trouverait compromis par l'inutile intervention de candidatures sans consistance, le remède peut être apporté par le Comité Exécutif, entre les mains de qui le règlement l'a sagement placé. Dans tous les autres cas, la multiplicité des candidatures, avec une discipline comme avec l'autre, laisse intactes les charges d'une campagne électorale, ne détruit rien des responsabilités politiques encourues par les candidats brouillons. Cette multiplicité ne sera donc pas particulièrement influencée par l'application de la discipline des programmes.

Faut-il s'arrêter à cette autre observation, que la candidature multiple serait particulièrement favorable à l'éclosion des candidatures d'argent ? Rien ne l'indique ainsi. Dans tous les cas ce danger existe aujourd'hui, il a existé et existera toujours. Quelle que soit la discipline, celle des majorités personnelles, ou celle des majorités de programmes, on n'empêchera jamais les tripoteurs d'acheter et de vendre des présentations de candidatures destinées à diminuer les forces électorales d'un concurrent, les retraits de candidatures, destinés à en favoriser un autre. Ces petites malpropretés sont inhérentes au sol politique même, elles demeureront, quelle que soit l'atmosphère, celle de la discipline des programmes, ou celle de la discipline des majorités personnelles.

La réunion des commissions, après de multiples et laborieuses discussions, s'est arrêtée au texte qui commence ce rapport.

Elle vous demande de l'apprécier sans parti pris de défiance pour une innovation dont la seule apparence de tort est de condamner au repos, au seuil de l'époque héroïque désormais fermée, l'arme simple de forme, de rude trempé, dont les reflets illuminèrent d'éclairs glorieux l'histoire de la troisième République. Les hommes de ma génération, qui la manièrent et vainquirent par elle, garderont pour ce fier trophée une vénération émue. Mais l'arme a fait son œuvre et vécu son temps. L'heure est venue de la remplacer par l'outil du constructeur. La discipline des programmes sera cet outil, propice au maniement des masses compactes d'opinions nécessaires à la solidité de l'édifice.

Assurer le succès républicain dans toutes les luttes politiques. L'assurer par la légitime action des majorités républicaines acquises aux réformes ;

Écarter les éventualités redoutables que peut renfermer l'accession au pouvoir de minorités quelles qu'elles soient ;

Rendre enfin au suffrage universel tout le ressort de sa confiance en lui-même, en lui donnant le pouvoir certain de faire prévaloir les droits des majorités ;

Telle est l'œuvre grave, importante, capitale à certains égards, que le Congrès peut accomplir en entrant dans la voie désignée et en y appelant les autres fractions républicaines.

L'organisation méthodique de la République, la marche sûre du progrès sont à ce prix.

Intervention de M. L. Bonnet

Le citoyen Louis Bonnet. — Vous avez entendu le rapport de Gariel ; c'est la question la plus importante soumise au Congrès. La déclaration du Parti, qui sera faite dimanche matin, ne pourra que renouveler les déclarations qui ont été faites dans les précédents Congrès. On vous invite à dire aujourd'hui quelles seront la discipline, la méthode et la tactique du Parti ; vous êtes souverains pour vous prononcer sur ces questions, et suivant la réponse que vous ferez le Parti s'orientera de telle ou telle façon. C'est vous dire que ce débat a pour nous une importance capitale.

On s'est occupé hier, à la Commission de propagande, d'envisager les résultats électoraux. Il n'a pu entrer dans la pensée d'aucun de nous de susciter une rivalité de commission ou de personne, mais il était légitime d'examiner à fond une proposition qui, aux yeux de beaucoup d'entre nous, pouvait entraîner notre Parti à un désastre complet.

Je vais donc vous soumettre les observations qui ont

été formulées et les raisons très graves que nous avons de nous opposer au vote de cette proposition.

L'accord a été difficile; voilà un an et demi que le Comité Exécutif délibère; dans la commission spéciale qui avait été nommée, nous sommes toujours restés en désaccord complet; le Comité Exécutif s'est rallié à la proposition; il y a donc contre nous une forte présomption, mais j'en appelle au Congrès qui nous donnera raison.

Je commence par dire que le rapport de mon ami Gariel fait naître une illusion qu'il faut immédiatement dissiper; il satisfait à la fois les partisans de l'unité de candidature et ceux de la pluralité; il faut cependant que les uns ou les autres se trompent. Si vous êtes pour l'unité de candidature, vous ne pouvez pas être pour la pluralité, et les partisans de la pluralité ne peuvent accepter la proposition qui vous est faite. *(Applaudissements.)*

J'ai pris note des raisons fournies par Gariel, et pour être certain de ne négliger aucun des arguments que nous devons leur opposer, j'ai noté les principaux.

Gariel vous dit : Au premier tour, l'union du Parti se fera sur une seule candidature partout où ce sera possible; mais ensuite il ajoute : En cas de pluralité de candidatures le Parti est favorable à l'adoption de la discipline des majorités de programmes.

Nous avons ainsi l'obligation d'examiner les conséquences de la pluralité; on vous la représente très habilement comme une hypothèse, comme une sorte de cas rare, comme une anomalie qui se produira d'une façon accidentelle. Je vais vous montrer tout à l'heure que cette anomalie sera la règle.

Quelles sont les raisons que donne Gariel pour l'adopter? Il invoque les précédents, qui sont contre lui, mais il a soin d'ajouter : Sous l'Empire, la discipline de la majorité personnelle était la règle, tous les républicains se coalisaient contre la candidature officielle; sous la République, contre la réaction, tous les républicains se sont également coalisés au second tour, mais, déclare Gariel, c'est fini, cela ne peut plus exister. Pourquoi? Il vous le dit : Le Parti républicain est divisé en fractions diverses, qui ont formulé des programmes électoraux différents; il faut adopter la discipline des majorités de programme. Ce raisonnement est beaucoup plus spécieux que rigoureux; la lutte n'est plus aujourd'hui, comme sous l'Empire, entre les républicains et les bonapartistes : elle existe depuis la République entre les républicains et la réaction et les monarchistes, mais elle n'a fait que changer de caractère. Nous combattons aujourd'hui comme nous avons combattu hier, contre les mêmes adversaires, et au second tour de scrutin nous devons tous nous grouper de la même façon; les institutions ne sont plus en jeu, ce n'est plus l'étiquette, ce n'est plus le titre, puisque la République est incontestée: mais ce qui est en jeu, c'est la substance, c'est la chose, et au second tour de scrutin se sont toujours retrouvés et se retrouveront en face, en 1906 comme en 1898 et en 1902, les laïques et les cléricaux, les républicains et les réactionnaires, les adversaires et les partisans des réformes radicales sans lesquelles la République n'a pas de raison d'être. *(Bravos.)*

Ce qui existait sous l'Empire et qui s'est passé jusqu'à présent sous la République nous oblige à adopter une même tactique et une même discipline; l'argument historique qu'invoque Gariel se retourne donc contre lui.

Il dit: « Il est impossible de conserver la discipline des majorités personnelles, parce que les partis numériquement puissants sont physiologiquement destinés à se fractionner. » En langage terre à terre: Notre armée est tellement nombreuse qu'il vaut mieux immédiatement la diviser. (*Protestations.*)

Cela veut dire: notre armée est tellement nombreuse, qu'elle va se diviser; c'est votre inquiétude, et votre proposition aboutit à produire cette division. C'est évident!

Gariel préconise, du reste, avec beaucoup de résignation, une tactique nouvelle qui ne lui paraît pas évidemment devoir renouveler l'art de la guerre, mais il la recommande comme un expédient, comme une formation de combat qu'il ne saurait empêcher; et je traduis bien sa pensée, qu'il exprime en ces lignes:

« Le parti radical-socialiste est en proie à l'envahissement de candidatures concurrentes... »

Une voix. — Ce n'est pas le rapport actuel.

Une voix. — Voulez-vous me permettre de vous faire remarquer que vous discutez un rapport que nous n'avons pas eu le temps de lire; nous l'avons trouvé imprimé à notre place en arrivant ici; or, il a été décidé hier que tout rapport distribué ne serait discuté que le lendemain matin, alors qu'on aurait pu le lire chez soi. (*Bruit.*)

Le citoyen Bonnet. — Je suis très heureux d'entendre votre observation, mais permettez-moi de dire qu'elle ne s'applique précisément pas à ce rapport, car le rapport auquel je fais allusion et que j'ai sous les yeux n'est pas celui qui vous a été distribué hier, mais un rapport qui a été envoyé à tous les délégués du Comité Exécutif, qui a été encarté dans le Bulletin du Comité Exécutif et envoyé à tous les Comités adhérents au mois de février dernier. (*Applaudissements.*) Par conséquent, il n'est pas un membre du Congrès qui n'ait connu ce rapport. Je me borne à vous le remettre en mémoire en vous citant les principaux passages :

Gariel dit : « Le Parti radical-socialiste est en proie à l'envahissement, etc... »

Et il se croit impuissant à endiguer le flot montant des candidatures concurrentes. Il s'agit de dissiper toute équivoque et de poser un principe.

Première question : Y aura-t-il au premier tour de scrutin une candidature unique, des candidatures de personnes, et quel doit être le devoir du Comité Exécutif vis-à-vis de ces candidatures ?

Deuxième question : Les Comités et Fédérations désigneront-ils un candidat unique ou plusieurs candidats dans chaque circonscription ?

En principe, — c'est ce qu'indique la motion votée — le Comité Exécutif est favorable à l'unité de candidature dans chaque circonscription, mais ce n'est là qu'une recommandation, nous entendons déclarer que ce n'est pas une obligation rigoureuse. Je vais vous en donner la raison : il y a des arrondissements où la candidature multiple est indispensable.

Ce sont les Comités et les Fédérations qui désignent les candidats et disons tout de suite que le Comité Exécutif n'a pas de candidats à lui, qu'il se borne à enregistrer les candidatures posées par les Comités adhérents ; ces Comités sont autonomes, indépendants et choisissent librement leurs candidats. (*Applaudissements.*)

Quel est le devoir du Comité Exécutif ? Lorsqu'il y a un candidat radical unique, le devoir rigoureux du Comité Exécutif doit être, au premier tour de scrutin, de lui donner tout son concours, de se jeter dans la mêlée avec lui pour le faire triompher contre les candidats des autres partis.

S'il a des candidatures radicales concurrentes, le Comité Exécutif doit garder la neutralité, ce n'est pas à lui à se prononcer entre les candidatures.

En faisant l'examen de la carte électorale, j'ai indiqué au Comité Exécutif où il était nécessaire, pour des questions de tactique ou même de personnes, d'avoir plusieurs candidats ; mais en revanche, vous avez des circonscriptions où la candidature multiple doit être soigneusement évitée ; ce sont les circonscriptions où les voix se partagent presque à égalité entre le Parti socialiste et le Parti radical et les circonscriptions où la multiplicité des candidatures radicales nous met en minorité devant la candidature socialiste, et Gariel cite deux exemples à l'appui de sa proposition. Il nous propose la discipline des programmes pour parer aux dangers que nous connaissons : ils ont été signalés à Forcalquier et à Grenoble. Je ne veux pas rappeler ce qui s'est passé dans ces deux circonscriptions, je me permets simplement de dire qu'à Forcalquier il s'est produit un cas d'indiscipline et que la voix du Comité Exécutif n'a pas été écoutée. Nous devons passer sur ce qui a été fait, mais nous devons en éviter le renouvellement dans l'avenir.

Le Comité Exécutif est armé pour empêcher cette indiscipline ; notre règlement lui donne les armes nécessaires, il s'agit simplement d'en user. L'article 12 spécifie qu'en cas de candidature pouvant nuire à notre Parti, le Comité Exécutif peut et doit intervenir ; c'est à lui à proposer les sanctions nécessaires. Si vous êtes décidés à être constamments indulgents, vous favoriserez toujours l'indiscipline.

Lorsque des cas semblables se produiront, il faudra frapper et frapper plus fortement. N'hésitez point ! Excluez vigoureusement du Parti ceux qui ne consentent pas la discipline volontaire que vous demandez. *(Bravos.)*

Gariel vous propose un remède. J'estime que ce remède est pire que le mal ; il conclut du particulier au général. Il ne faut pas perdre de vue l'ensemble de la France ; Forcalquier et Grenoble ne sont que des cas isolés. Vous allez supprimer quelques Comités indisciplinés. Redoutez-vous que votre armée en soit diminuée ? Mais non ! La puissance d'un Parti ne se mesure pas au nombre de ses adhérents et de ses comités, elle se mesure à sa discipline, à son union et à sa volonté. *(Applaudissements.)*

Un Citoyen. — Il y a un facteur puissant qui est le nombre !

Le citoyen Bonnet. — Si vous voulez avoir le nombre, commencez par avoir la cohésion. Vous savez bien que j'ai toujours poussé le cri d'alarme ; tous mes rapports vous ont tenu le même langage ; organisez-vous avant tout ; notre Parti ne sera puissant que lorsque partout nous aurons nos comités, nos fédérations d'arrondissements et nos fédérations départementales. Cette organisation est plus indispensable aujourd'hui qu'autrefois, parce que vous vous trouvez devant un parti adverse qui s'organise vigoureusement contre vous. Vous devez vous organiser pour conquérir la majorité dans les circonscriptions où nous sommes aujourd'hui en minorité, là où nos amis sont isolés, où ils représentent nos majorités en formation; nous devons conquérir les pouvoirs parlementaires pour que le Parti radical possède une majorité solide de radicaux et radicaux-socialistes à la Chambre, majorité n'ayant pas besoin de composer avec les autres partis et d'aliéner toujours un peu de sa liberté et de son indépendance, et pour que nos idées soient servies utilement à la Chambre par des représentants fidèles de notre Parti. (*Vifs applaudissements.*)

Je vous demande de ne pas retenir les exemples de Forcalquier et de Grenoble; je vous rappelle au principe de la discipline et je vous prie de faire attention à ce qui se passe autour de vous aujourd'hui et qui nous est donné comme exemple par ce qui se produit sur les champs de bataille : des soldats individuellement vaillants, qui affrontent la mort avec audace, sont battus par des soldats peut-être moins vaillants, mais solidairement, solidement constitués. (*Très bien.*)

Il en est des partis comme des armées. Le parti qui est assuré de la victoire est celui où les simples citoyens savent accepter une discipline. (*Applaudissements.*)

Sachez bien qu'à l'heure actuelle, il y a une période historique qui est close. Vous êtes forts parce que vous êtes solidaires et vous devez accepter la méthode de discipline qui vous rendra solidairement plus forts. Voilà quelle doit être votre méthode. (*Interruptions.*)

Notre ami Gariel vous a proposé trois exemples à l'appui de sa thèse... (*Bruit.*)

Voici ma conclusion, c'est celle de votre propre Parti, c'est celle formulée par le Comité directeur agissant au nom du Comité Exécutif à la fin du manifeste qu'il adressait en avril 1902 :

« C'est le suffrage universel qui a désigné dans leurs arrondissements les candidits du scrutin définitif, et en conséquence le Comité directeur invite, au nom du Comité Exécutif, à voter avec discipline sur les candidats les plus favorisés. »

Cet appel est signé : Combes, Desmons, Vallé, Bourgeois, Brisson, Maurice Faure, Pelletan.

Je vous demandé alors pourquoi changer ce qui a été votre règle ?

La méthode actuelle est basée sur des chiffres et rien n'est plus brutal et aussi facile à vérifier qu'un chiffre. Une simple addition y suffit. (*Très bien.*)

La motion Gariel remplace l'addition des chiffres par la couleur des programmes. Une addition ne se discute pas ; un programme et une couleur prêtent à toutes les confusions et à toutes les discussions. Il sera impossible de discerner et de cataloguer exactement les nuances des candidats qui se réclameront de tous les Partis.

La discipline des programmes ferait surgir, dans chaque arrondissement, des candidatures nombreuses et abaisserait encore le niveau parlementaire. On tomberait du scrutin d'arrondissement au scrutin de canton. Le député sortant serait submergé sous le poids des passions et des compétitions locales. (*Bravos.*)

Ce système donnerait à l'argent, à la puissance patronale, une véritable prime électorale en même temps qu'il favoriserait la corruption et les calculs réactionnaires. Le Parti radical et radical-socialiste en serait profondément atteint et le suffrage universel déconcerté. Nous devons maintenir la vieille méthode qui nous a valu tant de victoires. (*Applaudissements prolongés. Bruit.*)

Le Président. — Citoyens, on propose de fixer à cinq minutes le temps de chaque orateur. (*Approbation.*)

Le citoyen ARMAND CHARPENTIER. — Citoyens, j'ai l'intention d'être bref, et le meilleur moyen d'être bref, c'est de bien préciser la question.

Je viens ici, après mon éminent ami, le citoyen Gariel, soutenir sa proposition, parce que j'estime qu'elle est l'expression même de la justice et du bon sens. Elle seule doit, présentement et dans l'avenir, assurer le triomphe de notre Parti tout d'abord et de la Démocratie toute entière ensuite. (*Très bien ! Très bien !*)

Je vais vous démontrer, aussi clairement que je le pourrai et sans m'embarrasser dans des incidentes, pourquoi et comment la proposition du citoyen Gariel est l'expression même de la justice et du bon sens.

Si nous voulons discuter cette question d'une façon noble et désintéressée, nous devons nous élever au-dessus des intérêts des circonscriptions.

Ensuite, il faut bien dire que chaque système a ses avantages et ses inconvénients. Il n'y a pas de système parfait.

Le citoyen Gariel et ceux qui soutiennent sa proposition n'ont pas la prétention de vous apporter un système absolument parfait. Mais nous disons que cette proposition présente un avantage pour notre Parti et pour la Démocratie sur le système existant à l'heure actuelle. (*Applaudissements sur certains bancs.*)

Il importe aussi de préciser la question en disant que le pacte que nous vous proposons de conclure est un pacte qui doit être ratifié par deux autres Partis, l'Alliance Démocratique d'une part, et le Parti Socialiste, d'autre part. (*Interruptions.*)

On nous dit, d'un côté de cette salle : « Quel Parti socialiste ? »

La question est résolue par cela même qu'on la pose; car vous devez comprendre, citoyens, que nous ne pouvons conclure un nouveau pacte qu'avec la fraction avec laquelle nous avions conclu l'ancien pacte. (*Applaudissements.*)

J'entends bien les objections qu'on nous fait. Les uns disent : « Mais nous sommes combattus dans nos départements par les socialistes. » D'autres disent : « Nous sommes combattus par l'Alliance démocratique. » Cela prouve une chose, Citoyens, c'est qu'il ne faut pas tenir compte de certaines contingences, qu'il faut s'élever au-dessus des départements pour voir l'ensemble de la France et l'intérêt supérieur de la République. (*Applaudissements.*)

J'arrive maintenant au centre même de la question, au point qu'a touché Bonnet et sur lequel, peut-être, il n'a pas assez appuyé.

Il a dit ceci : Avec les candidatures multiples que vous maintenez dans notre Parti, la proposition Gariel pourrait être dangereuse.

Citoyen Bonnet, et vous tous Citoyens, ici présents, permettez-moi de vous dire que c'est là le nœud de la question. De deux choses l'une : ou nous proclamerons l'unité de candidature et Bonnet vous a dit que ce serait impossible ou tout au moins dangereux, ou alors nous accepterons tous la possibilité de plusieurs candidatures et dans ce cas, il faudrait être aveugle pour ne pas comprendre que l'intérêt du Parti radical, c'est de substituer la majorité des programmes à la majorité des personnes. (*Applaudissements.*)

Je dis qu'il faudrait être aveugle et ce n'est pas moi qui parle, c'est l'arithmétique même ! Comment, vous avez d'une part l'Alliance Démocratique qui n'aura jamais qu'un candidat ; vous avez, d'autre part, l'Unité Socialiste, qui n'aura, par cela seul qu'elle est une unité, qu'un seul candidat, et vous, avec plusieurs candidats, vous allez accepter bénévolement d'aller à la boucherie, c'est-à-dire que vous acceptez que ce soit sur le candidat arrivé en tête que la concentration des forces républicaines se fasse au second tour de scrutin.

Par cela seul que vous êtes plusieurs candidats, vous assurez l'avantage à vos adversaires. (*Applaudissements sur un certain nombre de bancs.*)

Donc, Citoyens, il faut avoir le courage d'accepter les conséquences des décisions que vous prendrez. Ou l'unité de candidature est possible — et pour moi elle ne l'est pas — et alors la proposition Gariel n'a plus d'intérêt, ou l'unité de candidature est impossible, et alors, logiquement, loyalement et dans l'intérêt même de notre Parti, nous devons accepter la proposition Gariel.

Maintenant, je veux pour terminer répondre aux quelques observations qui n'ont pas été présentées par le citoyen Bonnet et qui, certainement, seront faites par d'autres orateurs parlant dans le même sens.

On vous dira : Comment distinguerez-vous les bons programmes des mauvais ?

Mais, Citoyens, la question se résout par cela même qu'elle se pose. Ceux-là seuls seront considérés comme étant de notre Parti qui accepteront le programme intégral de notre Parti, et, de même, nous ne regarderons comme socialistes, que ceux-là seuls qui accepteront loyalement le programme du Parti socialiste. (*Applaudissements.*)

Je termine en disant que, s'il y en a parmi vous qui se figurent que la proposition Gariel serait, je ne dirai pas une attaque, car le mot est trop fort, mais simplement l'occasion d'un froissement à l'égard du Parti socialiste, ceux-là se trompent; s'il en était ainsi, vous ne me verriez pas à cette tribune. En effet, tout mon passé, toutes mes pensées me permettent de m'orienter de jour en jour davantage vers l'idéal socialiste, duquel nous ne pouvons pas nous désintéresser. (*Applaudissements sur un certain nombre de bancs.*)

Ce n'est donc pas le Socialisme que je viens combattre à cette tribune, et ceux qui me connaissent le savent bien ; ce que je viens simplement demander, c'est que nous soyons logiques, et que, par cela seul que nous sommes des radicaux et des radicaux-socialistes, nous défendions notre Parti. (*Applaudissements.*).

Le citoyen Falot. — J'ai l'intention de combattre la proposition Gariel, et voici pourquoi.

Jusqu'à présent notre Parti a toujours eu pour tactique la politique de cohésion, la politique du Bloc. La proposition Gariel nous invite à adopter une nouvelle tactique qui me paraît être une tactique de dissidence et de divisions. (*Protestations sur un certain nombre de bancs.*)

La tactique tendant à substituer au second tour les majorités de programmes aux majorité de personnes est une tactique qui ouvre la porte à toutes les trahisons.

Si au premier tour de scrutin la politique des programmes est utile à la propagande, il n'en est pas de même au second tour. Quelle est donc la tactique que vous devez suivre au second tour de scrutin ? Je n'en connais qu'une. C'est de faire le Bloc pour vaincre les ennemis. Votre seul programme au second tour : vaincre la réaction. (*Applaudissements.*)

Chaque fois qu'à la politique du Bloc, qu'à la politique de concentration on a voulu changer quelque chose, cela a été la défaite. Je vous rappelle la tentative qui a été faite l'an dernier à la Chambre. A la politique du Bloc, préconisée par notre Parti et appliquée par le cabinet Combes, les dissidents ont voulu appliquer la politique des programmes. Vous savez à quoi cela a abouti...

Citoyens, je n'insisterai pas davantage, mais je vous supplie dans l'intérêt du Parti de ne pas vous laisser duper par les mots et de ne pas substituer au second tour à la politique du drapeau la politique des fanions. (*Applaudissements.*)

Intervention de M. Pelletan

Le citoyen C. Pelletan. — Je n'ai que deux mots à vous dire pour trancher, je crois, une question dont les éléments de discussion sont des plus simples.

La proposition Gariel est évidemment la justice même. (*Applaudissements.*)

Il serait extrêmement désirable que tous les Partis fussent assez organisés, assez disciplinés en France pour qu'on pût compter les voix des programmes, des idées, et non pas les voix des hommes. Cette proposition serait donc absolument désirable si elle était praticable. (*Applaudissements.*)

Mais je demande à notre ami Gariel, et je vous le demande à tous, si vous ne voyez pas les périls désastreux auxquels nous nous exposerions en l'admettant. (*Très bien! Très bien!*)

Ceux qui se sont occupés un peu des choses électorales dans toute la France, savent bien quelle est la difficulté au second tour de reformer le Bloc et d'amener des hommes qui se combattaient la veille, à voter ensemble. Nous y arrivons à grand'peine en face du cléricalisme qui, lui, impose sa discipline.

Je vous demande alors, à vous tous qui avez vu des élections de près, si vous croyez qu'il est bon, pour connaître le candidat du second tour, non pas de prendre le fait brutal, indéniable, d'une majorité personnelle, mais de faire de la métaphysique sur les programmes. Croyez-vous qu'en agissant ainsi vous arriverez à réunir toutes les troupes au jour dernier. (*Applaudissements.*)

Voilà la conséquence que je confie à votre esprit républicain.

Sur quoi jugerez-vous ceux qui sont radicaux ? Demandez à nos amis du Midi. Il n'y a pas un royaliste intransigeant qui n'écrive sur ses affiches : candidat socialiste.

Un certain nombre de mes amis qui ont l'habitude de lutter non pas seulement dans leurs circonscriptions, mais un peu dans toute la France, sont épouvantés, tout en rendant hommage à la parfaite justice de la proposition que la démocratie acceptera quand elle aura pris l'habitude d'une plus grande discipline politique, du désastre qu'elle pourrait nous attirer. (*Applaudissements.*)

Réplique de M. Gariel

Le citoyen Gariel. — Citoyens, j'ai été très impressionné par les paroles de mon ami Pelletan. Il m'a donné un instant l'illusion douloureuse que par ma proposition j'allais compromettre le succès du Parti républicain.

Quelques hommes connaissent le journal qui n'a cessé de lutter pour la discipline républicaine...

Le citoyen Pelletan. — Vous n'êtes pas en cause!

Le citoyen Gariel. — Je le sais bien, il n'y a pas de questions personnelles. Mais j'ai besoin de dire que cette préoccupation de ne pas laisser violer la discipline républicaine et de ne pas la laisser s'affaiblir existe dans mon esprit au suprême degré. C'est une conscience qui parle.

Mais si j'ai la préoccupation de faire triompher le Parti républicain qui mérite ce triomphe, j'ai encore la préoccupation de faire triompher le Parti auquel nous appartenons. Or, vous ne satisfaites pas à cette double nécessité, citoyens, en appelant dissidents ceux qui ne sont pas de votre Parti. (*Protestations.*)

Laissez-moi, je vous prie, continuer et vous mettre en présence d'une démonstration.

Tout à l'heure, notre ami, le citoyen Bonnet, vous disait : « Faites de la propagande, dépensez-vous en efforts continus, que chaque minute de votre vie politique soit employée à obtenir de nouveaux adhérents à votre programme. » C'est-à-dire que nous allons faire cette propagande pendant quatre ans, nous allons dépenser ces efforts, et lorsque vous aurez, au bout de ces efforts, constitué dans une circonscription une majorité radicale et radicale-socialiste, il suffira, mon cher Bonnet, que vous ayez deux candidats au lieu d'un seul pour que ce Parti que vous avez ainsi péniblement formé disparaisse en poussière et soit battu. (*Applaudissements sur quelques bancs. Protestations sur d'autres.*)

Ce ne sont pas des fictions, citoyens, que je lance ici en l'air, c'est l'évidence même des choses, mais des choses entrevues non seulement avec la bonne foi que nous partageons tous ici, mais avec le désir de servir à la fois le Parti républicain et le Parti auquel nous tenons. (*Applaudissements.*)

Citoyens, j'arrête là mes observations. Je crois avoir répondu aux principales objections qui ont été faites. On pourrait également présenter d'autres observations de détail. Mais je crois que la discussion qui s'est développée, que les arguments qui ont été échangés, que la lecture qui a été faite, que même tout ce qui a été dit en conciliabules personnels, vous a éclairé de façon suffisante.

Je crois que la conclusion à donner à ce débat, — si toutefois l'heure de la conclusion est arrivée, — c'est qu'il faut à notre Parti, non seulement la préoccupation de triompher de nos ennemis séculaires, de nos ennemis incessants, mais qu'il lui faut encore l'instrument indispensable de l'organisation ; cette organisation ne pourra se faire que sur la base des majorités de programme. C'est sur cette base seulement que le Parti s'assoira avec solidité. (*Applaudissements sur un certain nombre de bancs.*)

J'ai une dernière observation à vous présenter et sur laquelle j'appelle votre attention. Il faut que vous vous disiez que si le suffrage universel auquel vous tenez tant, car c'est notre vie même à tous, n'est pas mis à même de remplir son but, c'est-à-dire de servir la véritable majorité d'idées, vous aurez tué ce suffrage universel. C'est ce que vous avez à prévoir. (*Protestations.*)

Je dis que si le suffrage universel ne sert pas à faire triompher les véritables majorités d'idées, vous le détournez de son but et vous le compromettez, peut-être, de la façon la plus grave.

Une voix. — Vous ouvrez la porte aux dissidents !

Le citoyen GARIEL. — Le dernier mot que j'entends est encore un mot d'injure, c'est le mot : dissident.

Voix nombreuses. — Mais non !

Le citoyen PELLETAN. — Personne ne vous a jamais traité de dissident, citoyen Gariel.

Le Vote du Congrès

Le Président. — Je mets aux voix la clôture de la discussion.

(La clôture, mise aux voix, est prononcée.)

Je mets aux voix les conclusions de la Commission.

Plusieurs voix. — La division.

Le Président. — La division étant demandée, je la mets aux voix.

(La division est adoptée.)

Le Président. — Je donne lecture du premier paragraphe :

« *Le Parti républicain radical et radical-socialiste compte fermement sur l'esprit politique et sur les sentiments de concorde de tous ses adhérents pour assurer, dès le premier tour de scrutin, l'union du Parti sur une seule candidature, partout où ce sera possible ; les droits du Comité Exécutif restant réservés, conformément à l'article 12 du règlement.* »

(Le premier paragraphe est adopté à l'unanimité.)

Je mets maintenant aux voix le deuxième paragraphe :

« *Au cas de pluralité de candidatures, il déclare être favorable à l'adoption de la discipline des majorités de programmes à substituer, dans toutes les circonstances électorales, à la discipline des majorités personnelles jusqu'ici pratiquée.* »

(Le second paragraphe, mis aux voix, est repoussé.)

Le Président. — En conséquence, la fin du projet est également repoussée.

Le Congrès entend-il suspendre quelques instants sa séance ? (*Oui ! Oui !*)

La séance est suspendue.

LE RÈGLEMENT DU CONGRÈS

La séance est reprise sous la présidence du citoyen Bepmale.

Le Président. — Je donne la parole au citoyen Quéroy, rapporteur de la Commission du règlement, sur quelques modifications à apporter à ce règlement.

Le citoyen QUÉROY, rapporteur. — Citoyens, je viens, au nom de votre quatrième Commission, vous proposer quelques modifications au règlement, et j'espère que la discussion de mon rapport ne soulèvera pas de difficultés.

Je vais vous entretenir des modifications décidées hier à la séance de la Commission du règlement.

Les quatres premiers articles n'ont pas été modifiés. Je n'en parlerai donc pas.

M. CAZASSUS. — Je demande la parole pour une modification à apporter à l'article 4.

Citoyens, cet article dit : « *Le Congrès du Parti radical et radical-socialiste se réunit tous les ans à la date fixée par le Comité Exécutif, dans la ville désignée par le précédent Congrès* ». De telle sorte que le Congrès choisit le lieu sans fixer la date. C'est, à mon sens, une anomalie : il me semble que le Congrès, qui est souverain pour choisir la ville où il tiendra son Congrès, doit fixer, en même temps, la date de ce Congrès.

Je crois, d'ailleurs, que nous serions autorisés à nous plaindre, nous, délégués de province, de cette date anormale et caniculaire aussi (*Très bien ! Très bien !*)... choisie par le Comité Exécutif.

Les précédents Congrès ont eu lieu à la fin de septembre ou au commencement d'octobre. Je ne m'explique pas pourquoi on a voulu tenir au mois de juillet le Congrès de Paris.

Il est certain que si l'on a cherché à faire plaisir à quelques-uns, ce n'est pas seulement aux délégués de la province, et ce n'aurait pas dû être aux membres parlementaires, étant donné que les parlementaires peuvent se trouver facilement et quand ils veulent, à Paris. J'ai tenu à présenter ces observations en mon nom et au nom de plusieurs de mes amis de province.

Pour revenir au premier paragraphe de l'article 4, je vous propose de rédiger ainsi, à l'avenir, ce paragraphe :

« *Le Congrès du Parti républicain radical et radical-socialiste se réunit tous les ans à la date fixée et dans la ville désignée par le précédent Congrès.* »

De telle sorte que le Congrès *seul* désignera et le lieu et la date de sa prochaine réunion.

Le citoyen Bouffandeau. — Citoyens, au nom du Bureau je vais vous donner les explications relatives au changement de date qui nous est reproché.

Le Bureau du Comité Exécutif estime que l'époque du mois d'octobre ou de la fin de septembre était la meilleure que l'on pût choisir, et, s'il a dû avancer cette date cette année, c'est en considération des élections sénatoriales et des élections législatives prochaines. Je vous donne ici non mon opinion personnelle, mais celle du Bureau tout entier.

Il a pensé qu'en octobre nous serions à peine à un mois de la campagne électorale sénatoriale, ce qui n'eût pas été suffisant pour l'organisation du Parti en vue de ces élections. Il a pensé aussi que nous serions à peine à six mois des élections législatives, alors qu'il nous faut prendre position le plus tôt possible d'après les bases que vous aurez choisies vous-mêmes.

Telles sont les considérations qui nous ont fait avancer la date du Congrès de Paris, tandis que, jusqu'ici, sauf en 1901, lors de notre premier Congrès qui eut lieu en juin, nos Congrès avaient lieu en septembre ou en octobre. *(Applaudissements.)*

Le Président. — Je mets aux voix la proposition du citoyen Cazassus tendant à réserver au Congrès le droit de fixer et le lieu et la date de sa prochaine réunion. Il ne peut y avoir de discussion sur la première partie, puisque le Congrès choisit déjà la ville où il se tiendra l'année suivante; la modification porte donc sur la fixation de la date par le Congrès lui-même.

(La proposition du citoyen Cazassus est adoptée.)

Le citoyen QUÉROY. — Citoyens, nous abordons l'article 6 qui traite d'une question importante : de la nomination des délégués au Comité Exécutif. Nous vous proposons des modifications essentielles.

Vous savez que les délégués au Comité Exécutif sont nommés à raison de un délégué par 200.000 habitants, et le règlement ajoute que les délégués des colonies sont désignés dans les mêmes conditions.

Votre quatrième Commission a adopté à l'unanimité une modification sur la représentation des colonies afin de réprimer des abus regrettables.

Il a semblé légitime — et il vous semblera également légitime, j'en suis certain — qu'en ce qui concerne les colonies on prenne pour base, non plus la population globale de la colonie, mais seulement le nombre de citoyens français ayant droit de vote.

Autrement dit, la Cochinchine, qui a une population globale de 2.252.000 habitants, ne devrait pas prendre ce chiffre comme base pour la nomination des délégués au Comité Exécutif, mais seulement le chiffre de la population française, qui n'est que de quelques milliers de personnes. De même, les départements d'Alger, de Constantine et d'Oran, qui ont respectivement une population globale de 1.500.000, de 1.800.000 et de 1.100.000 habitants, ne comptent : Alger que 173.000 Français, Constantine 82.000 et Oran 95.000.

Le citoyen SÉNAC. — Je demande la parole.

Le citoyen QUÉROY. — Il arrive ceci : c'est que les colonies qui, si nous ne considérions que le nombre de Français qui les habitent, auraient un chiffre déjà respectable de quatorze délégués, en ont quarante-six. Et encore il faut être reconnaissants aux délégués des colonies qui ne sont pas allés trop loin, car s'ils avaient voulu trouver des délégués amateurs pour faire partie du Comité Exécutif, ils pourraient être quatre-vingt-quatorze, c'est-à-dire le cinquième du Comité tout entier, qui comprend environ quatre cent quatre-vingts membres.

Voilà l'abus auquel nous voudrions remédier. Ce n'est nullement une restriction au droit des délégués que nous vous proposons, c'est simplement la suppression d'un abus qu'il faut faire disparaître en prenant comme base — ce qui semble normal, régulier, raisonnable — la population française.

Les Berbères et les Annamites sont certainement très intéressants, mais il n'y a pas lieu de les représenter au Comité Exécutif.

Du reste, Citoyens, la Commission ne voulant pas que l'on pût croire qu'il s'agissait d'une mesure d'exception, d'une mesure de défaveur contre les colonies, a été beaucoup plus libérale que ne le comportait le règlement strictement appliqué et, au lieu de quatorze délégués, auxquels ont droit les colonies, elle leur en donne vingt-huit, ainsi répartis : le département d'Alger, quatre délégués...

Le citoyen Sénac. — Pourquoi quatre délégués?

Le citoyen Quéroy. — Pourquoi? mais je viens de vous dire que c'est une mesure de faveur, un traitement spécial que nous accordons aux colonies. Le département d'Alger n'aurait eu droit qu'à deux délégués. Estimez-vous donc heureux que nous lui en accordions quatre.

Le citoyen Sénac. — Au contraire, je trouve que deux suffiraient.

Le citoyen Quéroy. — Le département d'Alger a donc quatre délégués, celui de Constantine quatre, celui d'Oran également.

La proposition qui vous est faite ne modifie donc nullement la représentation de la métropole, où les délégués resteront nommés à raison de un par 200.000 habitants. Nous vous demandons d'accorder deux délégués à chaque circonscription électorale des colonies autres que l'Algérie. D'après ce nouveau système, la Martinique qui compte 190.000 habitants aura cependant quatre délégués, la Guadeloupe avec 170.000 habitants et deux circonscriptions en aura quatre également; les autres colonies, la Guyane, la Cochinchine, l'Inde française, etc., n'auront que deux délégués, n'ayant qu'une circonscription électorale.

Dans ces conditions, il ne viendra à l'idée de personne de prétendre qu'il y a là une mesure d'exception et de défaveur. (*Applaudissements.*)

Le citoyen Th. Zannettacci. — Citoyens, je demande à dire un mot au sujet de l'application du règlement.

Je tiens d'abord à remercier le citoyen rapporteur au sujet précisément du régime de faveur qu'il veut bien accorder aux colonies.

Vous n'oubliez pas que les conditions de déplacement sont très désavantageuses pour nous et nous obligent à nous dispenser d'assister à votre Comité. Les républicains d'Algérie, notamment, seraient heureux de se faire représenter au sein de ce Comité en plus grand nombre, afin d'être à vos côtés dans toutes les occasions, dans toutes les solennités, les manifestations républicaines, pour prouver leur attachement, leur cohésion au Parti radical. Malheusement, les conditions d'éloignement les en empêchent, c'est pourquoi, chers concitoyens, jevous demande de de vous montrer un peu plus larges, un peu plus généreux, en nous accordant un plus grand nombre de délégués. Je vous donnerai un exemple : le département de Constantine qui avaient droit à douze délégués, en a désigné douze. Qu'est-il arrivé ? C'est que je suis seul à représenter Constantine. Les autres délégués, à cause de leurs occupations personnelles, n'ont pu m'accompagner. Quand même vous désigneriez dix délégués, croyez-moi, un seul peut-être pourra venir au Comité. C'est pourquoi je sollicite un régime de faveur.

Le citoyen Sénac. — Citoyens je serais bref, et si les Algériens voulaient accepter le droit commun, je ne ferais aucune objection. Vous connaissez la situation parlementaire de l'Algérie... (*Protestations.*)

Une voix. — Nous ne sommes pas le Parlement.

Le citoyen Sénac. — L'Algérie a des Dégutés qui n'ont pas le droit de se préoccuper des choses algériennes, c'est le petit Parlement Algérien qui a seul qualité pour traiter cette question. C'est à vous de décider, Citoyens, si vous continuerez à accepter ce régime d'exception en faveur de l'Algérie. Nous devons exiger que les délégués algériens acceptent le droit commun, c'est-à-dire la loi française. (*Bruits et protestations.*)

Le citoyen Zannettacci. — Je ne répondrai pas aux observations du citoyen Sénac, dont les idées sont malheusement trop connues : ce n'est pas l'endroit de les discuter.

Le citoyen Sénac. — Je crois qu'elles sont françaises et sincèrement françaises ! (*Mouvements.*)

Le citoyen Zannettacci. — Nous aussi nous sommes Français, et la preuve s'est que nous avons fait plus de 1,500 kilomètres pour venir ici faire un acte de foi républicaine. (*Applaudissements.*)

Je vous ai dit, Citoyens, quelles étaient les raisons qui empêchent les Algériens d'être toujours avec vous aussi nombreux qu'ils le voudraient. C'est à cause de ces difficultés matérielles que je vous prie de bien vouloir sanctionner les conclusions du rapporteur en accordant ce régime de faveur à l'Algérie et aux Colonies.

Le citoyen Sénac. — Je demande l'application de la règle générale.

M. le Président. — Je mets aux voix les conclusions de la Commission, c'est-à-dire la modification proposée au sujet de la représentation des Colonies.

(La proposition de la Commission est adoptée.)

Le citoyen Quéroy. — Vous n'avez pas sous les yeux, Citoyens, le véritable texte du nouvel article 6 adopté par la Commission et je vous prie de me laisser vous en expliquer la raison. Le texte imprimé qui vous a été remis est celui qui est sorti des délibérations du Comité Exécutif. Or, ce texte qui a été soumis, conformément à l'article 9 du règlement du Congrès, à la Commission compétente du règlement, a subi une modification importante. Cette modification n'ayant été arrêtée qu'à onze heures et demie ce matin il nous à été impossible de faire imprimer un nouveau texte.

Je vous prie maintenant de me laisser vous dire en quoi consiste cette modification importante. Voici d'abord le texte établi par la Commission :

« *Les membres du Comité Exécutif ont, d'une manière générale, la faculté de se faire représenter par un de leurs collègues muni d'un mandat écrit, mais chaque délégué ne pourra disposer de plus de quatre mandats. Toutefois* (et ici commencent les changements), *en matière disciplinaire ainsi que pour les élections du Bureau, sauf l'exception prévue à l'article 7, paragraphe 3* (cette exception concerne le bureau que vous aurez à élire demain ou après-demain à l'issue du Congrès), *le vote par mandat n'est pas admis. En ce qui concerne l'élection du Bureau, les délégués qui n'ont pu assister à la séance du Comité Exécutif auront la faculté, dans les conditions déterminées par le règlement intérieur du dit Comité, d'adresser leur vote par correspondance.* »

La Commission a estimé que beaucoup de délégués ne pouvaient assister aux réunions du Comité. Iil y aurait lieu, par conséquent, de leur permettre de voter par correspondance en ce qui concerne les élections du Bureau. Ces élections ont une importance capitale et il est indispensable que le Bureau, pour avoir l'autorité qui lui est nécessaire, soit nommé par le plus grand nombre de délégués possible.

Le premier Bureau sera, comme par le passé, nommé par le Congrès, conformément à l'article 7 du Règlement, mais les deux autres — car vous savez qu'étant données les vacances il n'y a que trois bureaux dans l'année au lieu de quatre — seront nommés par correspondance. (*Applaudissements.*)

Un délégué. — Comment se fera l'élection ?

Le citoyen QUÉROY. — Je n'ai pas à répondre à cette question pour le moment : les conditions du vote seront déterminées par un règlement intérieur. Le Bulletin qui vous est envoyé vous fera connaître les noms des candidats.

M. le Président. — Je mets aux voix l'article 6, modifié ainsi qu'il vient de vous l'être indiqué.

(L'article 6 modifié est adopté.)

Le citoyen QUÉROY. — Citoyens, l'article 8 ne subit aucun changement.

Je passe donc à l'article 9, dont les quatre derniers paragraphes ont paru inutiles à votre Commission. Je ne vous lirai pas les deux derniers qui sont sans intérêt et font double emploi avec les articles 14 et 15 du règlement. Mais je vous rappellerai les deux avant-derniers paragraphes, qui sont ainsi conçus :

Les Fédérations, Comités et Groupements adhérents au Parti qui auraient à se plaindre des agissements de députés et de sénateurs du Bloc, mettant leur influence au service de candidats condamnant la politique du Bloc, en informeront immédiatement le Comité Exécutif en motivant leur plainte.

Après enquête, si la dite plainte est justifiée, le Comité Exécutif devra signaler l'attitude anormale de ces sénateurs et députés aux élus et aux journaux du Bloc, et s'employer, de tout son pouvoir, à mettre les parlementaires coupables dans l'impossibilité de nuire désormais au Parti républicain de leur département et de frapper les meilleurs militants de la démocratie.

Les raisons qui ont guidé votre Commission sont les suivantes : d'abord l'article 14 traite également des questions disciplinaires. Il y est dit : « En cas d'infraction de la part d'un adhérent à ses devoirs envers le Parti, etc... »

Cet article prévoit donc les infractions aux devoirs envers le Parti. Or, les adhérents sont les militants, mais aussi et avant tout les élus, sénateurs et députés. Pourquoi donc prendre une mesure spéciale contre ces derniers ? Pourquoi, si vous ne voulez pas — et vous ne le pouvez — faire une sorte de Code pénal de toutes les infractions disciplinaires, pourquoi visez-vous plus particulièrement les députés et les sénateurs du Bloc ?

Un citoyen. — Tous les députés ou sénateurs ne sont pas adhérents au Parti.

Le citoyen Quéroy. — Alors ils ne relèvent pas de notre juridiction !

Le citoyen précédent. — Ils relèvent de notre autorité morale.

Le citoyen Quéroy. — Peu importe qu'ils soient appelés devant nous, s'ils ne répondent pas à nos injonctions.

En ce qui concerne la question de fond, il a paru à votre Commission qu'il y avait quelque chose de fâcheux, de véritablement regrettable, on a même été jusqu'à prononcer le mot d'inconvenant, à afficher ainsi vis-à-vis de sénateurs et de députés pour lesquels nous n'avons que de l'estime et de l'affection, une pareille défiance, et à prendre contre eux des mesures spéciales de défaveur. Pourquoi les placer dans une situation particulière et prévoir le cas d'une attitude anormale de leur part ? (*Protestations et cris de : Et les dissidents !*)

L'année dernière, au Congrès de Toulouse, on ajouté ces deux paragraphes. On s'attendait à voir traduire devant la Commission de discipline certains députés ou sénateurs dont les noms avaient été prononcés ; cependant aucune action disciplinaire n'a été engagée contre eux. Pourquoi donc laisser figurer dans notre règlement ces paragraphes qui n'ont servi à rien, et pourquoi reconnaître, dans un règlement destiné à être rendu public, qu'il y a des députés et des sénateurs républicains qui pourraient ne pas remplir leur devoir ? (*Cris : Il y en a !*)

C'est possible, mais il est inutile, en tout cas, de le crier aussi haut. (*Protestations.*)

Car cela n'empêcherait pas ces députés ou ces sénateurs de trahir le Parti, de frapper les militants de la démocratie.

Si vous supprimez ces deux paragraphes, vous pourrez toujours vous servir de l'article 14, qui prévoit les infractions de la part d'un des adhérents, et vous pouvez même ajouter à cet article, si bon vous semble : « ... *en cas d'infraction d'un des adhérents ou d'un des élus,* »

Il n'y aura pas ainsi de suspicion préalable vis-à-vis des parlementaires.

J'ajouterai enfin qu'on n'ose pas, au secrétariat du Comité, publier les deux paragraphes en question et qu'on est ainsi bien embarrassé pour répandre notre Règlement et nos Statuts. (*Protestations.*)

Je crois, Citoyens, qu'il serait fâcheux de déclarer *a priori* qu'il y a dans notre Parti des élus qui nous trahissent. C'est pourquoi je conclus, avec la Commission, à la suppression de ces paragraphes inutiles. (*Protestations.*)

Le citoyen DAUZON. — Citoyens, l'an dernier, à Toulouse, j'ai demandé, avec mes collègues du département du Lot-et-Garonne, l'addition des paragraphes lus tout à l'heure par l'honorable rapporteur et dont il demande la suppression.

Loin de moi la pensée de vouloir le suivre sur le terrain où il a semblé se placer, et loin de moi aussi la pensée de dire que nous songions, au moment où nous avons fait ajouter ces deux paragraphes, à mettre en suspicion des députés et des sénateurs libres d'exercer leur mandat comme il leur convient... (*Protestations. Cris : « A bas les dissidents ! »*) Je tiens à appeler votre attention sur un point important, c'est que dans nombre de départements il y a des sénateurs et des députés — je ne veux faire aucune personnalité — qui peuvent se trouver, à certains moments, dans une situation embarrassante, qui peuvent être sollicités par des citoyens n'appartenant pas à notre Parti, qui peuvent avoir des démarches à faire en leur faveur. Il arrive que des députés ou des sénateurs appartenant à notre Parti, à la constitution du grand Parti républicain, peuvent se laisser aller à soutenir d'autres personnes que des républicains. C'est pourquoi j'ai demandé l'addition de ces deux paragraphes, mais je vous demande, Citoyens, de ne pas vous déjuger et de maintenir le texte tel qu'il a été établi.

Plusieurs membres. — A bas les dissidents ! A bas les douméristes !

Incident

Le citoyen MAGNIAUDÉ. — Citoyens, je suis, comme mon collègue Dauzon, partisan du maintien des paragraphes en question, que le rapporteur parlait de supprimer, mais je me sépare de mon collègue lorsqu'il dit que les sénateurs et les députés ont le droit d'exercer leur mandat comme bon leur semble. (*Applaudissements. Très bien ! Très bien !*).

Lorsque des députés et des sénateurs ont été élus sur un programme bien défini, ils n'ont aucune excuse s'ils combattent ceux qui poursuivent la réalisation de ce programme. Dans les circonstances présentes et après ce qui s'est passé recemment, on ne peut parler de supprimer les paragraphes en cause, il ne peut être question, bien au contraire, que de les renforcer.

Citoyens, puisque l'occasion m'en est offerte, je me permettrai de vous rappeler la conduite de M. Doumer... (*Applaudissements. Cris : « A bas Doumer ! A bas les dissidents !* »)

Le citoyen Magniaudé.— Je vous rappellerai la conduite de M. Doumer envers la République, à laquelle il doit tout... (*Applaudissements répétés.*)

Certes, je ne vous ferai pas le récit des événements auxquels je fais allusion : ils sont encore présents à l'esprit de tous; je me permettrai seulement de vous lire la décision qui a été prise par le Comité radical et radical-socialiste de l'Aisne, et de vous demander de ratifier, par un vote solennel, cette décision. (*Applaudissements. Très bien ! très bien ! Mouvements divers.*)

Voici le texte de cette décision :

La Fédération, considérant :

1° L'attitude à la fois agressive et injustifiée de M. Doumer, pendant trois ans, à l'égard du ministère Combes;

2° La conduite de M. Doumer dans l'élection sénatoriale du 11 septembre dernier;

3° Les circonstances qui ont entouré son élection au Conseil général dans le canton d'Anisy;

4° Les conditions dans lesquelles s'est produite son élection à la présidence de la Chambre des Députés, due aux voix des progressistes et des réactionnaires. (Applaudissements. Cris : « Vive Brisson ! »)

Décide son exclusion de la Fédération républicaine radicale et radicale-socialiste de l'Aisne.

C'est cette même résolution, Citoyens, que je vous demande de vouloir bien voter. (*Applaudissements prolongés.*)

Le Président. — Citoyens, je mets aux voix la proposition du citoyen Magniaudé.

(La proposition est adoptée à l'unanimité.) (*Applaudissements.*)

Le citoyen MAGNIAUDÉ. — Citoyens, je suis doublement heureux du résultat que ma proposition vient d'obtenir; mais, à mon sens, elle ne serait pas complète si nous n'y faisions pas une addition.

La situation ne serait pas complètement nette à l'égard de M. Doumer si, après l'avoir condamné à l'instant même, nous ne cherchions pas à l'empêcher de nuire dans l'avenir. (*Applaudissements.*) Il faut donc, à mon sens...

Une voix ironique dans la salle. — Qu'on le fusille!... (*Hilarité.*)

Le citoyen ARMAND CHARPENTIER, *sur le même ton.* — Je réclame la priorité pour Mercier.

Le citoyen MAGNIAUDÉ. — Il faut donc, à mon sens, Citoyens, que nous nous organisions, et particulièrement dans la circonscription de M. Doumer, pour l'empêcher d'être réélu l'année prochaine. (*Applaudissements.*)

Je crois que, aidés par la Fédération radicale et radicale-socialiste, nous pourrons arriver à ce résultat. Toutefois, j'estime qu'il est utile, et peut-être indispensable — pardonnez-moi cet acte de témérité — que mon collègue et ami Morlot s'engage à venir avec moi, au cours de la période électorale législative, faire trois ou quatre réunions dans la circonscription de M. Doumer. (*Mouvement. Applaudissements sur de nombreux bancs.*)

Cela permettra, d'une part, à mon ami Morlot de ne plus mériter aucune critique ni aucune suspicion, et, avec sa parole puissante et sa popularité dans le département de l'Aisne, je suis certain que, s'il prend cet engagement, il nous permettra d'arriver à ce que M. Doumer ne soit pas réélu. (*Applaudissements.*)

Plusieurs voix. — La parole est au citoyen Morlot.

Le citoyen MAGNIAUDÉ. — Citoyens, j'apprends que notre collègue Morlot est absent. Dans ces conditions, je prierai le président de vouloir bien lui faire part de la proposition que j'ai faite.

Le citoyen BEPMALE, président. — Le citoyen Morlot est retenu en ce moment à la Commission du budget.

Reprise de la discussion

La Commission vous propose, à l'article 9, la suppression des trois derniers paragraphes; l'amendement en demande le maintien. C'est l'amendement, c'est-à-dire l'ancien texte, que je mets aux voix le premier.

(L'ancien texte est adopté à l'unanimité moins trois voix.)

Le citoyen Quéroy, rapporteur. — Citoyens, la Commission vous demande d'ajouter, au troisième paragraphe de l'article 12, les mots : *les fédérations départementale, d'arrondissement et de circonscription intéressées* au texte qui déclare que le Comité Exécutif devra consulter les groupements régionaux. Nous croyons qu'il y a lieu d'imposer, en ce qui concerne les enquêtes à faire, cette consultation de toutes les fédérations républicaines.

L'article 13 ne comporte pas de modification. L'article 14, au contraire, serait modifié sur un point très intéressant et très important.

Le premier paragraphe prévoit comme peines disciplinaires l'avertissement et le blâme. Or, le blâme entraîne l'exclusion du Parti, si bien que, souvent, le Comité a reculé devant le blâme au sujet d'une faute grave parce qu'il ne voulait pas non plus frapper trop lourdement l'inculpé en l'excluant du Parti.

Nous vous proposons donc, Citoyens, de rédiger ainsi ce premier paragraphe : *Le Comité Exécutif pourra prononcer l'une des peines suivantes : avertissement, blâme, exclusion.* Il y aura ainsi trois degrés dans la punition. Sans que j'insiste plus longtemps, Citoyens, il vous semblera juste et normal qu'on puisse se mouvoir plus librement que par le passé avec trois peines au lieu de deux.

Un Délégué. — Vous venez d'instituer le vote par correspondance; il ne peut plus être question, pour les décisions disciplinaires, d'une majorité des membres présents au Comité Exécutif.

Le citoyen Quéroy. — Il y a confusion dans l'esprit de l'interrupteur. Le vote par correspondance ne sera pas appliqué dans ce cas; on ne juge pas par correspondance.

Le Président. — Je mets aux voix la modification proposée par la Commission.

(L'article 14 ainsi modifié est adopté.)

Le citoyen Quéroy. — L'article 15 n'a pas été modifié

dans son essence; il a été simplement mis en harmonie avec les modifications que vous venez d'apporter aux articles précédents, notamment celle de l'article 14. Il reste ce qu'il était auparavant : L'exclusion du Parti ne devient définitive que si, dans le délai d'un mois, l'intéressé ne notifie pas au Secrétariat son intention de se pourvoir devant le prochain Congrès. Nous nous sommes bornés à dire que le blâme n'entraîne pas l'exclusion, et à prévoir pour l'inculpé frappé le cas où il voudrait se pourvoir devant le Congrès.

Le citoyen WEILL. — L'exclusion était prononcée par le Congrès, me semble-t-il ?

Le citoyen QUÉROY. — Non pas, c'était le Comité Exécutif qui la décidait.

Le Président. — Je mets aux voix l'ensemble des modifications proposées par la Commission.

(L'ensemble des modifications est adopté.)

LES JOURNAUX ET LA DISCIPLINE

Le citoyen RICHARD. — Je demande la parole au sujet d'une proposition que j'ai faite et qui n'a pas été présentée au Congrès.

Le citoyen QUÉROY. — Je n'ai pas eu mandat de la rapporter ici.

Un Délégué. — On l'a cependant examinée ce matin en Commission.

Le citoyen RICHARD. — Je remarque une chose, c'est qu'on s'occupe beaucoup de la discipline des organes qui s'intitulent radicaux ou radicaux-socialistes. Dans certains départements les journaux radicaux ou radicaux-socialistes, qui ont même adhéré au Comité Exécutif, font parfois une campagne abominable contre les représentants autorisés de ce Parti. Je demande que le Comité Exécutif s'occupe très sérieusement de cette question et sanctionne ces infractions des journaux du Parti aux devoirs les plus élémentaires.

Voici le texte de ma proposition :

Le Congrès invite les journaux se réclamant du Parti radical et radical-socialiste à ne pas combattre les candi-

dats des fédérations radicales-socialistes au profit d'un candidat d'une autre fraction du Parti républicain.

Le citoyen GRAZALŒIL. — Je fais la proposition suivante, d'accord avec le citoyen Richard :

En raison des difficultés sans nombre soulevées par les adversaires du Parti radical et radical-socialiste, la Commission de discipline invite les membres du Congrès à prendre la décision suivante :

« Tout journal se recommandant du Parti radical et radical-socialiste est tenu de soutenir d'une façon ferme le Parti.

« En cas d'infraction à cette règle, le Comité Exécutif, avisé, devra prendre à l'égard dudit journal, les mesures exigées par son attitude. »

Plusieurs voix. — Lesquelles?

Le citoyen GRAZALŒUIL. — Il est bien entendu que c'est une addition au règlement. Et je complète ma pensée en disant que nous demandons l'exclusion dudit journal.

Voix diverses. — Lequel ?

Le citoyen GOLDSCHILD. — Je demande qu'aux mots : « *d'un élu du Parti* », on ajoute : « *ou d'un organe du Parti* », et qu'on dise : « *d'un élu ou d'un organe du Parti* ».

Le Président. — Citoyens, nous sommes en présence de propositions contradictoires, et qui ne sont pas nettement formulées. Je vous propose de renvoyer le tout à l'examen de la Commission du règlement, qui fera son rapport à une séance ultérieure. (*Applaudissements.*)

NOMINATION DU BUREAU DU COMITÉ EXÉCUTIF

Dans le programme de travaux qui nous a été distribué, vous avez pu remarquer que le Comité Exécutif qui sera nommé demain ne se réunira que lundi pour constituer son bureau. Un grand nombre de délégués ont fait observer que lundi la plupart des membres du Congrès auraient quitté Paris et ils demandent de fixer à demain soir la nomination du bureau du Comité Exécutif.

Le citoyen Quéroy. — On ne peut pas se réunir ici ; la salle est prise dans la soirée.

Le citoyen Bepmale. — On se réunira au siège du Comité.

Le citoyen Quéroy. — La salle est beaucoup trop petite.

Plusieurs voix. — Demain, ici, à cinq heures !

Le Président. — J'entends demander que la nomination ait lieu demain soir, ici même. (*Oui ! Oui !*) Je mets aux voix cette proposition.

(La proposition est adoptée.)

Le Président. — Il est dès lors entendu que les membres du Comité Exécutif qui seront nommés demain matin auront à se réunir demain à l'issue de la séance de l'après-midi, dans une salle voisine, pour procéder à la constitution du bureau définitif. (*Très bien !*)

Le président donne lecture de l'ordre du jour de la séance prochaine qui aura lieu samedi matin à 9 heures :

1° Ouverture des travaux par le Président de la veille ;

2° Nomination du bureau de séance. M. Combes a été désigné ;

3° Allocution du Président ;

4° Les retraites ouvrières et paysannes. — De la politique économique et sociale du Parti (cinquième Commission) ;

5° Rapports et vœux relatifs aux questions d'enseignement et de défense laïque. — Séparation des Eglises et de l'Etat (septième Commission) ;

6° Désignation des membres du Comité Exécutif.

Cet ordre du jour est adopté.

La séance est levée à cinq heures et demie.

TROISIÈME SÉANCE

Samedi 8 Juillet. — Matin

La séance est ouverte à neuf heures et demie, sous la présidence du citoyen MORLOT, président du Comité Exécutif.

Sur la proposition du Président, et par acclamations, le bureau est composé comme suit :

BUREAU

Président : M. COMBES, sénateur, ancien président du Conseil des ministres.

Vice-Présidents : MM. TROUILLOT, député, ancien ministre du Commerce.

Alexandre LEFÈVRE, sénateur de la Seine.

Fernand RABIER, député.

FRANKLIN-BOUILLON, administrateur du *Radical*.

Hector DEPASSE, publiciste.

ARRAULT, de la *Dépêche de Tours*.

DUPEUX, conseiller d'arrondissement à Bordeaux.

Georges PÉRIÉ, conseiller général de la Gironde.

RICHARD, maire de Chalon-sur-Saône.

CHAMBAUD DE LA BRUYÈRE, conseiller général du Rhône.

BILLÉS, de la Fédération marseillaise.

Secrétaires : MM. THALAMAS, délégué de Seine-et-Oise.
ROLAND, directeur du *Courrier de Saumur.*
Guillaume POULLE, conseiller général de la Vienne.
VIEL, du Comité général de Nantes.
GÉRARD, de la Fédération de Meurthe-et-Moselle.
GORJUS, conseiller municipal de Lyon.
JULLIAN, des Alpes-Maritimes.

Secrétaire général du Congrès : M. F. BOUFFANDEAU, secrétaire permanent du Comité Exécutif.

Discours de M. Combes

M. Combes, salué par de longs applaudissements, prononce le discours suivant :

Citoyens,

Je suis profondément touché du témoignage de sympathie que vous me donnez en ce moment. J'espère n'être pas taxé de présomption si je déclare avec franchise que je n'en suis pas surpris outre mesure. Vos acclamations ne font que reproduire, sous une forme plus vivante, les adresses de félicitations qui me sont parvenues par milliers de vos Fédérations départementales.

Si je les accepte avec un plaisir que, vous le voyez, je ne cherche pas à dissimuler, c'est que je me rends compte en ce moment que c'est à l'un des vôtres que va cet hommage, à un ancien Président du Consseil qui a mis son honneur à réaliser, par ses actes gouvernementaux, les principes traditionnels du Parti radical et radical-socialiste. (*Applaudissements.*)

Il se retrouve aujourd'hui devant vous tel que vous l'avez connu dans tout le cours de sa vie parlementaire, tel que vous l'avez désigné vous-même à la veille des élections législatives de 1902, comme membre de votre Comité directeur, en compagnie des hommes les plus justement estimés et aimés de notre Parti, en compagnie de Brisson, dont le nom seul fait surgir devant l'œil de l'esprit l'image de la droiture, de la probité, de l'honneur et de la constance politique... (*Vifs applaudissements.*), en compagnie de Léon Bourgeois, si séduisant par son caractère aimable et par son éloquence insinuante... (*Très bien! Très bien! et vifs applaudissements.*), en compagnie de Vallé, mon compagnon d'armes de ces dernières années, qui a porté tous ses soins à faire dans la magistrature l'épuration qui est dans les désirs de vous tous... (*Applaudissements.*), en compagnie de Camille Pelletan... (*Vifs applaudissements*), qui a d'autant plus le droit d'être soutenu et loué par vous qu'il est plus violemment et plus injustement attaqué par nos adversaires... (*Applaudissements et cris : Vive Pelletan!*); en compagnie de ces républicains honnêtes, sincères, infatigables, qui ont nom Desmons et Delpech ; permettez-moi d'ajouter qu'il se retrouve tel qu'il s'est manifesté dans le cours de ces deux dernières années, dans une bataille interrompue de tous les jours, de toutes les heures, contre les forces coalisées de toutes les réactions. (*Nouveaux applaudissements.*)

En évoquant le souvenir de ces luttes ardentes et passionnées, laissez-moi dire que je suis fier surtout d'avoir aujourd'hui la conscience de n'avoir jamais manqué à mon Parti et à mes amis... (*Longs applaudissements.*); mais j'éprouve encore plus le besoin de remercier mon Parti et mes amis de l'aide persévérante qu'ils m'ont donnée pour l'accomplissement d'une tâche hérissée de difficultés. (*Assentiment unanime et applaudissements.*)

C'est à cette aide cordiale et dévouée que nous devons rapporter tous les résultats obtenus, c'est avec elle et par elle que nous avons pu faire aboutir des lois qui vous tenaient à cœur — je n'ai pas besoin de les énumérer, elles sont présentes à votre esprit — et c'est avec elle et par elle que nous avons pu saisir le Parlement des questions les plus importantes contenues dans votre programme. (*Très bien! Très bien!*)

Vous pouvez constater avec satisfaction que le mouvement réformateur imprimé, grâce à vous surtout, à l'action parlementaire, se continue dans la voie même que vos Congrès ont tracée. Il n'est douteux pour personne qu'il aboutira sous le Ministère actuel, comme il avait abouti sous le Ministère précédent, si vous savez imposer à vos représentants dans les Chambres, sénateurs et députés, l'union d'idées et de sentiments qui a fait leur force comme la vôtre dans le passé. (*Applaudissements prolongés.*)

Je parle d'union, j'en parle sans cesse, car c'est à cette union dans les Chambres que j'ai dû tout ce que j'ai pu faire. Sans doute il y a un fonds d'indépendance individuelle auquel nous serions coupables d'attenter, mais cette indépendance, qui s'exerce librement dans le choix des doctrines, sait se restreindre dans la pratique des choses. Si vos commissions font œuvre de doctrine, votre Congrès doit faire surtout œuvre d'application pratique. L'union s'impose, et avec l'union, la discipline, une discipline inséparable de cette union librement consentie ; elle nous est une condition absolue de succès. C'est à vous, c'est à ce Congrès qu'il appartient d'en faire à vos fédérations départementales une obligation étroite.

Vous ne le voudriez pas que vous y seriez contraints. Nous entrerons bientôt dans une période d'élections générales qui s'annoncent, sachez-le bien, comme devant être particulièrement épineuses et tourmentées. Tous les partis se resserrent et se renforcent en vue de cette consultation générale du suffrage universel et du suffrage sénatorial ; vous devez sentir, vous aussi, la nécessité d'être unis. (*Très bien! Très bien! et applaudissements.*)

Faites donc que ce sentiment, après s'être affirmé hautement dans ce Congrès, se répande dans vos fédérations, dans vos circonscriptions législatives ; tout en leur laissant, et c'est nécessaire, une liberté d'appréciation qui se justifie par la situation locale, prémunissez-les contre le danger d'une division quelconque, en face d'adversaires absolument déterminés à nouer les coalitions les plus disparates pour arrêter la marche du progrès républicain. (*Applaudissements répétés.*)

Citoyens, dans ces paroles je vise une double union : c'est d'abord l'union au sein du Parti radical et radical-socialiste ; ce Parti serait inexcusable de ne pas l'observer. Il y est conduit non pas seulement par la nécessité qui lui incombe, — et il le sent, — de faire triompher son programme, mais par la considération même de son impuissance à le faire triompher, pour peu que tous ceux qui le composent ne s'accordent pas et sur le programme et sur les noms des hommes destinés à le représenter devant le suffrage universel. Je vise ensuite une autre union : c'est celle du Parti radical et radical-socialiste avec les autres partis de gauche. (*Vifs applaudissements.*)

Citoyens, dans un état politique qui est arrivé à sa dernière forme, dans une situation où chaque parti a son organisation déterminée, on comprend, si ces partis sont réduits à une dualité batailleuse, comme cela se rencontre dans certain pays, où tout un parti avancé est en face d'un parti moins avancé, où les deux partis se combattent en vertu de leur force respective, on comprend qu'alors chaque parti dédaigne et s'abstienne de chercher des alliances en dehors de lui-même. En êtes-vous là ? Pouvez-vous dire que le Parti radical et radical-socialiste forme en France la majorité absolue des républicains sincères ? (*Non !*)

Non, n'est-ce pas ? Vous sentez très bien que quelque imposant que soit le nombre des adhérents du Parti radical et radical-socialiste, ils ne forment encore qu'une minorité. Il est donc nécessaire que cette minorité, consciente d'elle-même, de son devoir absolu comme parti, résolue par conséquent à ne sortir à aucun prix de ses doctrines propres, réfléchisse en même temps que ce serait se condamner à l'impuissance en se condamnant à l'isolement ; et dès lors, s'il lui est permis, s'il lui est commandé d'aller à la bataille avec son programme, il lui est permis, que dis-je, il lui est commandé de s'unir avec les partis qui ont de commun avec lui ce qui fait l'objet de la bataille. (*Vifs applaudissements.*)

Citoyens, je peux offrir, à titre d'ancien président du Conseil, au Parti radical et radical-socialiste de la France entière l'exemple de la Chambre. Sans doute, si je n'avais consulté que mes propres aspirations, si mes collègues du cabinet avaient été libres de suivre leurs propres tendances, nous n'aurions pas eu besoin de composer le cabinet d'éléments empruntés à tous les groupes de gauche. Hardiment, nous aurions proposé à la Chambre la réalisation des doctrines qui sont l'essence de notre Parti; mais nous savions qu'il nous était impossible de faire triompher l'ensemble de ces doctrines et que, pour obtenir même des réalisations partielles, nous devions faire des concessions qui, sans entamer le fond du programme, sériaient les questions, les divisaient de manière à les rendre accessibles à la majorité républicaine de gauche. (*Très bien! très bien! et vifs applaudissements.*)

Et qui pourrait dire que nous nous sommes mal trouvés de cette combinaison? Qui pourrait dire qu'elle n'a pas été féconde en résultats?

Repassez dans votre esprit les faits politiques obtenus dans ces deux dernières années, vous verrez qu'il n'est pas de législature en France, depuis l'avènement de la République, qui ait été aussi féconde en résultats politiques susceptibles de nous réjouir, nous tous, radicaux et radicaux-socialistes. (*Vifs applaudissements.*)

Citoyens, que notre exemple, — il est assez haut, je pense, — serve de leçon et de modèle au suffrage universel. De ce que nous avons eu, de ce que vous avez à droite et à gauche des amis, des alliés, qui ne pensent pas exactement comme vous sur toutes les questions, ce n'est pas une raison pour refuser le concours qu'ils peuvent vous donner et dont vous avez besoin pour faire prévaloir devant le suffrage universel au moins une partie de votre programme. Je ne crois pas, d'ailleurs, devant une assemblée pratique comme celle-ci, avoir besoin d'insister davantage sur cette question. Vous me permettrez de la résumer dans une dernière phrase, qui répond certainement à vos sentiments comme aux miens et à ceux de tous mes collègues : Nous ne devons avoir aucun ennemi à gauche. (*Applaudissements vifs et répétés et bravos prolongés.*)

Partout où nous avons la majorité incontestée, on

trouvera bon que nous suffisions nous-mêmes à la peine et que nous allions nous-mêmes, drapeau complètement déployé, à la bataille. (*Nouveaux et vifs applaudissements.*) Partout où nous reconnaîtrons que nous sommes en minorité, suivant le chiffre de cette minorité, ou nous réclamerons le concours de nos amis de droite et de gauche, ou nous leur apporterons le nôtre. Pour tout dire, en un mot, nous irons tous, radicaux, radicaux-socialistes, républicains de gauche et socialistes ensemble au combat pour la République contre la réaction cléricale, nationaliste et monarchiste. (*Double salve d'applaudissements et bravos répétés et prolongés. Longue ovation et cris : Vive la République ! Vive Combes !*)

SUITE DE L'INCIDENT DOUMER

Le citoyen COMBES, *Président.* — La parole est au citoyen Morlot.

Le citoyen MORLOT. — J'ai demandé la parole sur le procès-verbal à propos de l'incident d'hier soir. Appelé à la Chambre par mes devoirs parlementaires, j'avais quitté l'assemblée. Notre collègue M. Magniaudé est venu lui donner connaissance de la décision de la Fédération radicale et radicale-socialiste de l'Aisne, concernant notre collègue M. Doumer.

Cette décision a été ratifiée par le Congrès. Sur ce point, je n'ai aucune observation à présenter ici, je m'incline respectueusement devant le vote du Congrès. (*Très bien ! Très bien !*) Mon collègue Magniaudé a ajouté que le Congrès devait nous intimer l'ordre d'aller, en tant qu'élus républicains, faire une campagne électorale dans la deuxième circonscription de Laon contre le député sortant.

Je vous demande, Citoyens, la permission de présenter sur ce point quelques explications.

Vous connaissez la situation générale qui résulte de la présence de M. Doumer dans notre département, mais la situation particulière qui nous a été faite, vous est peut-être moins connue.

J'estime, contrairement à l'avis de mon collègue Magniaudé, que la tactique que doivent suivre les républicains pour s'assurer le succès est très différente. Je connais bien le pays ; depuis vingt ans que je me suis consacré à la politique républicaine dans ce département, et comme conseiller général et comme député, on m'a toujours vu, au premier rang sur la brèche, combattant pour la politique radicale et radicale socialiste et m'efforçant de la faire triompher dans toutes les circonscriptions.

En présence du vœu émis hier par le Congrès, je tiens à déclarer non pas qu'il me serait matériellement impossible d'aller faire la campagne qu'on me demande, parce que nous aurons tous à faire face à l'ennemi dans notre propre circonscription, mais simplement à affirmer que je ferai ici, que je ferai dans mon département, comme je l'ai toujours fait, tout ce que commandent l'intérêt et l'honneur du Parti républicain. (*Applaudissements.*)

Je demande à ajouter un mot d'explication personnelle. Cette explication personnelle, c'est à moi-même autant qu'à vous que je la dois. On connaît dans le Parti mes relations personnelles et anciennes, remontant à plus de vingt ans, avec le président de la Chambre. Ces relations (je suis heureux d'être présidé ici par notre éminent ami, M. Combes, qui peut en témoigner), ces relations ne m'ont jamais amené à subordonner la politique que je fais à des questions personnelles. (*Très bien ! Très bien !*) J'ai toujours servi le Parti en fidèle républicain, sans tenir compte de mes amitiés privées, et, dans la lutte que nous avons soutenue sous la direction de M. Combes, pendant trois ans, dans la bataille qui s'est livrée au commencement de l'année, on m'a toujours vu, sans défaillance, du côté des radicaux. Je n'ai pas besoin de dire que je continuerai à conserver cette attitude qui ne comporte pour moi aucune espèce de reniement d'amitié particulière. Je tiens à le déclarer : renier ses amis personnels dans un intérêt électoral est une lâcheté et j'en suis incapable : vous ne pouvez pas me le demander. (*Applaudissements.*)

Le citoyen Magniaudé. — Je demande la parole.

Plusieurs Membres. — La clôture ! La clôture !

Le citoyen Combes, *président.* — Je demande au citoyen Magniaudé de ne pas insister.

Il y a là des questions personnelles dont chacun de nos collègues est juge. La déclaration de M. Morlot...

Une voix. — Elle est très loyale !

Le Président... laisse intacte la décision que vous ayez

prise, qui n'est pas mise en échec par les paroles que vous venez d'entendre.

M. Morlot, candidat radical-socialiste dans sa circonscription, est juge plus que personne de ce que lui commande l'intérêt de cette circonscription. Il ne serait pas, je crois, d'une bonne pratique pour qui que ce soit d'entre nous de vouloir obliger un candidat quelconque à sortir, le moment venu, de la réserve qui lui est ordonnée, en quelque sorte, par l'intérêt même de sa candidature dans sa circonscription.

Citoyens, des explications plus précises seraient inutiles (*Approbation*) et ne pourraient que nuire à M. Morlot lui-même. Je demande à M. Magniaudé de ne pas insister. (*Applaudissements.*)

Voix nombreuses.— La clôture!

Une voix. — Insister serait amener la division dans l'Aisne.

(On réclame la clôture de l'incident.)

Le Président. — Je mets aux voix la clôture (L'incident est clôs.)

AVIS RELATIF AUX PROPOSISIONS POUR LE COMITÉ EXÉCUTIF

Le citoyen Bouffandeau. — Citoyens, vous avez décidé que la désignation des membres du Comité Exécutif aurait lieu ce matin : un bureau spécial est organisé pour recevoir les propositions des délégués des départements. Vous êtes invités à déposer vos propositions dûment signées. Le Congrès se prononcera à la fin de la séance, à partir de onze heures précises.

LES RETRAITES OUVRIÈRES

Le citoyen Emile Combes, *président*. — La parole est au citoyen Herriot, rapporteur de la cinquième Commission, pour la lecture du rapport sur l'organisation des retraites ouvrières et paysannes.

Rapport du citoyen Herriot

Citoyens,

Aux termes du programme que vous avez approuvé, la cinquième Commission avait à étudier la question des retraites ouvrières et paysannes, liée à la question plus générale de la politique économique et sociale du Parti. Le temps lui a manqué pour fixer tous les détails d'une réforme qui réclamera les études les plus minutieuses, et en particulier de très nombreux renseignements d'ordre statistique ou d'ordre financier. Elle s'est proposé simplement d'aider le Congrès à préciser par quelques résolutions claires et vigoureuses, sa volonté d'obtenir cette loi de première nécessité.

Sur le principe même et l'urgence de la loi, votre Commission n'avait pas à délibérer longuement. La loi sur la Séparation assurera, comme le déclarait hier le citoyen Bourgeois, la *laïcité* de l'Etat. Mais cette mesure ne sera qu'un point de départ ou, plus exactement, que le point d'achèvement de la première partie du vieux programme républicain. Lorsqu'elle sera promulguée, le Parti radical et radical-socialiste devra démontrer, par sa politique sociale, qu'il est digne de la confiance que la démocratie lui a si longtemps maintenue; il devra ôter tout argument à ceux qui prétendent si faussement que notre Parti manque de décision dans l'accomplissement des réformes proprement sociales. (*Applaudissements.*).

Votre Commission a eu à discuter tout d'abord la *portée* même et, pour ainsi dire, la *définition* de la loi. Elle estime que la loi future doit se présenter sous la forme d'une *loi d'assurance* et répudier tout ce qui la ferait ressembler à une *loi d'assistance*. En venant demander à la Société qu'il a enrichie de son travail une retraite qui assure ses derniers jours, le travailleur ne demande pas une faveur; il réclame un droit. (*Applaudissements.*) Pour donner à la mesure toute sa signification sociale, la Commission a voté *l'extension du bénéfice de la loi à toute personne, de nationalité française, n'ayant pas d'autres ressources que le produit de son travail, à l'âge de soixante ans.* (Applaudissements.) Vous le voyez, Citoyens, la Commission n'a pas compris dans son texte les *invalides* ou les *infirmes*, estimant que la question de l'invalidité ou de l'incapacité de travail, liée à la question de la loi sur les accidents, méritait une étude distincte et que, là encore, pour arriver à un résultat, il fallait simplifier.

Une question importante, qui se posait ensuite, était celle de la *retraite facultative* ou *obligatoire*. Mais nous avons pensé qu'après toutes les discussions que ce sujet avait provoquées l'obligation avait cause gagnée. L'un des principes essentiels de notre Parti, c'est l'obligation de la *solidarité ;* c'est de l'affirmation et de la pratique de ce principe que notre Parti emprunte sa haute valeur morale. L'insouciance, l'égoïsme, l'ignorance de quelques-uns peuvent faire échouer la bonne volonté du plus grand nombre ; une mesure sociale, pour être une mesure efficace, doit être une mesure générale. C'est dans cette pensée profondément républicaine que la Commission a voté et vous demande de voter le *principe de l'obligation* (*Applaudissements.*)

La cinquième Commission s'est également prononcée pour la triple collaboration de l'*assuré futur*, de son *employeur* et de l'*Etat*. Collaboration de l'*assuré futur,* car notre doctrine sociale n'est pas une doctrine paresseuse, mais une doctrine active ; elle veut la libération et l'affranchissement progressif de l'homme par l'homme lui-même ; elle veut intéresser chacun au progrès général et remplacer la charité par l'assurance. Collaboration de l'*employeur,* car s'il y a entre les employeurs les différences les plus considérables, s'il y a de l'injustice flagrante à les confondre tous dans une même classe, il est juste cependant et d'une vérité républicaine indiscutable que celui qui donne une direction et fait porter son fruit à l'effort souvent obscur du travailleur collabore aussi à l'assurance de sa vieillesse. Collaboration de l'*Etat,* suprême répartiteur de la fortune publique et compensateur obligé des inégalités sociales. (*Applaudissements.*)

Fallait-il, Citoyens, pour l'établissement de cette grande œuvre, faire appel à de certaines initiatives ou laisser la responsabilité de la réforme à l'Etat ? En d'autres termes, quelle part fallait-il faire à la Mutualité ? Il y a sans doute dans cette salle un bon nombre de mutualistes. La Commission s'adresse particulièrement à eux pour leur dire que, dans sa pensée et dans ses votes, il ne s'est rien manifesté d'hostile à leur œuvre. Ils ont été des précurseurs, ils conserveront leur indépendance. La loi future les dégagera, par des mesures dont le détail est à étudier, de la responsabilité des retraites, estimant que les Sociétés de Secours mutuels, malgré des résultats intéressants, sont moins faites pour assurer la vieillesse que pour secourir contre la maladie. La Commission a voté que l'*Etat aurait à orga-*

niser les retraites sur la vieillesse sans l'intermédiaire des mutualités, mais en leur conservant leur vie propre.

Et maintenant, fallait-il recourir à la *capitalisation* ou à la *répartition*? La Commission a entendu avec intérêt les arguments des partisans de la *capitalisation*. Cette mesure, disaient-ils, favoriserait la paix sociale en intéressant à sa défense tous les futurs assurés, propriétaires d'un fonds social énorme. Mais trois arguments nous ont arrêté; il nous a paru impossible pratiquement de former ce capital; il nous a paru aussi que la formation de ce capital demanderait de très longues années et que la loi, pour être une loi de paix sociale, devait se produire sans délai. Il nous a semblé, enfin, que la capitalisation d'une pareille somme, même si elle pouvait se réaliser, serait infiniment dangereuse, et la cinquième Commission s'est prononcée, à une grande majorité, pour la *répartition*. (*Applaudissements.*)

Une dernière question essentielle restait à traiter. Où l'Etat trouvera-t-il les centaines de millions nécessaires à l'accomplissement de cette réforme? Il est évident que ces sommes ne peuvent être créées que par une réforme profonde de l'impôt, ou tout au moins par des mesures comme une nouvelle revision de la loi sur les successions. Par un vœu formel, la commission a *invité le gouvernement à demander les ressources nécessaires, pour sa part de contribution, à la transformation en services publics des industries déjà constituées en monopoles privés, conformément aux principes constamment affirmés par le Parti radical et radical-socialiste.* Elle a voté aussi que *les ressources nécessaires à l'exécution de cette réforme devraient être recherchées en dehors des ressources actuelles du budget.* (Applaudissements.)

Citoyens, votre cinquième Commission s'excuse de n'avoir pu mieux faire. Il y aurait eu de sa part beaucoup de prétention à vouloir en quelques heures régler tout le mécanisme d'une loi. Cette loi est déjà en discussion; il a semblé à votre Commission que le Congrès devait intervenir surtout pour réclamer des législateurs la plus grande activité en faveur de cette question. Elle voudrait qu'il manifestât formellement sa volonté de voir aboutir une loi qui est, au premier degré, une loi de solidarité, une œuvre de justice et de paix sociales. Il s'agit, à l'heure présente, de ne pas faillir à nos promesses et d'affirmer, au lendemain d'un triomphe, notre désir de continuer notre œuvre par l'accomplissement de notre programme économique et social. (*Applaudissements.*)

En conséquence, citoyens, votre Commission a l'honneur de vous soumettre le projet de résolution suivant :

« Le Congrès du Parti radical et radical socialiste invite les Chambres à travailler le plus activement possible au projet de loi sur les retraites ouvrières. Il se prononce pour *l'extension du bénéfice de la loi à toute personne, de nationalité française, n'ayant pas d'autres ressources que le produit de son travail, à l'âge de soixante ans.* Il se prononce de même pour l'*obligation* ; pour *la triple collaboration de l'assuré futur, de son employeur et de l'Etat ;* pour l'*organisation directe par l'Etat ;* pour la *répartition ; contre la capitalisation. Il invite le Parlement à créer, pour cet objet spécial, des ressources spéciales, soit par une réforme profonde de l'impôt (impôt sur le revenu), soit par une nouvelle revision de la loi sur les successions, par l'attribution aux retraites d'une partie de plus en plus grande du budget des cultes, par la création de monopoles d'Etat.* »

LA PARTICIPATION AUX BÉNÉFICES

Le citoyen Lefèvre présente ensuite le rapport suivant :

En montant à la tribune en ce moment, loin de moi l'idée de vouloir contrecarrer l'œuvre de l'honorable rapporteur de la cinquième Commission, dont j'ai l'honneur de faire partie.

Je rends pleinement hommage à son exposé, qui résume très fidèlement les débats qui ont eu lieu dans la Commission.

Mais, de même que nous avons tous reconnu avec lui que le temps dont nous disposions pour traiter un sujet de cette importance était bien minime, vous conviendrez vous-mêmes qu'on ne saurait trop élargir le débat sur une question qui doit être pour nous le pas décisif dans l'application de la solidarité républicaine.

J'ai été on ne peut plus heureux d'entendre hier, de la bouche de l'homme le plus autorisé en la matière, M. Léon Bourgeois, des paroles que j'avais moi-même sur les lèvres et qui se rapportent si bien au cas qui nous occupe.

« La lutte des classes, disait-il, ne cessera que par l'application intégrale de la solidarité. Il faut que ceux qui ont trop donnent à ceux qui ont besoin, non comme une aumône, mais comme l'accomplissement d'un devoir de solidarité. »

Or, que voyons-nous dans l'étude sommaire qui nous est soumise sur les retraites ouvrières ?

Après l'admission du principe même de la loi future, la Commission a formulé l'obligation d'un versement à la charge de l'assuré (ou l'employé), du patron (ou l'employeur), et de l'Etat.

Eh bien, messieurs, permettez-moi de vous dire qu'il serait désastreux d'adopter de pareilles conclusions.

Comment ! Nous voulons venir en aide à des malheureux qui, lorsqu'ils étaient encore capables de travailler, ne pouvaient arriver, comme l'on dit, à joindre les deux bouts, et faisaient même des dettes, et nous commençons par leur demander une contribution !

Je sais bien que cela se fait. Les résultats de la mutualité sont là pour nous prouver ce que peuvent le courage et le travail. Mais tout cela est si peu, relativement à la quantité des malheureux, qu'à peine peuvent-ils, avec ce secours, pendant l'activité de la jeunesse, arriver à solder les frais de maladie et d'obsèques.

Quant aux patrons (aux employeurs), n'est-ce pas une injustice de créer contre eux un nouvel impôt, alors que les riches rentiers seraient exempts de toutes charges ?

Qui vous dit que le patron, qui a des risques énormes à courir, ne sera pas, du fait de ce nouvel impôt, obligé de descendre au rang des salariés ?

Et tout cela pour donner à l'assuré (ou employé), à soixante ans, une retraite dérisoire de 100 ou 200 francs !

Je sais bien qu'à cet âge, l'homme ou la femme ainsi retraités n'auront plus de charges. Les enfants, s'ils en ont eu, seront en âge de se suffire.

Car, persuadez-vous bien, Citoyens, que ce n'est pas à cet âge seulement que la misère est la plus à craindre... songez au triste sort de l'ouvrier, si courageux qu'il soit, lorsqu'il a à nourrir une femme et cinq ou six enfants, et qu'il lui faut encore compter avec le chômage.

Pourquoi tant d'enfants, me direz-vous ?

Il faut bien que les pauvres en fassent, puisque les riches se refusent à ce travail.

C'est peut-être ce torrent prolétarien qui arrivera naturellement à éteindre les différences de classes.

En résumé, j'espère que vous voudrez bien reconnaître, avec moi, que l'on n'a pas le droit d'établir des distinctions entre les travailleurs, qu'ils soient employés ou employeurs.

Nous tous, Citoyens, nous sommes des employés, car nous tous nous travaillons, les uns comme les autres ; que nous soyons salariés ou salariants, médecins, avocats, journalistes, ingénieurs, et même rentiers, nous apportons tous notre part d'activité humaine dans ce grand mouvement de la nation.

De ce chef, c'est 25 milliards qui circulent constamment.

Notre seul employeur à tous, c'est la Société, c'est l'Etat, qui est seul responsable et qui doit seul faire tous les frais des retraites.

Je dirai même plus : ce n'est pas une simple retraite qu'il doit seulement aux citoyens âgés, c'est *une participation aux bénéfices*, à laquelle doivent avoir droit tous les citoyens, lorsque leurs moyens d'existence sont inférieurs aux charges qu'ils ont à supporter.

Avec l'adoption d'un impôt (non de superposition) mais unique, comme le disait si bien l'honorable M. Léon Bourgeois, le problème serait résolu, car l'on pourrait, suivant les besoins, modifier le coefficient de cet impôt (comme je l'indiquais dans mon projet d'impôt sur le revenu.

Et alors, ce serait, en effet, le surplus de la richesse qui viendrait féconder le champ des travailleurs.

Une ère de prospérité inouïe renaîtrait, dûe à cette fusion des classes.

Et nous, Citoyens, en admettant ce principe nouveau de la *participation* aux bénéfices, nous aurions fait œuvre vraiment utile pour le prolétariat, et nous aurions enfin vivifié notre belle devise républicaine : Liberté, Egalité, Fraternité, en lui adjoignant la Justice et la Solidarité !

Un délégué. — Le rapporteur accorderait, a-t-il dit, les retraites à tous ceux qui n'auraient pas d'autres ressources que le produit de leur travail. La formule est peut-être un peu absolue et étroite.

A la campagne, par exemple, beaucoup de paysans ont un champ ou deux ce qui n'empêche pas que leurs ressources sont très faibles. D'après la formule employée par le rapporteur, ils ne pourraient pas bénéficier de la retraite.

Le citoyen COMBES, *Président.* — Ce n'est certainement pas la pensée du rapporteur.

Le citoyen HERRIOT, *Rapporteur.* — En effet, le vœu tel qu'il a été voté par la Commission et tel qu'il a été inscrit répond aux objections faites avec beaucoup de modération et de courtoisie par les précédents orateurs.

Nous avons voulu englober dans le projet de loi sur les retraites les petits propriétaires campagnards dont on ne sait jamais s'ils sont ouvriers ou propriétaires et, d'autre part, les petits employeurs.

Le citoyen COMBES, *Président*. — Je mets aux voix les conclusions du rapport que vous venez d'entendre.

(Le rapport est adopté.)

Plusieurs voix. — Nous demandons des félicitations pour le rapporteur.

Le citoyen COMBES, *Président*. — Citoyens, nous vous proposons de voter des félicitations au rapporteur de la cinquième Commission.

(Les félicitations sont votées à l'unanimité.)

ORGANISATION DU PARTI

Le citoyen COMBES, *Président*. — Je donne la parole au rapporteur de la septième Commission, le citoyen Maurice Sarraut.

Rapport du citoyen Maurice Sarraut

Citoyens,

Dans le très intéressant rapport que notre ami Gaston Coulondre résumait hier à cette tribune et qui vous a été distribué, je ne sais si vous avez suffisamment remarqué les chiffres instructifs et éloquents à la fois qu'il vous donnait sur le mouvement du Parti. Je me permets de les rappeler, non pour allonger un exposé que je m'efforcerai de rendre aussi bref que possible, mais pour fixer en quelques traits rapides le remarquable essor du grand Parti auquel nous nous faisons honneur d'appartenir.

Plus encore que ses devanciers, en effet, le Congrès actuel nous permet de mesurer l'accroissement constant des groupements où nous puisons le meilleur de notre force.

En 1901, date mémorable du premier Congrès radical, le nombre des groupements adhérents au Congrès était de quatre cents environ; sur ce chiffre, les loges maçonniques avaient fourni un contingent respectable; c'est une justice à rendre à la maçonnerie, tant dénigrée et si injustement attaquée, que de reconnaître l'exemple réconfortant et viril d'enthousiasme républicain qu'elle donna, en nous apportant, au début même de notre organisation, son dévouement et son concours.

En 1902, le Congrès de Lyon, tenu au lendemain des élections législatives, marqua un progrès certain du Parti; si le chiffre des groupements ne s'était pas sensiblement accru, les délégués représentaient huit cents mandats. C'est au Congrès de Lyon, il ne faut pas l'oublier, qu'ont été coordonnés les premiers éléments d'organisation du Parti radical et radical-socialiste, qu'ont été bâtis les fondements solides sur lesquels il repose.

A Marseille, en 1903, nous arrivons avec des cadres encore plus larges, plus solides et mieux constitués, grace à la propagande faite depuis deux années, grâce aussi peut-être au milieu plus vibrant, plus chaud. Le secrétariat du Parti immatricule huit cents comités ou groupements. Sur ce nombre, les loges maçonniques comptent à peine pour un septième. Mille mandats environ sont délivrés. Pour la première fois, des cotisations fixes sont établies : ces cotisations sont de 10 francs par comité, de 10 francs pour chaque délégué au Comité Exécutif. Le Bulletin du Parti est fondé. L'organisation se développe et s'affirme.

Cette organisation se précise à Toulouse avec une puissance imposante : mille groupements environ (exactement 993) se font inscrire sur nos registres et douze cents mandats sont délivrés. La belle cité languedocienne a la joie de réunir et de fêter en son Capitole hospitalier les militants venus de tous les coins du pays, et d'abriter pour quelques jours trop vite passés la fleur de la démocratie française. Et l'impression produite par les travaux du Congrès de Toulouse et des Congrès précédents est si forte que l'élan donné a pour effet d'entraîner ici, dans cette vaste salle, les représentants autorisés de onze cents groupements adhérents, les quinze cents délégues qui constituent le Congrès actuel. En quatre années, l'organisation du Parti a pris une ampleur, une force, une puissance qui ont dépassé les espérances les plus optimistes. (*Applaudissements.*)

Si donc nous n'avions à enregistrer que l'accroissement matériel des adhésions du Parti, nous pourrions nous tenir pour satisfaits. Nous ne le sommes cependant pas. Pourquoi ? Parce que la force d'un parti ne consiste pas à faire bien, mais à réaliser, autant qu'il est en son pouvoir, le mieux qui, quoi qu'on en dise, n'est pas l'ennemi du bien. (*Très bien! très bien!*)

Ce mieux, comment pouvons-nous l'atteindre ? En développant de jour en jour les excellents éléments que notre Parti possède. Il est un sentiment nouveau, je puis le dire — encore que le mot soit ancien — qui s'est fait jour dans notre Parti et qui l'a pénétré : c'est celui de la *solidarité* profonde, intime, qui unit chacun de ses membres à l'ensemble du Parti tout entier. Le temps est aboli où chaque militant luttait dans son petit coin sans se soucier du voisin, où il bornait son effort et restreignait sa curiosité au cadre local, cantonal ou départemental dans lequel il était contraint de se mouvoir. La notion d'une solidarité étroite a pénétré dans l'esprit des militants qui s'intéressent chaque jour davantage aux efforts de leurs camarades des autres régions de la France. C'est à ce sentiment qu'il faut attribuer l'augmentation des adhésions recueillies, et c'est à ce sentiment que nous devrons dans l'avenir les progrès nouveaux que nous pouvons d'ores et déjà escompter.

Mais encore faut-il, si nous voulons qu'il puisse se faire jour partout, que nous le développions à la base même de notre organisation. Je m'explique : comment sommes-nous constitués en Congrès ? Sauf dans dix-sept départements qui possèdent des Fédérations, par des groupements épars ! Ah ! certes, loin de moi la pensée de méconnaître l'utilité de ces groupements; ils sont le ferment généreux, la cellule de vie dont nous sommes issus. Mais pourquoi ne pas tenter de les associer les uns aux autres, de les souder en Fédérations départementales nouvelles ? (*Bravos.*)

Je sais que l'idée de Fédération répugne à certains de nos amis, encore qu'elle soit inscrite comme une des visées immédiates de notre programme. Pour certains, une Fédération évoque l'image d'un vaste Comité, irresponsable et turbulent, dont les agitations inquiètes peuvent devenir menaçantes pour quelques situations personnelles. L'égoïsme n'est pas un bien beau sentiment, mais c'est un sentiment humain et dont il faut tenir compte. Me permettra-t-on cependant de dire que cet égoïsme-là est un égoïsme mal entendu ? Hector Depasse, rappelant, au début même de ce Congrès, la nécessité impérieuse de réformes électorales, évoquait l'avènement inéluctable et prochain du scrutin de liste. Depasse avait raison : oui, le scrutin d'arrondissement a fait son temps, il ne peut pas survivre aux besoins de défense républicaine qui l'ont imposé à la démocratie. La période où nous entrons ne sera plus une période de défense : ce sera une période d'action large et féconde, où la démocratie, instruite, éclairée, définitivement laïcisée, marchera droit au but de justice sociale qu'elle s'est assignée. Que deviendront, dès la mise en pratique du grand scrutin libérateur, les petites cloisons établies d'arrondissement en arrondissement pour la sauvegarde de la défense de ce que l'on est convenu d'appeler les « situations personnelles » ? Elles seront balayées comme un fétu de paille, entraînant après elles ceux-là mêmes qui s'y seront le plus obstinément cramponnés. (*Vifs applaudissements.*)

La meilleure préparation du scrutin de liste, c'est l'organisation rapide des Fédérations départementales. Par elles, les militants des communes, des cantons, des arrondissements, apprendront à se connaitre, à se serrer les coudes, à s'estimer et à s'aimer. Quand viendra le jour de la bataille générale, chacun d'entre eux saura où est le drapeau et courra le défendre. Les petites divisions, les querelles mêmes — inévitables dans tous les partis — perdront tout leur effet néfaste, en se fondant comme la cire au feu dans la nécesité de l'effort collectif à donner. Et puis, qui ne voit le merveilleux instrument de propagande qu'est la Fédération départementale ? Dans beaucoup de départements, si vous considérez la carte électorale, vous pourrez voir, à côté des taches rouges des circonscriptions acquises à l'idée républicaine, les taches noires des arrondissements encore aux mains de nos ennemis. C'est par l'enveloppement des circonscriptions dans une organisation collective que nous pouvons donner aux vaillants qui y luttent contre la réaction victorieuse le réconfort matériel et moral nécessaire pour l'emporter sur nos adversaires. *(Vifs applaudissements.)* Je pourrais citer bien des exemples frappants, qui démontreraient toute la vérité de cette affirmation ; je ne le ferai pas pour ne pas allonger cet exposé.

Ce que je sais, ce que je dis, m'appuyant sur l'expérience vécue par nous tous, c'est que partout où une Fédération départementale est sérieusement constituée, notre Parti est à l'abri de tous les coups de mains et de toutes les attaques, directes ou sournoises. Bien mieux, partout où elles existent, la discipline sait courber sous sa règle salutaire, pour le bien commun, les audacieux qui la bravent impunément ailleurs. Croyez-vous que ce ne soit pas un exemple d'une haute portée que celui de cette Fédération de l'Aisne qui vient de chasser de ses rangs, comme traître au Parti, après l'avoir défendu trois ans, l'arriviste puissant et sans scrupules que la droite a hissé au fauteuil présidentiel de la Chambre des députés? *(Salve d'applaudissements.)*

Instrument de cohésion, d'action, de discipline et de force, la Fédération départementale est tout cela : il ne tient qu'à elle de devenir un merveilleux instrument d'émancipation morale. Qui l'empêche de se mêler à la vie populaire, de participer à ce grand mouvement d'éducation civique à peine naissant, et par lequel se substituera aux cérémonies rituelles, dont la pompe apparaît comme fanée et presque morte, la splendeur sereine des réjouissances où les démocrates d'une même région, d'un même département fraterniseront gaiement, en une véritable fête de famille, après avoir goûté le charme d'entendre la parole aimée d'un orateur de notre Parti? *(Bravos.)*

Ainsi, par le développement même des Fédérations départementales, la force de notre Parti s'implantera irrésistiblement sur tout le sol français. Il faudra laisser aux Fédérations départementales la latitude bienfaisante de se grouper, lorsqu'elles en éprouveront le besoin, en des manifestations régionales où se discuteront les problèmes politiques, économiques et sociaux qui peuvent agiter l'opinion. Nul péril n'est à craindre de ces groupements régionaux; il n'y aura pas deux, trois, quatre politiques qui s'opposeront l'une à l'autre, suivant la région où de telles réunions viendront à se produire. Il n'y aura qu'une politique : la politique de principe du Parti radical-socialiste, qui s'affirmera chaque année dans la déclaration du Congrès national. Mais cette politique s'adaptera au milieu dans lequel elle doit évoluer, comme la lame d'acier souple se plie sous la pression de la main qui la tient. D'ailleurs, plus nous irons et plus il sera difficile, sinon même impossible, de séparer les phénomènes économiques de la vie politique; et là encore, par le soin même qu'elles prendront de s'intéresser aux efforts des populations de travailleurs et de producteurs où elles recrutent leurs adhérents, les Fédérations départementales radicales-socialistes ne pourront qu'accroître l'influence et la force de propagande du Parti lui-même auprès de la démocratie urbaine et paysanne. *(Applaudissements.)*

Je me résume : il n'entre pas dans mon désir, il n'a pas été dans l'intention de la Commission d'organisation et de propagande qui m'a fait l'honneur immérité de me choisir comme son interprète, de présenter au Congrès du Parti un plan qui révolutionne l'organisation actuelle du Parti. Ce que nous avons voulu, c'est affirmer hautement la nécessité de substituer à la forme encore embryonnaire de notre Parti un statut à la fois plus rationnel et plus logique, plus solide et plus souple.

A la base de notre organisation, nous voyons les groupements locaux, cantonaux, fondus en une Fédération départementale responsable, devant le Comité Exécutif et devant le Parti, de la politique suivie par elle et par ceux qui la représentent ; nous voyons ensuite la possibilité, la nécessité même de manifestations régionales, par lesquelles nous pouvons accomplir une œuvre de large décentralisation politique ; et enfin, nous voyons au sommet, un Congrès composé de délégués des fédérations départementales, dûment mandatés par celles-ci et représentant alors avec exactitude l'ensemble des forces organisées de notre Parti.

Il suffit d'un peu de volonté et de ténacité pour que nous puissions doter le Parti de cette organisation. Même dans les départements où la réaction semble toute puissante, le Parti d'avant-garde, peut, s'il le veut, grouper ses forces. Les Bleus de Bretagne ont fait la manifestation de Tréguier, cependant que les cloches des églises voisines sonnaient le tocsin. Au Parti radical-socialiste nouveau — je dis nouveau, non par ingratitude pour les chefs vénérés que nous aimons et qui nous ont fait ce que nous sommes, mais par intuition des destinées nouvelles qui l'attendent — à ce parti qui a rompu délibérément tous les liens qui l'attachaient au passé pour ne regarder que l'avenir, il faut un organisme nouveau de propagande et d'action : cet organisme, c'est la Fédération départementale substituée de plus en plus à l'éparpillement des comités ; dix-sept fédérations départementales sont déjà constituées ; il y en aura quarante au prochain Congrès national si les militants qui m'écoutent savent le vouloir. *(Vifs applaudissements.)*

C'est pour bien marquer le but à atteindre que la commission de propagande et d'organisation, résumant en une formule brève son sentiment, vous propose d'adopter la motion suivante :

« Les délégués du Congrès de Paris de 1905 affirment la nécessité de multiplier les Fédérations départementales, s'engagent, chacun pour son compte, à travailler et à aider à leur création partout où elles n'existent pas encore, et donnent au Comité Exécutif du Parti le mandat formel de contribuer, dans toute la mesure où il le pourra, à la réalisation de cette œuvre nécessaire de propagande et d'action. » (*Applaudissements prolongés.*)

Le citoyen Emile Combes, *Président*. — Je mets aux voix le rapport du citoyen Sarraut.

(Le rapport est adopté à l'unanimité.)

AGRICULTURE, COMMERCE ET INDUSTRIE

Le citoyen Emile Combes, *Président*. — Je donne la parole au citoyen Bellanger pour l'exposé de divers vœux dont a été saisie la commission de l'agriculture, du commerce et de l'industrie.

M. Bellanger présente le rapport suivant, au nom de la sixième commission (agriculture, commerce et industrie) :

Citoyens,

La commission de l'agriculture, du commerce et de l'industrie, a, dans sa première séance, adopté la proposition suivante :

« La commission, désireuse de faire aboutir les questions qui ont été adoptées dans les précédents Congrès, décide de les présenter en première ligne jusqu'à ce qu'elles aient été résolues. »

Nous avons pensé, en effet, qu'il n'était pas pratique de vous présenter chaque année de nouvelles études, sans nous inquiéter si nous avions reçu satisfaction ou du moins si un commencement d'exécution de ces réformes avait eu lieu.

De même qu'il faut taper plusieurs fois sur un clou pour l'enfoncer, de même nous formulerons nos revendications jusqu'à ce qu'elles aient abouti.

C'est dans ces conditions, Citoyens, que le rapporteur général de la commission a groupé les anciens vœux en laissant de côté, bien entendu, ceux qui ont été repoussés par les précédents Congrès.

D'autre part, nous sommes ici pour nous occuper de l'intérêt général et non des revendications particulières à telle ou telle partie de la France, si respectables soient-elles.

Nous ne pouvons descendre dans les détails d'application et nous substituer au Parlement en apportant ici des lois toutes faites.

Nous nous contenterons d'énoncer des principes généraux que nos législateurs sont chargés de transformer en articles de lois.

QUESTIONS AGRICOLES

CRÉDIT A L'AGRICULTURE, AU COMMERCE ET A L'INDUSTRIE

« Le Congrès émet le vœu que les pouvoirs publics se préoccupent de la situation faite à l'agriculture, au commerce, à l'industrie, par les maisons de crédit et par les maisons de banque, qui accaparent l'épargne publique au profit de fonds d'État nationaux et étrangers, et que des mesures soient prises pour favoriser réellement le développement de la richesse nationale par l'ouverture du crédit à l'agriculture, au commerce et à l'industrie. »

Proposition L. Martin :

Le Congrès doit faire entendre ici la voix de l'agriculture et demander au Ministre de l'agriculture de mettre un terme à la réglementation extraordinaire qui a pris naissance dans ses bureaux, afin que les sommes mises par la loi à la disposition des caisses de crédit agricole aillent directement à leur destination et ne soient point arrêtées par les bureaux ministériels.

Proposition Bepmale :

M. Bepmale propose un paragraphe « invitant le Gouvernement à présenter immédiatement un projet de loi portant monopole des assurances agricoles. » *(Applaudissements.)*

Proposition Fabius de Champville :

« Que les pouvoirs publics mettent à l'étude la question du dépeuplement des campagnes, de l'émigration vers les grandes villes, pour en rechercher les causes et les moyens d'y obvier, afin de mieux répartir sur toute l'étendue du territoire les forces vives dont le pays a besoin pour tirer parti rationnellement et pleinement des richesses naturelles du sol et de la position géographique de la France.

« Subsidiairement, le Congrès émet le vœu que les pouvoirs publics utilisent les moyens économiques de transport dont on dispose actuellement, grâce aux progrès scientifiques, pour développer l'extension en superficie des villes, favoriser les habitations à bon marché, au grand air, et loin des centres où gît le vice.

« Que le programme des écoles rurales comprenne une partie plus étendue concernant l'enseignement professionnel agricole et développant l'amour de la terre. »

EMPLOI INDUSTRIEL DE L'ALCOOL

« Le Congrès de Paris émet le vœu que les pouvoirs publics, dans le but de favoriser l'agriculture en France par l'extension de l'emploi de l'alcool aux usages industriels, exercent leur action de manière à ce que :

« Les frais de dénaturation de l'alcool, les droits d'analyse, de statistique et de fabrication, soient réduits le plus possible.

« L'on contrôle l'alcool et l'on empêche le mouillage ;

« Le prix de la vente au détail de l'alcool dénaturé ne soit pas autant que possible supérieur à o fr. 25 le litre ;

« Les professeurs d'agriculture, les instituteurs fassent de la progagande en faveur de l'emploi de l'alcool dénaturé au moyen de conférences pratiques et d'appareils de démonstration ;

« Les gouverneurs des colonies fassent en sorte de favoriser l'emploi de l'alcool dans nos possessions coloniales et pour le produire au besoin ;

« L'emploi de l'alcool soit développé dans l'industrie familiale au moyen de petits moteurs :

« Les études de la carburation de l'alcool soient poursuivies ;

« L'on modifie les procédés de dénaturation actuellement appliqués ;

« L'on révise les tarifs de chemins de fer de manière à mettre les flegmes et les alcools dénaturés à un taux égal au plus à celui du pétrole ;

« Tous les alcools considérés comme matière première des diverses industries soient exonérés de droits, que la dénaturation soit appropriée à l'emploi auquel il sont destinés et que pour les alcools qui doivent ne subir aucune dénaturation il soit établi des usines exercées. Les industriels français employant l'alcool non dénaturé comme matière première aient le droit d'établir des usines placées sous la surveillance de la régie et dans lesquelles cet alcool entrera en franchise de tout droit intérieur ;

« L'emploi de l'alcool carburé soit encouragé dans les automobiles circulant dans les villes ;

« Les plus grandes facilités soient accordées à l'agriculture pour la consommation des mélasses destinées à l'alimentation des animaux de la ferme ;

« L'Etat prenne des mesures efficaces pour sauvegarder les droits du producteur viticole en ce qui concerne ses eaux-de-vies naturelles et la sincérité du produit. »

Toutes les enveloppes vides bénéficient sur toutes les compagnies de cette gratuité du parcours ; déjà même, sur le réseau de l'Etat, les futailles vides bénéficient de cette gratuité du retour. La Commission vous demande que ce bénéfice du retour gratuit, accordé par l'Etat, le soit aussi par toutes les compagnies.

La Commission vous demande en outre d'encourager tous les efforts en vue d'assurer le développement du crédit agricole et d'obtenir du Gouvernement qu'il favorise les caisses communales et régionales, et après avoir pris toutes garanties accorde ses avances aux unes aussi bien qu'aux autres.

D'améliorer la loi des warrants, en vue de favoriser le petit cultivateur ;

De favoriser la création de caves communales.

S'il est vrai, d'autre part, que l'objectif essentiel de la viticulture soit la conquête du marché intérieur, qui, seul, pourrait déjà écouler la presque totalité de la production, il n'en est pas moins vrai que toutes mesures doivent être prises pour obtenir des réductions de droits de douane capables de faciliter à l'étranger la pénétrations des vins français.

La Commission a été d'autant plus disposée à entendre

l'exposé des revendications viticoles, qu'elle sait combien grave est la crise qui ruine tant de populations intéressantes, et combien intenses les souffrances, la misère, qui produisent sur elles des désastres chaque jour plus décisifs.

Des considérations d'ordre politique l'ont également amenée à appeler votre attention sur la situation qui se dessine dans les régions viticoles.

La misère y est extrême, et il est à redouter que les conseils de la faim ne soient des conseils regrettables. Aveuglés par elle, de malheureux viticulteurs, si foncièrement républicains, risquent de perdre l'exacte notion du devoir. Ils courent d'autant plus ce risque que les excitations ne leur manquent pas de transporter sur le domaine politique une action qui aurait dû rester cantonnée sur le terrain économique et légal.

Il serait criminel de laisser se prolonger une situation pareille.

Il faut demander que des mesures efficaces soient prises et soient immédiatement prises pour qu'un rayon d'espérance puisse descendre dans le cœur refroidi de nos vignerons et le réchauffer de sa chaleur.

La Commission de l'Agriculture a foi dans la clairvoyance et l'énergie républicaines du Congrès de la démocratie. Elle vous prie de voter les conclusions suivantes, afin que le Gouvernement comprenne bien la nécessité de son intervention, qui, en sauvant des milliers de viticulteurs de l'étreinte de la faim, conservera à la vraie République ses populations les plus déterminées et les plus convaincues :

« Le Congrès radical et radical-socialiste, désireux de donner à la viticulture une marque de sympathie, commandée par la situation désastreuse où elle se trouve;

« Appelle de toutes ses forces l'attention du Gouvernement de la République sur les propositions des représentants viticoles, et l'engage à faire tous ses efforts pour trouver à cette crise épouvantable la solutions la plus efficace et la plus rapide.

QUESTIONS D'ORDRE GÉNÉRAL

VOTE RELATIF AU CANAL DES DEUX MERS

Le projet a déjà fait l'objet de sept rapports officiels tous favorables, la région du Sud-Ouest retirerait de grands avantages du percement du canal.

Nous proposons au Congrès de ratifier le vœu suivant :

« Le Conseil émet le vœu que l'avant-projet du canal de l'Océan à la Méditerranée soit soumis aux enquêtes conformément à la loi du 3 mai 1841 (Art. 1er). »

LA HOUILLE BLANCHE

Rapport de Monnier-Ducastel

M. le Rapporteur général. — Le rapport démontre comment l'eau qui ne peut être captée et conservée à domicile ne saurait être considérée comme une propriété particulière. Si donc une utilisation nouvelle des forces hydrauliques se révèle, c'est à la collectivité qu'il appartient de la mettre en œuvre.

Le rapporteur conclut donc à ce que les pouvoirs publics se réservent en concluant des traités d'être toujours et en tout temps maîtres de la chose.

« Le régime d'exploitation des usines doit être basé sur une participation du pouvoir concédant et de l'industriel, formant ensemble, dans ce but, une véritable Association où l'un apporte la chose à exploiter et l'autre les moyens financiers nécessaires à cette exploitation. »

(Conclusions adoptées.)

RACCORD DES CHEMINS DE FER ET VOIES NAVIGABLES

(M. Léon Janet, rapporteur)

Depuis longtemps l'industrie et le commerce français se

plaignent de la manière tout à fait défectueuse dont se fait le raccordement des voies ferrées et des voies navigables.

Beaucoup de marchandises auraient intérêt à emprunter un parcours mixte comprenant un trajet par eau. Les Compagnies de chemins de fer refusent tantôt de faire les raccordements nécessaires, tantôt de laisser circuler leur matériel sur ces raccordements quand ils leur sont imposés.

Il est inadmissible que les intérêts du pays soient tenus en échecs par le mauvais vouloir des Compagnies.

Le Parlement, pour vaincre les résistances des Compagnies, a voté la loi du 3 avril 1898. Mais cette loi ne s'applique qu'aux concessions futures. Il paraît nécessaire de la rendre applicable à toutes les concessions. Le Gouvernement a déposé un projet de loi de loi dans ce sens.

Nous proposons au Congrès d'émettre le vœu que ce projet de loi soit voté par le Parlement.

(Adopté.)

SURVEILLANCE DES MINES AU POINT DE VUE DE L'HYGIÈNE

(*M. Léon Janet, Rapporteur*)

La loi du 21 avril 1810, qui a donné à l'Administration des pouvoirs très étendus en ce qui concerne la sécurité des ouvriers occupés dans les mines, ne permet pas à celle-ci d'intervenir dans les questions d'hygiène.

Il est donc nécessaire qu'une loi intervienne. Un projet de loi, qui a été voté le 12 juillet 1904 par la Chambre des députés, donne aux ingénieurs du corps des Mines et aux délégués mineurs chargés de veiller à la sécurité, le soin de veiller aussi à l'hygiène et de signaler les améliorations possibles dans ce sens.

« La Commission prie le Congrès d'émettre le vœu que le Sénat vote cette loi sans délai. »

(Adopté.)

LES CONSULATS ET LES ATTACHÉS COMMERCIAUX

(*M. A. Bellanger, Rapporteur.*)

« Les Pouvoirs publics sont invités à établir une entente

entre le Ministère du Commerce et le Ministère des Affaires Etrangères, à l'effet : 1° de reviser les résidences mal distribuées de nos consuls; 2° de modifier le système actuel de recrutement des consuls et des examens avec extension de la partie commerciale et des stages commerciaux et en exigeant la connaissance de la langue du pays auquel les agents consulaires sont destinés; 3° de seconder énergiquement l'action de l'Office de commerce extérieur contre l'inertie de certains consuls. »

A ces vœux, le Congrès ajoute ceux-ci :

« 1° Que la classe, le grade ne soient pas attachés à la résidence, mais autant que possible à la personne du fonctionnaire, de manière que lorsque celui-ci a appris à connaître une région l'avancement ne le transfère pas dans une autre qu'il devra étudier;

« 2° Sur la proposition de M. Dubief, que les consuls soient groupés par grandes régions sous la direction et le contrôle d'un consul général. »

Comme commerçant, dit le Rapporteur général, j'ajouterais :

« Création d'attachés commerciaux spéciaux, au même titre que les attachés militaires, le commerce qui fait vivre et rapporte au pays, valant bien les mêmes soins que la guerre qui affaiblit la nation et lui coûte. »

(Conclusions adoptées.)

LA QUESTION D'UN SOUS-SECRÉTARIAT COMMERCIAL AU MINISTÈRE DES AFFAIRES ETRANGÈRES.

Le rapporteur. — Puisqu'il est impossible d'obtenir quoique ce soit de pratique du Ministère des Affaires etrangères, qui n'est pas préparé à une action commerciale qu'il ignore, demande la création d'un Sous-Secrétariat d'Etat commercial à ce Ministère.

Voix diverses. — Nous demandons l'ajournement de la question du Sous-Secretariat d'Etat.

Le rapporteur. — Nous pouvons remettre la question à l'année prochaine.

Une voix. — Ne pourrait-on pas demander au Comité Exécutif de faire une démarche auprès du Ministère des Affaires Etrangères pour étudier les mesures à prendre. Si nous attendons à l'année prochaine, c'est une année de perdue.

Le rapporteur. — La Commission en reste saisie. Celle qui va être nommée par le Comité Exécutif nouveau, que vous allez nommer vous-mêmes, en sera saisie et commencera une action pour obtenir un résultat.

Le Président. — Il est bien entendu que c'est sur le point particulier de la création d'un Sous-Secrétariat d'État qu'il me paraît bon que l'assemblée ne se prononce pas, car un vœu insuffisamment étudié et discuté manquerait d'autorité morale. On peut très bien charger le nouveau Comité d'étudier plus attentivement cette question.

Puisque le rapporteur lui-même me semble aussi d'avis de réserver cette question, je mets aux voix, sous cette réserve, l'ensemble des conclusions, qui ont rapport aux améliorations à apporter dans le régime des consulats et vice-consulats.

(Les conclusions, mises aux voix, sont adoptées.)

TIMBRE PROPORTIONNEL SUR LES RÉCÉPISSÉS CONNAISSEMENTS, LETTRES DE VOITURES CONCERNANT LES TRANSPORTS.

Rapport de M. Ferdinand Cahen

Le rapporteur. — Il y a ensuite un vœu relatif au timbre proportionnel sur les récépissés.

Un citoyen. — Ne pourrait-on pas joindre à ce vœu un autre sur les factures fournies à l'État.

Pour certaines fournitures, le commerçant est obligé de produire à l'État un mémoire sur papier timbré de 60 centimes, quel que soit le montant, infime ou considérable, du mémoire. Je crois qu'il y a là un abus de même nature que celui que vient de désigner le rapporteur.

Le citoyen Bellanger. — Cette nouvelle question pourra être renvoyée au nouveau Comité, pour être étudiée et rapportée l'an prochain, parce qu'elle est tout à fait différente de celle que je viens de présenter, et qui a été étudiée cette année.

Je prierai alors le citoyen de vouloir bien rédiger un mémoire et l'envoyer au Comité, rue de Valois.

Du reste, l'an dernier, au commencement de l'année, nous avons fait insérer une note dans le Bulletin vous demandant de nous envoyer les documents et vœux que vous désiriez voir présenter au Congrès. Vous comprenez qu'il est absolument impossible en trois jours de temps, d'examiner tous les vœux que vous désirez voir aboutir. Il faudrait que dans le courant de l'année vous vouliez bien vous mettre en rapport avec le Comité Exécutif et y envoyer vos desiderata.

Le rapporteur propose une tarification proportionnelle aux frais de transport. Cette tarification comprendrait plusieurs catégories ; à chacune d'elle correspondrait un droit fixe d'autant plus élevé que serait important le montant du transport à percevoir. Ce droit gradué, applicable à tous les transports, serait progressif d'une catégorie à l'autre, invariable pour chacune d'elles, de manière à dégrever les petits transports sans surcharger les autres.

(Conclusions adoptées.)

CONSTITUTION DU CORPS DES PONTS-ET-CHAUSSÉES. — CRÉDIT A L'AGRICULTURE, AU COMMERCE ET A L'INDUSTRIE.

Rapport de M. Falot

Considérant que dans un Etat démocratique on doit poursuivre avec une ardeur égale l'abolition de tout ce qui constitue un privilège.

Que le corps des ingénieurs des ponts-et-chaussées par son mode de recrutement constitue sans conteste un privilège au profit de certaines écoles alors que, sortît-il de l'école primaire, tout enfant du peuple capable d'être ingénieur doit pouvoir le devenir, qu'il résulte du privilège signalé un esprit de corps absolument préjudiciable au bien public, en ce sens que le corps des pont-et-chaussées travaille à écarter systématiquement toute initiative ne venant pas de lui, alors qu'au point de vue pratique il fait preuve parfois d'une insuffisance manifeste.

Que, en vue de la bonne gestion des finances, il importe de faire appel à l'initiative privée, qu'avec cette façon de procéder on arrivera à satisfaire avec les mêmes sommes à un plus grand nombre de besoins.

Le Congrès émet le vœu :

« 1° Que les fonctions techniques au service de l'Etat soient mises chaque année au concours entre tous les candidats sans distinction d'origine, sous la seule condition de justifier de connaissances techniques suffisantes;

« 2° Que l'établissement des projets des grands travaux publics et leur exécution fassent toujours l'objet de concours ouverts à l'initiative privée;

« 3° Que les jurys appelés à juger ces concours soient composés de telle façon que toutes les compétences y soient représentées;

« 4° Que des facilités d'accès soient données aux conducteurs pour tous les grades sans exception. »

Afin de compléter ce vœu, étant donné que si nous ne modifions pas la base, c'est-à-dire le mode de recrutement, les abus se renouvelleront plus tard, nous proposons en outre le vœu suivant :

Le Congrès émet le vœu que les pouvoirs publics réforment l'enseignement technique de manière à :

« 1° Recruter les professeurs parmi les techniciens qui ont pratiqué l'industrie et acquis une compétence notoire, en excluant les théoriciens purs et aussi les ennemis de la République;

« 2° Développer la connaissance des langues étrangères pour les parler couramment;

« 3° Développer la connaissance du droit, de la comptabilité, de l'économie politique, industrielle et commerciale. »

CHAMBRES DE COMMERCE

Le Congrès, considérant l'utilité de faire représenter dans chaque chambre de commerce les industries régionales et les commerces les plus importants au développement et à la prospérité du département par un nombre proportionnel des membres.

Emet le vœu que l'électorat aux chambres de commerce soit étendu à tous les patentés, comme pour les tribunaux de commerce en application de la loi de 1883.

Les catégories professionnelles et le nombre des chambres de commerce sont fixés par décrets du Ministre du Commerce et de l'Industrie.

Le Comité républicain du commerce et de l'industrie a chargé ses délégués d'insister énergiquement pour que le

Congrès, confirmant ses décisions antérieures, invite les membres du Parlement à faire aboutir cette réforme.

Tout retard est un encouragement à l'hostilité de certaines chambres de commerce contre nos institutions républicaines.

JURIDICTION PRUD'HOMALE AUX EMPLOYÉS

Le citoyen Michaut, délégué de la Côte-d'Or, retire sa proposition au Congrès de Marseille tendant à accorder l'électorat aux voyageurs de commerce, mais renouvelle sa deuxième proposition demandant que les employés et voyageurs soient justiciables de la juridiction prud'homale.

(Adopté.)

Le Congrès de Paris émet le vœu que le privilège du propriétaire pour le payement de ses loyers soit abaissé de deux ans à un an.

Nous demandons que le régime des tarifs spéciaux ne subisse aucune modification ni relèvement, que l'homologation demandée par les grandes Compagnies sur les tarifs spéciaux annexés à la proposition du 15 mars 1905 soit repoussée, car ils créent sans compensation une lourde charge à l'industrie.

QUESTIONS FINANCIÈRES ET ÉCONOMIQUES

LÉGISLATION DES SOCIÉTÉS

« Le Congrès émet le vœu que les pouvoirs publics modifient les lois sur les sociétés, de manière à protéger les petits porteurs d'action contre l'avidité des groupes financiers qui dirigent à leur profit exclusif le sort des sociétés anonymes, en s'attribuant l'administration alors que ces groupes possèdent moins que la moitié du capital, et ce, afin de ramener la confiance des petits capitalistes vers les affaires

agricoles, commerciales et industrielles, qui font la vitalité du pays. »
(Adopté.)

ADMINISTRATION DES COMPAGNIES DE CHEMINS DE FER

« Le Congrès demande au gouvernement de faire voter d'urgence une loi modifiant la situation actuelle des petits actionnaires et de tous les obligataires des compagnies de chemins de fer, permettant à ceux-ci de participer à l'administration et à la gestion de nos réseaux ferrés. »
(Adopté.)

TRUSTS, CARTELS ET SYNDICATS

« Le Congrès émet le vœu que les pouvoirs se préoccupent des trusts, cartels et syndicats, formés en France, dans la finance, dans l'industrie et dans le commerce, en tant que les associations et groupements formés ont pour effet de favoriser la fortune de quelques-uns au préjudice de la masse du pays. »
(Adopté.)

A ce vœu général s'ajoute celui-ci:

« Le Congrès, attendu que l'extension prise par les entreprises commerciales qui monopolisent la vente de tous les produits constitue un réel danger pour le petit commerce, d'autant plus que les impôts pèsent plus lourdement sur ce dernier que sur ses gros concurrents.

« Emet le vœu que l'impôt des patentes frappe les entreprises de groupement commercial, proportionnellement au chiffre d'affaires, aux diverses espèces de produits vendus et au nombre de succursales établies dans le pays. »

LA LIBERTÉ DU MARCHÉ FINANCIER

« Le Congrès émet le vœu que les pouvoirs publics s'inspirent des moyens adoptés à l'étranger pour assurer la liberté du marché financier, dans des limites compatibles avec notre sécurité et afin d'assurer l'indépendance du gouvernement et le développement de la richesse publique par une application judicieuse et saine de notre épargne. »

(Adopté.)

QUESTIONS JUDICIAIRES

« Que les pouvoirs publics préparent des mesures de manière à ne frapper les droits d'enregistrement sur décisions de justice seulement quand le demandeur bénéficiaire a pu obtenir l'exécution du jugement qui a définitivement force de chose jugée et de s'assurer la provision contre le défendeur qui succombe en première instance. »

Le Congrès émet le vœu que le vote dans les élections aux tribunaux de commerce ait lieu désormais par commune et non plus par canton, procédé qui éloigne, en raison du déplacement onéreux, un grand nombre de petits commerçants.

(Adopté.)

Telles sont, Citoyens, les questions qui ont été présentées et approuvées dans nos Congrès antérieurs.

QUESTIONS DIVERSES

La commission du commerce, de l'industrie, de l'agriculture, va vous présenter maintenant celles qui ont été étudiées cette année.

QUESTION VITICOLE

(Rapporteur, M. Pelisse)

Messieurs,

La commission de l'agriculture, ayant été saisie de vœux relatifs à la crise qui sévit sur toutes les régions viticoles, a décidé de vous faire sur cette question si grave un rapport spécial.

Elle a nommé une sous-commission constitué de MM. Alf. Faure, ancien député du Rhône, Charles Baron, Guilhaumon, Elie Mantout et Pélisse, devant laquelle de nombreux commissaires ont été entendus.

Les conclusions de cette sous-commission ayant été adoptées par la commission, c'est au nom de cette dernière que j'ai l'honneur, Messieurs, de vous les présenter.

La commission a été unanime à demander la poursuite de toutes les fraudes résultant du sucrage et du mouillage, et l'autorisation du vinage. Sa formule eût été : Ni sucrage ! ni vinage ! si le sucrage n'avait été, par suite des décisions de la Chambre, reconnu légalement. Mais, en presence de ce vote, la commission a pensé qu'il était juste que les viticulteurs pussent augmenter par un produit naturellement contenu dans le vin — l'alcool — la richesse alcoolique de leur produit, qu'ils peuvent obtenir par le sucre, produit n'entrant pas dans la composition naturelle du vin. Le traitement réservé à l'alcool-cristaux, la commission a pensé qu'elle devait le réclamer en faveur de l'alcool-liquides. C'est de toute justice. Nous n'avons pas à insister. D'autant plus, Messieurs, que sur ces questions du sucrage et du vinage le Comite républicain du commerce et de l'industrie avait, par l'organe du citoyen Elie Mantout, posé les mêmes conclusions.

Pour ce qui est de la distillation des vins, votre Commission a également pensé qu'elle devait être encouragée. Par ses effets, la quantité de vin produit sera diminuée, les vins anormaux seront détruits. Double raison pour que la quantité de vin restant s'écoule à un prix justement rémunérateur.

La Commission n'a pas voulu rechercher toutes les solutions qui pourraient enrayer la crise viticole. Elle n'en avait pas le moyen à raison du peu de temps qui était réservé à ses délibérations.

Il lui a semblé nécessaire, néanmoins, pour ce qui touche le transport des futailles vides, de demander que leur retour s'effectuât gratuitement.

VOIES NAVIGABLES FRANÇAISES

(Rapporteur M. Chambaud de La Bruyère)

Attendu que les courants commerciaux de l'Atlantique vers le centre de l'Europe ont été détournés par les pays du Nord grâce aux moyens de navigation intérieure que l'Allemagne a créés à grand frais, et qui ont amené l'essor si prodigieux non seulement de ses ports, Rotterdam et Hambourg, mais aussi de son commerce et de son industrie ;

Attendu que ce trafic devait traverser la France par sa voie naturelle, Nantes-Bâle, si nous étions pourvus en France d'un système de navigation analogue à celui de l'Allemagne ;

Attendu qu'en présence de l'achèvement prochain du canal de Panama et des nouveaux courants commerciaux que son ouverture entraînera, il y a lieu de prendre immédiatement les mesures nécessaires pour que la France soit prête à ce moment à recevoir les nouveaux éléments de trafic dont la colossale importance ne peut échapper à personne ;

Attendu que l'avenir indique que tout l'ensemble du trafic venant de l'Extrême-Orient passera seulement par deux points du globe : le canal de Suez et le canal de Panama ;

Attendu que les deux ports les plus rapprochés de ces deux points sont Marseille et Nantes.

Le Congrès émet le vœu :

1° Que les Pouvoirs publics, sollicités depuis déjà de longues années d'étudier la création d'un canal latéral au Rhône de Marseille à Lyon, mettant ainsi en communication ce port avec toute la France et le Nord du continent, et celui d'un canal reliant Nantes aux canaux existants, jusqu'à Briare, de façon également à compléter le réseau français pour relier Nantes à Bâle, à la Suisse, à l'Europe centrale et l'Alsace-Lorraine, ce qui entraînera, par voie de conséquence, la mise en état du canal du Berri, qui va recevoir la largeur et la profondeur exigées pour les canaux de première classe, prennent immédiatement les mesures nécessaires pour faire exécuter ces travaux dont l'utilité et l'urgence sautent aux yeux de tous, afin de conserver sur le territoire français tout le trafic non seulement à nous destiné, mais celui du transit pour le centre du continent.

Qu'en outre, pour en faciliter l'exécution, il soit fait appel aux fonds de concours ou à l'initiative privée ; qu'on modifie la loi de 1879, en procédant comme l'a fait l'Allemagne pour ses nouveaux canaux, c'est-à-dire qu'il puisse être prélevé sur les frets un péage (maximum de six millièmes par tonne kilométrique, sur le parcours Nantes-Briare) ;

Qu'enfin il soit renoncé, en faveur d'une exécution immédiate qui s'impose à des séries d'études entre le système des canaux et celui des rivières rectifiées, attendu que la Loire comme le Rhône étant des fleuves à courant torrentueux ne pourront jamais donner à la navigation ce qui lui est le plus nécessaire, c'est-à-dire la sécurité et l'assurance d'aller de bout à bout sans chômage, sans rupture de charge, sans allégements et sans arrêts pour cause de crues ou faibles eaux.

LE COMITE FRANÇAIS DES EXPOSITIONS A L'ETRANGER

(*Rapporteur M. Bourceret*)

Au nom de la Commission du Commerce et de l'Industrie, j'ai l'honnneur d'appeler l'attention du Congrès sur la situation qui est faite aux commerçants et aux industriels républicains par la composition du Comité français des expositions à l'étranger.

Sans entrer dans le détail, je me contenterai de rappeler que ce Comité a subi deux transformations qui ont, en quatre ans, modifié radicalement et successivement sa composition, qui est actuellement en grande majorité réactionnaire.

Etant donné que ce Comité n'a pas rendu les services pour lesquels il avait été constitué et que, par son hostilité à nos institutions, il a causé de graves préjudices aux industriels et commerçants républicains qui ont participé aux dernières expositions internationales :

Le Congrès émet le vœu que M. le Ministre du Commerce enlève au Comité français des Expositions françaises à l'étranger le monopole de la désignation et, dans la pra-

tique, de la nomination des membres des Comités d'admission, d'installation et des jurys des expositions à l'étranger. *(Vifs applaudissements.)*
(Adopté.)

Le citoyen BELLANGER, *Rapporteur* — Reste une dernière question qui va être rapportée devant vous par notre collègue M. Michel, député ; elle est relative au timbre à 10 centimes.

Incident

Le citoyen LÉON FRANCQ. — L'année dernière, vous avez nommé un Comité Exécutif. Ce Comité Exécutif a nommé une Commission spéciale qui a préparé les questions à vous soumettre. Cette Commission m'a fait l'honneur de me nommer président et c'est en son nom que j'ai le devoir de signaler ici que si toutes ces questions ont été renvoyées devant la Commission du Congrès, hier, à notre très grande surprise, nous avons vu une majorité préparée de cette Commission nouvelle qui a fait disparaître le bureau de la Commission de l'Agriculture, du Commerce et de l'Industrie, pour lui en substituer un autre. Il s'est trouvé, par conséquent, que la Commission du Congrès, qui n'avait pas étudié les questions, vous apporte aujourd'hui des conclusions qui ont été préparées en vingt-quatre heures et au sujet desquelles nous déclinons absolument toute responsabilité.

Nous sommes prêts, quant à nous, à rapporter les questions qui étaient le fruit de nos travaux de l'année sur mandat du Comité Exécutif, si le Congrès nous invite à faire nos communications.

Le citoyen ALFRED FAURE. — Il ne s'agit pas d'une motion d'ordre, mais d'une réclamation personnelle. Le Congrès est Constitué ; il a nommé des Commissions, entre autres une Commission de l'Agriculture, de l'Industrie et du Commerce. Cette Commission s'est réuni hier et, comprenant un très grand nombre de membres du Congrès, elle a nommé un Bureau, elle a nommé des Sous-Commissions. Un travail a été fait très sérieusement, quoi qu'en dise le précédent orateur, et vous avez entendu les conclusions du rapport, que vous avez d'ailleurs adoptées. Par conséquent il me semble que l'incident est complètement clos.

Le Président. — L'incident doit être clos. Les Commissions que vous avez nommées sont investies de pouvoirs dont elles usent. Il paraît que la Commission dont il est question a rempli régulièrement les siens. Par conséquent, il n'y a pas à révoquer en doute ses résolutions. Je propose à l'Assemblée de déclarer l'incident clos. (*Assentiments.*)

L'incident est clos.

LA RÉFORME POSTALE

La parole est au citoyen Henri Michel, député des Bouches-du-Rhône, pour son rapport sur la réforme postale.

Messieurs,

Le Gouvernement a déposé tout récemment sur le bureau de la Chambre un projet de loi tendant à abaisser de 15 à 10 centimes le port des lettres, et à élever de 1 à 3 centimes le port des imprimés non périodiques sous bande.

Cette réforme, dans son ensemble, est trop restreinte. Elle maintient à 10 centimes la carte postale, condamnée par cela même à disparaître devant la lettre à 10 centimes. Elle néglige l'élévation du poids des échantillons, depuis longtemps réclamée par le commerce et l'industrie, et qui, loin d'être onereuse au Trésor, sera pour lui une source de bénéfices nouveaux.

Quant aux imprimés non périodiques, sous bande, le Gouvernement demande que « le prix du port initial des imprimés de faible poids soit relevé et propose de porter à 3 centimes le prix des imprimés jusqu'à 15 grammes inclus, tout en maintenant au-dessus de 15 grammes la taxe qui existe aujourd'hui ».

Le petit commerce et la petite industrie ont, dès le dépôt de ce projet de loi, protesté avec la dernière énergie contre la partie du projet relative à ces imprimés. Les chambres syndicales dont les adhérents se servent surtout des imprimés de 5 à 10 grammes, se sont faits, auprès des Pouvoirs publics, les interprètes de ces protestations. Ce serait, pour ainsi dire, la ruine pour eux. Ce serait, au moins, disent-ils, aggraver singulièrement la situation, déjà par trop désavantageuse, qui leur est faite en face de la grande industrie et des grands magasins.

Nous pensons qu'il convient de tenir compte et de ces protestations et de ces intérêts.

M. Henri Michel, député des Bouches-du-Rhône, n'y est

pas resté indifférent. M. Michel s'est, depuis longtemps, préoccupé de la nécessité de la réforme de nos tarifs postaux. Sa proposition de loi, revêtue d'un grand nombre de signatures, son intervention à la tribune à diverses reprises à côté d'autres orateurs, quand la question se posa (Amendement Henri Michel à la loi de finances de 1905 — Promesse formelle du Président du Conseil, du haut de la tribune, de faire la réforme à bref délai) ne furent certainement pas étrangères à la détermination prise par le Gouvernement de déposer un projet de loi.

Mais le projet était à peine déposé, que M. Henri Michel, se rendant compte de ses lacunes et, en ce qui concerne les imprimés non périodiques, de ses dangers et de ses graves conséquences, déposait à son tour, sous la forme d'amendement, un contre-projet dont voici l'économie :

AMENDEMENT

au projet de loi concernant le transport par la poste : 1° des lettres ; 2° des imprimés non périodiques, présenté par M. Henri Michel, député des Bouches-du-Rhône.

CONTRE-PROJET

Lettres

Article premier. — La taxe des lettres affranchies est fixée ainsi qu'il suit :

Lettres d'un poids inférieur ou égal à 15 grammes : 10 centimes.

Lettres d'un poids supérieur à 15 grammes jusqu'à 50 grammes : 15 centimes.

Lettres d'un poids supérieur à 50 grammes jusqu'à 100 grammes : 20 centimes.

Au-dessus de 100 grammes, le port est augmenté de 5 centimes par 50 grammes ou fraction de 50 grammes excédant.

Le poids maximum de la lettre est fixé à 2 kilos.

Les dimensions n'excéderont pas celles des papiers d'affaires.

Art. 2. — La taxe des cartes postales est de 5 centimes ; celle des cartes postales avec réponse payée est de 10 centimes.

Imprimés

Art. 3. (Les dispositions de cet article sont conformes aux dispositions du projet de loi voté par la Chambre le 18 mars 1902). — Le port des imprimés non périodiques, remis à la poste triés et enliassés par bureau de destination et par département, expédiés sous bandes ou à découvert et affranchis en timbres-poste (figurines mobiles ou bandes timbrées), est fixé ainsi qu'il suit pour chaque paquet portant une adresse particulière :

1 centime jusqu'à cinq grammes ; 2 centimes de 6 à 15 grammes ; 3 centimes de 16 à 30 grammes ; 4 centimes de 31 à 50 grammes ; 5 centimes de 51 à 100 grammes.

Ces taxes sont respectivement augmentées d'un centime pour les imprimés non périodiques dont le dépôt n'a pas lieu dans les conditions spécifiées ci-dessus.

Les imprimés expédiés sous enveloppes ouvertes ou sous forme de lettres non cachetées sont soumis à la taxe de 5 centimes jusqu'à 100 grammes.

Au-dessus de 100 grammes, *le port de tous les imprimés* est uniformément de 5 centimes par 100 grammes ou fraction de 100 grammes excédant jusqu'à 1 kilogramme.

Au-dessus de 1 kilogramme, le port est de 5 centimes par 200 grammes ou fraction de 200 grammes excédant.

Ces dispositions ne s'appliquent pas aux cartes illustrées ni aux cartes de visite dont la taxe minima est fixée à 5 centimes.

Art. 4. — La limite du poids des échantillons est élevée de 350 grammes à 500 grammes.

Art. 5. — Les taxes du service intérieur sont applicables aux relations franco-coloniales.

Messieurs, l'urgence de la refonte complète de nos tarifs postaux n'est plus à démontrer.

Nous croyons inutile d'insister sur ce point. Chambres de Commerce, Syndicats ouvriers, Syndicats patronaux, la réclament à grands cris. L'amendement du citoyen Henri Michel donne satisfaction à ces desiderata.

Votre sixième Commission du Commerce, de l'Industrie et de l'Agriculture, vous demande de la voter et d'inviter le Parlement à la voter aussi le plus tôt possible. (*Vifs applaudissements.*)

(Les conclusions du rapporteur sont mises aux voix et adoptées.)

VÉRIFICATION DE POUVOIRS

Le citoyen Elie Mantout, *rapporteur.* — Le Congrès avait réservé sa décision sur l'admission du Comité de Saint-Ambroise (onzième arrondissement de Paris). On avait déclaré à la commission que ce comité n'existait pas en réalité. Or, le président et les délégués du groupement nous ont apporté les adhésions signées de tous les membres; de plus ce comité a adhéré aux Congrès de Marseille et de Toulouse et y a été admis sans opposition.

Votre commission vous propose, en conséquence, d'admettre le comité et de valider les pouvoirs des citoyens Flach et Strauss.

Nous regrettons vivement que, sans preuves à l'appui, on ait astreint la commission de vérification des pouvoirs à un travail inutile.

Un membre. — Je demande la division en ce qui concerne le citoyen Strauss.

Voix diverses. — Pas de personnalités.

(Les conclusions de la commission sont mises aux voix et adoptées.)

NOMINATION DES MEMBRES DU COMITÉ EXÉCUTIF

Le citoyen Bouffandeau, *secrétaire général,* donne lecture des noms des candidats proposés pour les fonctions de membres du Comité Exécutif par les délégués des fédérations, et à propos desquels n'a été soulevée aucune contestation.

Ces noms sont acceptés les uns après les autres.

Lecture est ensuite donnée des listes pour lesquelles il y a des contestations.

Seine-et-Oise

MM. Scellier et Paul Falot, entendus, la liste proposée par la Fédération départementale de Seine-et-Oise est adoptée.

Elle est ainsi composée :

Lemoine-Rivière, Maurice Berteaux. Paul Falot, Gustave Lefèvre, Guillemette, Weil, Henri Genevois, Monnier-Ducastel.

Isère

Le citoyen Bouffandeau fait connaître qu'une protestation relative à la nomination des représentants du département de l'Isère au Comité Exécutif a été déposée, mais que les protestataires ne concluent pas à l'élection d'une autre liste que celle proposée par les délégués présents.

Le Président. — En conséquence, la liste déjà lue demeure entière; il faut souhaiter que dans l'Isère, comme ailleurs, on s'inspire de sentiments d'union. Pour le moment, le Congrès est en présence d'une liste unique. Je ne puis que la mettre aux voix.

(Cette liste est adoptée.)

Basses-Alpes

Deux listes sont présentées : l'une comprend les citoyens Defarge et Mouranchon, elle est présentée par les citoyens Benoît Malon et Blanc; la seconde, présentée par le citoyen Martinet, porte les noms des citoyens Defarge et Martinet.

Le citoyen Martinet. — J'ai posé ma candidature à côté de celle du citoyen Defarge parce que j'estime que dans un département comme le nôtre, qui n'a droit qu'à deux délégués, il est indispensable que l'un des délégués soit à Paris pour suivre les réunions du comité, et que l'autre reste dans le département pour organiser les comités locaux, la propagande et les réunions.

C'est la cinquième fois que j'assiste au Congrès du Parti. Je me suis toujours effacé très modestement devant les autres candidats. Aujourd'hui, un groupement présente la candidature du citoyen Mouranchon, Bas-Alpin, mais qui habite Paris et ne pourra donc faire la propagande nécessaire. Or, depuis cinq ans, il n'a été constitué qu'un seul comité qui ait agi sérieusement dans les Alpes, c'est celui que j'ai fondé avec le sénateur Defarge. Je vous demande donc de nommer deux délégués : l'un, le citoyen Defarge qui assistera aux réunions du Comité Exécutif, l'autre qui organisera le Parti, fera la propagande et constituera les comités locaux.

Le citoyen Malon. — Nous sommes ici cinq représentants du département des Basses-Alpes; nous avons présenté les citoyens Defarge et Mouranchon; ce dernier est Bas-Alpin, propriétaire dans les Basses-Alpes et électeur dans l'arrondissement de Sisteron. Nous avons estimé qu'il y avait de graves inconvénients à ce que nos deux délégués appartinssent à la ville de Manosque, dont le citoyen

Defarge est maire et où habite le citoyen Martinet, rédacteur du *Républicain des Basses-Alpes.*

Le citoyen Martinet. — C'est la ville la plus importante.

Le citoyen Malon. — La ville la plus importante est celle de Digne, mais là n'est pas la question. Sans vouloir entrer dans des détails d'ordre électoral sur lesquels il me déplairait d'insister, je puis bien dire que nous serions heureux de voir le citoyen Martinet retirer sa candidature. Depuis quelque temps, le journal qu'il rédige a pris une attitude qui risquerait de désunir notre Parti. J'ai ici un numéro du *Républicain des Alpes.*— je n'en ai pas apporté toute la collection — dans lequel le citoyen Martinet commente l'attitude de M. Thomson, ministre de la marine, et ses rapports avec la municipalité socialiste de Brest.

Le citoyen Martinet. — Vous ne pouvez pas condamner quelqu'un sur la lecture d'un article.

Le citoyen Malon. — Je me contente de dire que l'article en question, après avoir indiqué que M. Thomson a refusé d'accepter l'invitation de la municipalité brestoise, se termine par ces mots : « M. Thomson a montré qu'il entendait rompre avec les errements de son prédécesseur. » Ce prédécesseur, c'est le citoyen Pelletan. Je dis que dans ces conditions on risque de désunir le Parti.

Nous vous proposons d'accepter la candidature du citoyen Mouranchon, pour rétablir la paix et la concorde entre tous les républicains de gauche. (*Applaudissements.*)

Le citoyen Mouranchon. — Le citoyen Martinet a posé lui-même sa candidature ; il n'a pas pris l'attitude que j'ai tenu à garder. Mais je veux dire que c'est moi qui l'ai reçu en 1898 comme candidat ; je ne le connaissais pas, personne ne le connaissait à l'époque où le corps électoral de Sisteron a fait disparaître de la scène politique le vicomte d'Hugues. C'est grâce à mon concours et à l'organisation d'un Congrès dans l'arrondissement de Sisteron que nous avons pu remporter la victoire.

(La clôture est prononcée.)

Le président met aux voix la candidature du citoyen Defarge, qui est adoptée sans observation. A mains levées, le Congrès désigne le citoyen Mouranchon comme membre du Comité Exécutif pour les Basses-Alpes.

La suite de l'ordre du jour est renvoyée à la séance de l'après midi.

La séance est levée à midi un quart.

QUATRIÈME SÉANCE

Samedi 8 juillet, après-midi

La séance est ouverte à deux heures.

Suivant la décision prise par le Congrès dans sa première séance publique, le citoyen Pelletan est appelé à présider la séance. (*Vifs applaudissements.*)

BUREAU

Le Bureau est ainsi constitué :

Président : M. Camille PELLETAN, ancien ministre de la Marine.

Vice-Présidents : MM. DESMONS, sénateur, vice-président du Sénat.

BOURRAT, député des Pyrénées-Orientales.

TAVÉ, député de la Corrèze.

GIROD, député de Seine-et-Marne.

BIZOT DE FONTENY, sénateur de la Haute-Marne.

Lucien LE FOYER, ancien vice-président du Comité Exécutif.

GARIEL, directeur du *Petit Méridional.*

Gilbert RENAUD, président de la Fédération des Vosges.

DALIMIER, président de la Ligue de propagande radicale et radicale-socialiste.

SARRAUTE, président de la Fédération de la Haute-Garonne.

Ch. FABIANI, délégué de la Corse.

Secrétaires : MM. RESCH, de la Fédération marseillaise.
Georges COULON, de la Nièvre.
GRANGEON, président du Comité du monument Blanqui, à Puget-Théniers.
REITER, délégué du Nord.
GALLET, délégué du Pas-de-Calais.
GIRON, adjoint au maire de Rochefort-sur-Mer.
TISSIER, délégué de la Vendée.
JAUNET, conseiller d'arrondissement de la Seine.
René WEILL, de Seine-et-Oise.
PALENGAT, de Bordeaux.
GIRESSE, de Bordeaux.

Secrétaire général du Congrès : M. F. BOUFFANDEAU, secrétaire permanent du Comité Exécutif.

Discours de M. Pelletan

M. CAMILLE PELLETAN prend place au fauteuil et prononce le discours suivant :

Citoyens,

Je vous remercie de l'honneur que vous m'avez fait de m'appeler à vous présider, honneur qui m'est rendu plus précieux par les noms des éminents amis qui m'ont précédé à ce fauteuil.

Vous connaissez la portée de l'œuvre qui vient d'être accomplie. C'est sur l'Église que s'appuyaient toutes les réactions et tous les privilèges sociaux. C'est de sa clientèle, de ses inspirations, de ses manœuvres que partaient toutes les agressions dirigées contre la République. Il fallait donc régler avant tout la question cléricale : ce fut l'œuvre de ces deux dernières législatures. On s'est d'abord attaqué aux milices d'avant-garde, aux congrégations ; puis la Chambre vient d'accomplir une réforme qui fera époque dans notre histoire : la séparation des Eglises et de l'Etat. *(Applaudissements.)*

La loi votée ne réalise pas notre idéal : ce n'est certainément pas ainsi que nos pères de 1789, placés dans la même situation, l'auraient comprise. Il est dans le tempérament de notre temps de n'oser plus toucher aux abus sans leur en faire toutes ses excuses et sans se croire obligé de leur accorder quelque consolation. *(Rires.)*

Dans la langue spéciale du Palais-Bourbon, les dispositions qui dotaient le mieux l'Eglise étaient appelées bizarrement les solutions « libérales ». L'épithète n'a de sens que si on la rattache, non à l'idée de liberté, mais à l'idée de libéralité. Dès qu'on a largement assuré aux convictions religieuses le droit de répandre leurs doctrines, de célébrer leur culte et de chercher leurs ressources dans les versements spontanés des fidèles, on a épuisé tout ce qui relève du principe de liberté. Il n'a rien à voir dans les largesses qu'on fait à l'Eglise, soit avec les ressources des contribuables, soit avec les biens de l'Etat et des communes. Au contraire, pour assurer pleinement une liberté égale à toutes les opinions religieuses, il aurait fallu n'en avantager aucune avec les ressources dont le législateur dispose. Les mesures prises en ce sens ne sont donc « libérales » que comme le parti qui les a arrachées à la Chambre, c'est-à-dire par antiphrase. *(Rires et applaudissements.)*

Mais le principe est proclamé : le Concordat est déchiré, c'est l'essentiel ; et si certaines dispositions sont défectueuses, elles n'ont qu'une importance secondaire, puisqu'on n'a rien fait d'irréparable. Un de nos amis a dit de la loi qu'elle était « provisoire » : le mot est-il tout à fait exact? Elle n'est ni plus ni moins provisoire que toutes les autres lois. Il n'en est aucune qui ne reste dans les mains de la volonté nationale. Ce que le législateur a fait, il peut le corriger si l'expérience montre que l'Eglise détourne sur des besognes toutes politiques les avantages qu'on ne lui a laissés que pour la célébration du culte. *(Approbation.)*

Nous pouvons donc considérer la question religieuse comme réglée, sans nous dissimuler les luttes qui nous attendent et que nous ne redoutons pas ; le vieux génie gaulois de révolte contre la domination du prêtre, ce génie qui fut celui de nos ancêtres aux pires temps des superstitions, et qui a éclaté avec une puissance incomparable avec la Révolution française, nous est garant de la victoire finale, quelle que soit la passion de l'attaque. (*Applaudissements.*)

Nous voilà donc libres de nous consacrer presque exclusivement à l'œuvre économique et sociale qui est la véritable œuvre des temps modernes. On a essayé de dire que nous l'avions systématiquement sacrifiée à notre œuvre de réformes anticléricales. Le bon sens public a fait justice de cette calomnie. La vérité est que les deux sortes de réformes sont inséparables ; qu'il fallait commencer par les réformes anticléricales, nécessaires à la sécurité de la République, et par conséquent à la destruction de tous les privilèges ; qu'en réalisant enfin quelques-unes des mesures démocratiques depuis si longtemps ajournées, nous avons donné au pays un gage certain de notre volonté de les accomplir toutes et montré que le temps des ajournements indéfinis n'est plus. De même que les deux dernières législatures ont été des législatures de réformes anticléricales, la prochaine législature sera une législature de réformes économiques et sociales. (*Applaudissements.*)

Et si cette seconde partie de notre œuvre n'a pas été plus largement amorcée, à qui la faute? Qui donc a, pendant deux ans et demi, obligé la Chambre à user, dans des assauts quotidiens livrés au Gouvernement, le temps qu'on pouvait employer à faire aboutir des réformes? Qui donc ensuite a fait traîner indéfiniment le débat sur la séparation, avec des arguties si subtiles et si monotones qu'à la fin la Droite même ne prenait plus la peine d'écouter ses propres orateurs, et que ses bancs restaient vides pendant que quelqu'un des siens continuait la besogne convenue d'obstruction? (*Applaudissements répétés.*)

Tous ces efforts ont été vains ; et nous continuerons à imposer nos réformes sociales à la réaction qui nous accuse ridiculement de n'en pas vouloir.

Nous ferons les retraites des vieux travailleurs, qu'on ne peut sérieusement assurer qu'en prenant aux privilèges financiers des ressources qu'ils nous refuseront tant qu'ils pourront *(applaudissements)*; nous ferons l'impôt sur le revenu, c'est-à-dire le grand dégrèvement des campagnes, contre lequel les grands propriétaires ruraux luttent désespérément ; nous entreprendrons l'accomplissement de tout le vaste programme social, que je ne veux pas développer ici, que nous indiquerons avant de nous quitter, et le pays verra à ce moment — ce qu'il sait déjà — de quel côté sont les ennemis des réformes qui peuvent émanciper et doter les déshérités ! *(Vifs et enthousiastes applaudissements.)*

La question militaire

La démocratie suit avec passion tout ce qui intéresse notre situation militaire. Nous avons assisté à une tentative aussi insensée qu'isolée pour séparer la nation de l'armée; comme si une forte organisation de défense nationale n'était pas pour un peuple libre, la garantie nécessaire de la liberté. Le bon sens public s'est soulevé, je puis dire dans tous les Partis, contre une aberration qui mettrait la France à la merci de l'étranger, et livrerait d'avance le pays de 89, le plus grand foyer de progrès démocratique, de libre pensée et de justice sociale qui soit au monde, aux grandes puissances monarchiques qui l'entourent. *(Applaudissements répétés.)*

Mais s'il est fou de vouloir séparer la nation de l'armée, d'autres s'obstinent à vouloir séparer l'armée de la nation, à creuser un fossé entre les soldats et les citoyens, et à essayer de tourner contre la République les forces militaires qui lui appartiennent. Vous les avez vus à l'œuvre, ces prétendus patriotes, héritiers à la fois et de l'esprit de Coblentz et de l'esprit du Deux-Décembre ; le temps n'est pas loin où la France a découvert brusquement que le Gésu avait mis, par les états-majors, la main sur son armée, où les projets de violence militaire ne se cachaient même plus et où ils auraient pu nous jeter dans les dernières épreuves, si un coup de force hâtivement tenté n'avait montré à temps l'abîme ouvert devant nous.

C'est alors que la démocratie a exigé des gouvernements de défense et d'action. Une direction énergique a conjuré le péril en relevant l'esprit républicain dans l'armée. Les bons citoyens en restent reconnaissants au général André (*acclamations*), au général André, abreuvé de tant d'outrages, mais qui a fait vaillamment son devoir en brisant, dans notre organisation militaire, les arrière-pensées de révolte et les influences cléricales. (*Vifs applaudissements.*)

Vous savez comment, depuis lors, une campagne menée avec des papiers volés, et servie par des complicités très diverses, a fait reperdre une bonne partie du terrain gagné. Nous avons vu reparaître, plus arrogantes que jamais, les tentatives de main-mise réactionnaire et cléricale sur notre cadre d'officiers. Nous attendons encore l'heure où on les découragera. Il est grand temps que cette heure vienne ; ce sera un des articles essentiels du programme de mettre fin à un état de choses où le spectacle de commandements confiés à des adversaires notoires de la République alarmerait les populations ; où des chefs militaires sembleraient dicter au pouvoir civil leurs exigences, leurs inimitiés et leur veto ; où les officiers loyalement républicains se sentiraient à l'état de suspects dans l'armée de la République. Nous comptons sur celui de nos amis qui est chargé de continuer l'œuvre du général André pour mettre un terme à une telle situation. (*Vifs applaudissements.*)

La démocratie sait ce qu'elle pourrait coûter, non seulement à nos institutions, mais à la défense nationale. Vous savez ce que rêvent nos fameux patriotes, qui dénoncent si patriotiquement à l'Europe la ruine prétendue de nos forces de combat, comme pour encourager nos ennemis éventuels à nous attaquer et nos alliés à nous abandonner. Des états-majors tout puissants, mis à l'abri des inspirations et des critiques du dehors ; — des conseils, des comités de toute sorte, asiles inviolés et souverains des vieilles routines et du vieil esprit de corps ; — des officiers, nobles, s'il se peut, bien séparés du soldat, soit par leur origine, soit par l'esprit de classe ; — des soldats soumis à une discipline de fer, sans pouvoir faire entendre de réclamation contre les pires abus, sinon à ceux qui les infligent ; sans cela que deviendrait le privilège de l'autorité ?... Voilà l'idéal que nos nationalistes commençaient à réaliser dans l'armée, quand nous la leur avons arrachée, et que nous n'avons pas pu, sans crime, détruire de notre mieux ; voilà l'idéal qu'ils retrouvaient intact, hélas ! dans cette armée de nos alliés russes, qu'ils admiraient, qu'ils vantaient sans cesse ; à laquelle ils ne se lassaient pas de promettre les plus éclatantes victoires... De tragiques et terribles événements n'ont que trop enseigné au monde que ce n'était pas par les principes que nous appliquions qu'on mène aux plus affreux désastres les armées et les flottes ! (*Sensation.*)

Si la France veut des forces militaires redoutables, c'est parce qu'elle veut la paix. Oh ! elle défendrait, au besoin, jusqu'à la dernière goutte de son sang, son intégrité et son honneur !... mais elle considérerait comme criminelle la politique qui, pour d'autres intérêts, déchaînerait sur le magnifique travail pacifique de la civilisation moderne, sur l'œuvre de progrès et de justice sociale, qui est la mission de notre siècle, les malheurs, les tueries, les deuils, les dévastations de la guerre. (*Applaudissements.*)

Si on risquait de la jeter dans les conflits violents, pour des projets d'extension lointaine, ce serait à son insu et contre sa volonté. — Elle n'a jamais, ni demandé, ni approuvé les coûteuses et sanglantes conquêtes qui ont chargé ses destinées du poids de vastes domaines d'outre-mer. Souvent, elle apprend les entreprises dans lesquelles on l'a engagée par les graves complications où elle se trouve jetée à l'improviste.

C'est qu'à la suite de nos premières expéditions lointaines il s'est formé dans les alentours du pouvoir, dans les couloirs parlementaires, dans certains bureaux de rédaction, dans certains corps militaires ou administratifs, sur les trottoirs des boulevards et dans quelques milieux d'affaires financières, un petit monde spécial, très restreint, mais fort agité et fort bruyant, qui ne rêve qu'aventures coloniales, et dont la préoccupation constante est d'engager la France sans son aveu : les uns, sincèrement éblouis par les prestiges et les mirages des terres exotiques, vivant dans un songe fiévreux d'expansion indéfinie sur toutes les plages du globe ; les autres, épris des hasards qui font les fortunes militaires rapides et où des victoires à coup sûr peuvent préparer des sabres de coup d'Etat ; d'autres, enfin, s'attachant plus solidement aux fructueuses spéculations dont on peut tirer de gros profits, aux dépens des contribuables, dans les pays barbares et lointains que n'atteint pas le contrôle de l'opinion publique ; et, malgré la volonté bien nette du pays, souvent malgré celle du gouvernement lui-même, ce petit monde est assez fort pour surprendre des consentements, ou susciter des incidents, à la suite desquels la France se trouve malgré elle, jetée dans de graves complications.

La folie coloniale

Des expériences récentes, subies par les Etats les plus divers, n'ont que trop montré quels mécomptes, quels périls, parfois quelles catastrophes, les plus grandes puissances pouvaient trouver au bout d'entreprises qu'elles croyaient, au début, faciles et courtes ; quelles surprises, quels contre-coups, la Fortune pouvait faire sortir de ce genre d'aventures ; combien c'est un calcul téméraire de compter sur la supériorité des organisations militaires européennes, alors que, dans le monde entier, des organisations comparables se constituent à notre exemple ; quelle imprudence il y a à assumer la charge de vastes domaines, que la création et les progrès de ces puissances nouvelles rendront si difficile de défendre, à côté d'elles, et loin de nous. Il n'est pas possible que, quand des problèmes vitaux, pour l'honneur et l'existence du pays, peuvent se poser à chaque instant dans la métropole, sur nos longues frontières de plaines, une tentative engagée à l'insu du pays et des Chambres, la désobéissance d'un fonctionnaire, l'indiscipline d'un soldat, puissent faire que la France, au moment décisif, risque d'avoir sa liberté d'action prise, ses mains liées, son honneur engagé, une partie de ses forces dispersée à des centaines, à des milliers de lieues, du point du globe où son salut est en jeu ! (*Acclamations.*)

Ce fut, autrefois, l'honneur de notre parti de lutter avec acharnement pour épargner à notre démocratie cette sorte de hasard. Il est plus nécessaire que jamais d'y veiller. Il faudra reprendre cet article de notre programme.

La politique dont vous avez mandat d'organiser l'action a son nom : c'est la politique du Bloc. N'est-ce pas la force des choses qui réunit indissolublement tous les hommes dévoués à la cause de 89 ? Comment, d'ailleurs, nous diviserions-nous, quand nos adversaires se rapprochent ? Regardez donc l'autre bloc ; ne voyez-vous pas des républicains d'autrefois, marcher la main dans la main avec toutes les réactions monarchiques ; et ceux mêmes qui, autour de Jules Ferry, dénonçaient si hautement le péril clérical, se faire les alliés, les avocats de l'Eglise, dans ce que ses prétentions ont de plus révoltant pour l'esprit moderne ?

La politique du Bloc

Oui, nous maintiendrons le Bloc. Et pour le maintenir, il y a deux tâches à remplir : une tâche d'union ; une tâche de profonde division.

L'union, d'abord, entre tous les enfants de la Révolution. (*Acclamations.*) Si elle était jamais compromise, ou par des particularismes de groupes, ou par des questions de personnes, nous serions infatigables pour la maintenir ou la rétablir. Et comment hésiterions-nous ? Regardez l'histoire des partis de progrès dans le passé. Combien n'ont-ils pas été divisés et par leurs étiquettes et par des divergences de systèmes ! Aujourd'hui, les étiquettes d'autrefois n'ont plus de sens ; les systèmes d'autrefois sont oubliés ; et ce qui reste dans les souvenirs reconnaissants de la nation, ce sont les services rendus en commun par des hommes qui se sont proscrits entre eux pour la cause éternelle du progrès humain !

Mais cette union a une contre-partie nécessaire dans le refus de toute compromission et de toute entente avec les partis de contre-révolution. Je me méfie de ceux qui, dans le conflit décisif ouvert entre la démocratie et le moyen âge, appuyé sur le dogme romain, et l'esprit moderne formulé dans la déclaration des Droits de l'Homme, vous convient sans cesse à briser vous-mêmes, dans je ne sais quel naïf baiser Lamourette, vos armes de défense, contre le retour offensif et de toutes les haines et de tous les intérêts réactionnaires ! *(Bravos prolongés.)* Le bon sens populaire attache la qualification de déserteur à tous ceux qui vont, sous un prétexte quelconque, tirer dans le camp de la droite un coup de feu contre l'armée républicaine. *(Applaudissements répétés.)*

Oui, union d'un côté, séparation profonde de l'autre ; voilà les deux conditions du Bloc. C'est ainsi que par sa cohésion il a donné à la France démocratique les résultats dont elle l'applaudit. Dirai-je qu'il est resté aussi intact que nous l'aurions voulu ? Non ; vous le savez tous. A la Chambre il a été un peu rongé, un peu entamé par tous les microbes d'intrigue et de convoitise qui hantent encore l'atmosphère renfermée du Palais-Bourbon. Vous avez tenu à condamner sur un nom propre l'espèce de boutique de défections et de distribution de portefeuilles imaginaires qui a été ouverte pendant des mois dans les couloirs du Palais-Bourbon. Vous avez tenu à condamner en même temps la coalition, si révoltante qu'elle est encore reniée par ceux qui s'y sont prêtés, qui, dans l'ombre immorale d'un scrutin secret, une ombre sur laquelle il faudra bien que nous portions la lumière, a renversé du fauteuil présidentiel le grand républicain Henri Brisson. *(Longs applaudissements.)*

Oui, le Bloc a été entamé au Palais-Bourbon, il ne l'a pas été dans les masses profondes du pays. On le verra aux élections prochaines.

J'ai reçu des télégrammes inquiets des comités de province, qui s'imaginaient, sur je ne sais quelles informations fantastiques, que, sous prétexte de réconciliation, vous alliez couvrir, devant le suffrage universel, les défections dont il pourrait demander compte à ses élus infidèles. C'était bien mal comprendre l'esprit dont vous êtes animés. Nous ne nous mêlons pas de questions personnelles : nous sommes prêts à oublier toutes les erreurs désintéressées ; mais ce n'est pas nous qui imaginerons jamais d'énerver, dans la profondeur de la conscience populaire, les loyales indignations qu'ont soulevées certains concours apportés au parti de la contre-révolution.

La politique du Bloc, si elle est sincère et logique, implique une première conséquence : c'est que tout gouvernement qui sera porté au pouvoir en son nom, montre bien qu'il a fait son choix entre les deux partis qui divisent très inégalement la France, et le manifeste non seulement par des déclarations ou par son attitude politique dans quelques grosses questions — mais encore par cette action de détail, exercée tous les jours sur les affaires de toute sorte ; car c'est là ce qui donne aux derniers hameaux la vision nette de l'esprit auquel obéit le pouvoir.

Le temps n'est plus où l'on pouvait, au gouvernement, remplacer la politique par le flirtage : il ne faut pas qu'on soit réduit à ne point savoir si le gouvernement est avec le Bloc de gauche ou avec le Bloc de droite, ou plutôt à soupçonner qu'il ne le sait pas lui-même. *(On rit.)*

Citoyens, le pays était à bout de patience, quand enfin on est entré dans la voie des réformes. Quelles leçons, quels exemples, il a donnés à ses chefs ! Je suis confondu quand je pense qu'il y a trente-cinq ans que nous sommes entrés aux Tuileries, conquises par le peuple sur le régime du 2 Décembre. Ils croyaient que c'était leur victoire définitive, ces déshérités dont la cause est la nôtre. Les mécomptes ont été cruels : trente ans de piétinement sur place, des réformes éludées ou ajournées par ceux-là mêmes que leur confiance portait au pouvoir, auraient pu lasser leur vaillance. Ils n'ont pas fléchi. C'est à eux que nous devons d'être ce que nous sommes. Nous leur tiendrons toutes les promesses de la République.

(Longue acclamation. Toute la salle, debout, applaudit Pelletan.)

Un membre du bureau. — Au nom du bureau, je demande que le Congrès veuille bien voter l'impression du beau discours de Pelletan. *(Acclamations.)*

LE RACHAT DES CHEMINS DE FER.

Le Président. — Citoyens, je donne la parole au citoyen Bourrat, pour lire le rapport de la commission sur la question si importante des chemins de fer. (*Applaudissements.*)

Le citoyen BOURRAT. — Le président me demande de lire le texte du rapport qui a été fait au nom de la commission du commerce et de l'industrie; je le ferai très rapidement.

Rachat des chemins de fer.

Rapport fait au nom de la commission du commerce, de l'industrie et de l'agriculture, par M. Jean Bourrat, député.

Messieurs,

Dans les divers Congrès du Parti radical et radical-socialiste de Lyon, en 1902, de Marseille, en 1903, de Toulouse, en 1904, vous avez énergiquement manifesté l'opinion de notre Parti en faveur du rachat des chemins de fer et de leur exploitation par l'Etat, et la motion suivante a été votée aux derniers Congrès de Marseille et de Toulouse :

« Le gouvernement et les républicains sont invités à demander aux Chambres, pour le moment, le rachat des réseaux de l'Ouest et du Midi, afin que par une expérience d'un plus grand réseau, on puisse établir des comparaisons encore plus probantes avec l'exploitation par les Compagnies. »

Les raisons fournies par les divers rapports subsistent encore à l'heure actuelle.

Plus que jamais le rachat d'une partie de notre réseau ferré et son exploitation par l'Etat doivent être votés par le Parti républicain.

Nous estimons devoir indiquer ici en les résumant très brièvement quelques-unes des raisons qui militent en faveur de cette réforme.

1° QUESTIONS ÉCONOMIQUES.

Marchandises. — Il n'est pas juste de faire payer aux transports de marchandises un prix différent suivant que celles ci voyagent sur telle ou telle partie du territoire.

Cependant, pour la très grande majorité des produits transportés, le prix varie suivant les divers réseaux, alors que la marchandise est chargée sur un wagon au départ et déchargée du même wagon à l'arrivée.

L'exploitation des divers réseaux par l'Etat ferait disparaître cette inégalité.

Personnel. — Une comparaison entre l'exploitation par l'Etat et l'exploitation par les Compagnies existe depuis 1878. Les ingénieurs des Compagnies, comme les ingénieurs du réseau d'Etat, ont reçu la même instruction professionnelle et ont un savoir au moins identique.

On ne saurait prétendre que les Compagnies exploitent industriellement, car, de la comparaison des dépenses générales d'exploitation, il résulte que les dépenses sont inférieures au réseau d'Etat comparativement aux dépenses des Compagnies.

Comparaison des résultats d'exploitation. — Le réseau d'Etat a été créé en 1878, par suite de la mise en faillite des réseaux de la Charente et de la Vendée.

Or, pour comparer les produits nets du réseau d'Etat et ceux des Compagnies, il faut défalqner des dépenses de construction du réseau d'Etat les dépenses qui auraient incombé à l'Etat-pouvoir si le réseau d'Etat avait appartenu à une Compagnie.

Les conventions de 1883 ont, en effet, mis à la charge de l'Etat-pouvoir les dépenses de construction des lignes incorporées aux divers réseaux.

Si la comparaison est ainsi faite on peut se rendre compte que les résultats financiers du réseau d'Etat sont supérieurs à ceux de la presque totalité de nos Compagnies.

2° Question financière.

Si le rachat d'une partie de nos réseaux était voté, l'Etat devrait payer : 1° une annuité ; 2° une somme en capital représentée par la valeur du matériel roulant, du mobilier, de l'outillage, des approvisionnements et des travaux complémentaires, avec déduction d'un quinzième par année depuis leur construction.

L'annuité à payer représente le bénéfice (quand il y en a, c'est-à-dire lorsque les Compagnies ne font pas appel à la garantie) que les Compagnies retirent de leur exploitation.

On ne saurait nier que ce bénéfice sera identique quel que soit le mode d'exploitation — par l'Etat ou par les Compagnies — car les voyageurs et les marchandises continueront à suivre les rails qu'ils parcourent.

La somme à payer en capital est inférieure pour certains

réseaux, pour l'Ouest et le Midi notamment, à la somme que les Compagnies doivent à l'Etat du chef de la garantie d'intérêts. La valeur du gage de l'Ouest et du Midi est inférieure de plus de soixante millions à la somme que ces réseaux doivent à l'Etat du fait de cette garantie.

L'Etat, en ce qui concerne ces réseaux, est dans la situation d'un bailleur de fonds qui continuerait à avancer des sommes à des insolvables.

Les défenseurs des Compagnies reconnaissent la véracité de ces faits et ne donnent comme argument à la réalisation de cette réforme que celle-ci est d'essence socialiste.

Les diverses nations de l'Europe continentale ont racheté leurs réseaux : l'Allemagne, en 1878, avait un réseau d'Etat de 19.314 kilomètres et ce même réseau était de 47.297 kilomètres en 1902 ; l'Autriche-Hongrie avait, en 1878, un réseau d'Etat de 1.749 kilomètres et ce même réseau était en 1902 de 26.356 kilomètres ; la Russie d'Europe (y compris la Finlande) avait, en 1878, un réseau d'Etat de 62 kilomètres ; en 1902, ce même réseau était de 33.461 kilomètres.

Nous n'avons cité que ces trois pays pour ne pas surcharger notre rapport.

Mais il convient d'établir que nos financiers français ont conseillé, avec les plus savantes réclames, le peuple de France de consentir des emprunts s'élevant à 12 milliards environ à la Russie et que c'est au moyen d'une partie de ces emprunts que cette nation a racheté ses réseaux.

Ces mêmes financiers ont une bizarre conception de l'intérêt de notre pays, car ils trouvent mauvais pour la France ce qu'ils préconisent pour l'étranger. Nous croient-ils inférieurs aux Russes ?

En fait, seules, trois nations de l'Europe continentale n'ont pas procédé au rachat de leurs réseaux, ce sont : l'empire Ottoman, l'Espagne et la France.

Convention nouvelle. — Les élus républicains ne sauraient accepter une convention nouvelle avec les Compagnies.

Les exemples des conventions de 1859 et de 1883 démontrent que chaque fois que l'Etat a accepté une modification de ses contrats avec les Compagnies, il a fait un marché de dupe.

Tous les ministres des Travaux publics, depuis quelques années, reconnaissent la nécessité d'agrandir le réseau d'Etat.

On s'expliquerait mal qu'alors que, sans aucune indemnité, l'Etat peut opérer la reprise des réseaux de l'Ouest (5.850 kilomètres) et du Midi (3.660 kilomètres), au total 9.510 kilomètres, il consentît le payement d'une somme en capital, si minime fût-elle, pour augmenter le réseau de l'État de quelques centaines de kilomètres.

On peut objecter que le nouveau réseau d'Etat aura une forme bizarre, qu'il n'aura qu'un point de contact (Bordeaux) dans la région du Midi, qu'il serait traversé par les lignes de Tours et Nantes et la Bretagne, qui sont exploitées par l'Orléans, mais ce ne sont pas là des raisons suffisantes pour traiter de nouvelles conventions et les payer des deniers des contribuables à des prix plus qu'onéreux.

Il ne faut pas oublier que la garantie d'intérêts de l'Orléans expirera en 1914, et qu'à cette époque la valeur du gage de cette Compagnie (par suite de l'augmentation de la dette de garantie provenant des intérêts de la somme en capital versée par l'Etat) sera inférieure à la créance de l'État.

Pour ces motifs, votre Commission du Commerce, de l'Industrie et de l'Agriculture vous propose le vote de la motion suivante :

« *Le Gouvernement et les républicains sont invités à demander au Parlement, pour le moment, le rachat des réseaux de l'Ouest et du Midi.*

« *Le rachat des réseaux ferrés et leur exploitation par l'Etat figurera dans le programme des Candidats qui se réclameront du Parti radical et radical-socialiste.*

« *Le Congrès demande au Gouvernement de ne pas donner suite à un projet quelconque de convention autre que le rachat total de leurs réseaux avec l'une quelconque de nos six grandes Compagnies.* » (Vifs applaudissements.)

(Les conclusions, mises aux voix, sont adoptées.)

Septième Commission

RAPPORTS ET VŒUX

POLITIQUE EXTÉRIEURE

Le Président. — L'ordre du jour appelle le rapport de la septième Commission.

Le citoyen LUCIEN LE FOYER. — Je vais donner lecture des vœux étudiés par la septième Commission, qui ont trait à la politique extérieure, lecture simple et très brève. Après les applaudissements qui ont accueilli les paroles si éloquentes de notre président Pelletan, en ce qui concerne la politique extérieure, je suis sûr que ces vœux auront votre approbation et votre sympathie.

« *Le Congrès,*

« *Considérant que les événements actuels ont révélé une fois de plus les dangers que peut faire courir au pays une politique extérieure insuffisamment contrôlée par le Parlement et l'opinion,*

« *Rappelle la résolution prise par le Congrès du Parti à Toulouse, réclamant que le Parlement soit davantage associé à la politique extérieure,*

« *Emet le vœu que, dans tous les cas, le Conseil des Ministres soit saisi des projets de conventions à conclure avec l'étranger et mis au courant des questions pouvant intéresser la sécurité nationale, et que, d'autre part, les Commissions des affaires extérieures constituées dans les deux Chambres soient particulièrement renseignées sur les actes et les intentions du pouvoir exécutif en matière de politique extérieure.* » (Bravos.)

(Ce vœu est adopté.)

Le Congrès,

Affirmant, d'une part, que la politique traditionnelle du Parti est avant tout continentale,

Rappelle, d'autre part, que la pénétration pacifique, affirmée à la tribune du Parlement par le Ministre des Affaires étrangères lors de la discussion de la convention franco-anglaise, ne saurait, par définition, porter atteinte au droit des nationalités, non plus qu'aux droits des tiers, notamment au principe de la liberté du commerce. (Vifs applaudissements.)

(Ce vœu est adopté.)

Le Congrès,

Félicite le Gouvernement d'avoir, dans les incidents récents de politique internationale, donné satisfaction à la volonté des peuples, maintes fois manifestée, de pratiquer constamment une politique de paix et de concorde. (Bravos répétés.)

(Ce vœu est adopté.)

Le Congrès,

Prenant acte avec satisfaction des « bons offices » du président Roosevelt tendant à mettre fin au conflit russo-japonais,

Emet le vœu que le gouvernement de la République française intervienne avec toute l'énergie possible en faveur de la conclusion définitive de la paix. (Applaudissements prolongés.)

(Ce vœu est adopté.)

Enfin, voici deux vœux relatifs à la réforme de l'administration du ministère des Affaires étrangères, de la diplomatie et des consulats :

Le Congrès renouvelle le vœu émis l'an dernier à Toulouse au sujet de la réforme du personnel diplomatique et consulaire, et,

Considérant que la politique extérieure de la France devant avoir par excellence des tendances démocratiques, le personnel qui doit être chargé de conduire cette politique doit s'inspirer des grands principes de la Révolution,

Considérant que, pour permettre à ce personnel d'exercer sa légitime influence, il convient de lui donner les ressources budgétaires suffisantes permettant d'obtenir des résultats qui dispensent la République de consentir de nouveaux et coûteux sacrifices d'armement et de défense,

Emet le vœu,

Que le Gouvernement présente au Parlement un projet d'ensemble de remaniement du personnel diplomatique et consulaire de la République et lui demande les crédits nécessaires pour qu'il y soit procédé sans retard. (Bravos.)

(Proposé par MM. Jean-Bernard, Deloncle, Fog.)

(Ce vœu est adopté.)

Le Congrès émet le vœu :

Que les situations consulaires soient suffisamment rémunérées pour que les républicains sans fortune puissent être choisis quand ils présentent les capacités nécessaires.

Le Congrès émet aussi le vœu que la situation précaire des employés plus modestes, des agents subalternes du ministère des Affaires étrangères et des chancelleries à l'étranger, dont les appointements sont notoirement insuffisants pour les besoins urgents de la vie, soit améliorée. (Applaudissements.)

(Proposé par M. Jean-Bernard.)

(Ce vœu est adopté.)

VŒU EN FAVEUR DU GÉNÉRAL PEIGNÉ

Le citoyen Pecaut. — Comme rapporteur de la première sous-commission de la septième Commission, je devrais prendre maintenant la parole, mais, au nom de toute la Commission, je viens vous prier d'interrompre le cours de l'ordre du jour, pour permettre à notre ami, le citoyen Aubertin, de présenter une motion pour le général Peigné. (*Applaudissements.*)

Le citoyen Aubertin. — Citoyens, la Commission des vœux avait prévu que des rangs et de la conscience républicaine de cette Assemblée, à côté du nom du général André, sortirait par acclamations le nom d'un autre général, d'un général qui, doué d'un talent militaire incontesté et pourvu des plus hauts grades, a reçu dans une disgrace imméritée la plus belle consécration civique que puisse souhaiter un soldat républicain. (*Applaudissements.*)

Par la motion que je vais lire, il n'entre point dans notre pensée d'apporter ici des paroles de provocation à l'égard de qui que ce soit, mais nous n'hésitons pas à vous dire : « Lâche et maudit serait devant l'opinion le parti politique qui, pour des raisons occultes, abandonnerait ceux qui ont été blessés à son service. » (*Applaudissements.*)

C'est aux républicains de Touraine que revenait l'honneur de déposer cette motion devant le Congrès, parce que, entre tous les républicains, ils se sont distingués par leur force de résistance à la mesure qui a frappé le général Peigné. (*Applaudissements.*) Nous ne pouvons, non plus, sans injustice, oublier qu'à la tribune de la Chambre le citoyen Gérault-Richard, ce maître du journalisme, a trouvé de forts accents pour défendre et la carrière et surtout les vertus républicaines de ce sacrifié. Il convient qu'à cette protestation s'associe la voix du Congrès radical et radical-socialiste, dont la pensée sera bien de saluer à ce propos tous les officiers républicains de l'armée. (*Applaudissements.*)

« Le Congrès émet le vœu que le Ministre de la Guerre revienne le plus promptement possible, selon les promesses faite... » (*Bruit*).

Citoyens, la Commission, en vous demandant de prononcer le nom du général Peigné, n'exclut aucune demande de réparations visant d'autres citoyens. (*Applaudissements.*) La tribune est libre, comme est large la conscience républicaine du Parti radical tout entier, mais nous avons pensé que le premier nom à prononcer était celui du général Peigné, et nous vous demandons avec insistance de voter l'ordre du jour suivant :

« Le Congrès émet le vœu que le Ministre de la Guerre revienne le plus promptement possible, selon les promesses formelles faites aux républicains, sur les mesures prises contre le général Peigné, livré aux rancunes de la réaction. » (*Applaudissements.*)

Le Président. — Je félicite le citoyen rapporteur Aubertin, que je connais depuis de longues années, des très bonnes et très justes paroles qu'il a prononcées sur le général Peigné, étant bien entendu que personne ne peut séparer sa cause de celle des officiers républicains.

Mais vous comprenez comme moi ce qu'il y aurait d'un peu irrégulier à provoquer ici des votes sur des questions de personnes pour un Ministre quelconque ; nous risquerions ainsi de paraître vouloir exercer une contrainte dont on prendrait prétexte peut-être pour nous refuser ce qu'on est obligé de nous donner. Je retiens donc les paroles que je suis heureux d'avoir entendues ici et je vous propose de n'émettre aucun vote sur ce point. (*Mouvements divers.*)

Un citoyen déclare qu'il est chargé d'apporter ici la protestation des républicains de son département contre la mesure qui a frappé Peigné; nous savons d'avance que toute la démocratie a protesté, et je crois que vous pouvez considérer votre protestation comme faite.

(*Clôture ! Clôture !*)

Le citoyen Pecaut. — Conformément aux engagements de la Commission, nous avons cédé la place au citoyen Aubertin. Nous reprenons maintenant les vœux. (*Bruit.*)

Le Président. — Je crois qu'il faut prononcer la clôture de l'incident Peigné dans les termes que j'ai indiqués. (*Cette proposition est adoptée.*)

Nous continuons l'ordre du jour.

VŒUX CONCERNANT LA MAGISTRATURE

Le citoyen Pecaut. — Je continue la lecture des vœux :

« *Le Congrès félicite le président Magnaud de la si haute et si humaine conception de justice et de solidarité sociale dont ses arrêts sont empreints ; il affirme qu'ils sont l'expression même des principes fondamentaux du Parti républicain radical et radical-socialiste, et les propose comme modèle à la magistrature française tout entière.* (Applaudissements.)

(Ce vœu est adopté.)

Le citoyen Louis Martin (*Var.*) — Je demande la parole sur ce vote.

J'appuie certainement de toutes mes forces le vœu qui vient de vous être présenté, mais je me demande si l'immense popularité, très juste et très légitime, du président Magnaud n'est pas précisément cause qu'il n'avance jamais dans la magistrature, et je me demande, par conséquent, s'il serait bien sage de continuer à le désigner ainsi une fois de plus à l'animadversion de ses chefs.

C'est là précisément un point sur lequel j'appelle votre attention, à vous qui êtes l'émanation même de la démocratie. Notre personnel judiciaire n'est pas en rapport avec nos institutions et avec nos désirs ; nous pourrions même répéter ce que Danton disait de son temps — car les choses n'ont pas beaucoup changé — : Nos hommes de loi sont d'une aristocratie révoltante.

Or, il est quelques magistrats — je ne dis pas qu'ils soient les seuls, je crois, au contraire, qu'ils sont plus nombreux que nous sune pposons — qui pensent comme nous, mais il en est quelques-uns qui se sont mis en évidence non pour chercher la popularité, mais pour indiquer où était le devoir.

Les gardes des sceaux se sont succédé à la place Vendôme ; nous avons possédé tour à tour des ministres modérés et des ministres radicaux, et modérés et radicaux ont toujours maintenu sans avancement les magistrats véritablement républicains. (*Applaudissements.*)

Ce matin, j'applaudissais aux paroles de l'honorable M. Combes ; nous faisions en sa faveur une manifestation qui aura son retentissement dans la France entière, mais ses illusions, à un moment donné, l'ont porté un peu loin, lorsqu'il a déclaré que le précédent garde des sceaux avait épuré la magistrature. La magistrature est aussi réactionnaire qu'avant.

Lorsque nous voudrions à la tête du personnel des Magnaud et des Séré de Rivière, on nous répond par des Dupré. Cela ne doit pas toujours durer. J'appuie donc très énergiquement le vœu, tout en vous disant que Magnaud est depuis dix-huit ans à Château-Thierry, alors que nous voyons des frères de députés, des cousins de sénateurs franchir très rapidement tous les degrés de la magistrature, (*Applaudissements*) alors que tous les magistrats qui sont les amis de Magnaud sont frappés de la même suspicion que lui.

Séré de Rivière a été lui aussi persécuté dans la mesure où l'on pu les différents chefs du personnel ; malgré cela, malgré le péril auquel notre ordre du jour expose Magnaud, puisque cet ordre du jour bien mérité a été déposé, je ne puis que vous prier de le voter, en ajoutant que nous, députés, sénateurs, nous élus du suffrage universel, nous devons avoir — et c'est l'intention morale que je vous demande de donner à cet ordre du jour — nous devons avoir l'obligation d'aller à la Chancellerie et de défendre les droits des magistrats républicains. (*Applaudissements.*)

(Ce vœu est adopté.)

CONSEIL DES PRUD'HOMMES

M. Pécaut, *rapporteur*

Vœu présenté par les délégués Emile Pécaut (Seine-et-Oise), Bataille (Nord) et René Weill (Seine-et-Oise).

Les conseils des prud'hommes ont été assez discutés ces derniers temps.

Sans vouloir entreprendre leur éloge, il sera permis à votre rapporteur de dire qu'ils ont rendus d'assez signalés services, et qu'ils en rendront de beaucoup plus importants dans l'avenir, par suite de la modification que vient de faire le Sénat dans leur juridiction d'appel.

Dans ces conditions, on s'explique mal que certains soient privés de ces tribunaux paternels et gratuits dont bénéficient d'autres.

Il est absolument déplorable et inique qu'au bout de trente-cinq années de République, quand un employé ou un voyageur, qui sont des salariés au même titre que les ouvriers, ont un différend avec leurs patrons, ils soient jugés par des tribunaux spéciaux, dénommés tribunaux de commerce, dont les membres exclusivement recrutés dans le patronat, sont par ce fait même discutables.

Notre Parti ne doit pas oublier que les employés constituent une fraction formidable de la démocratie, que cette fraction, bien que trop souvent délaissée par la République, lui a cependant été constamment fidèle.

En conséquence, la septième commission vous propose d'adopter le vœu suivant que lui a transmis la première sous-commission :

« *Le Congrès, estimant qu'il est profondément injuste que la juridiction des prud'hommes soit réservée à certaines industries, à l'exclusion d'autres, émet le vœu que cette juridiction soit étendue à tous les salariés, employés et ouvriers, sans exception.* »

(Ce vœu est adopté.)

ACCIDENTS DU TRAVAIL

Vœu présenté par MM. Emile Pécaut (Seine-et-Oise), Bataille (Nord) et René Weill (Seine-et-Oise).

Nous croyons inutile de refaire ici l'historique de la loi

de 1898 sur les accidents du travail. Vous vous souvenez tous de sa discussion et de l'opposition irréductible qui lui fut faite.

Depuis, le temps a fait son œuvre, les détracteurs les plus acharnés de la loi se sont tus.

Le moment est donc venu de reprendre cette loi démocratique, de l'amender et de la compléter. Ses sept années d'application ont permis d'en connaître tous les défauts, et il sera facile d'en faire une loi parfaite.

Pour les mêmes raisons que j'invoquais pour les conseils des prud'hommes, il est inadmissible que cette loi ne soit pas étendue à toute la démocratie.

Les tribunaux ont parfois donné à cette loi des interprétations qui nous rendent rêveurs.

Dernièrement, la Cour de cassation a décidé que les boulangers ne devaient pas être soumis à l'assurance, sous prétexte que cette industrie est une industrie familiale.

De pareils faits sont en contradiction flagrante avec le principe d'égalité, base de la République.

Lorsque l'accident arrive, il amène toujours malheureusement avec lui la même compagne : la misère.

Le mitron qui se blesse dans son fournil a droit à la même protection que le maçon qui tombe de son échafaudage; le garçon de magasin qui est écrasé en faisant une livraison laisse une veuve et des orphelins comme le mécanicien broyé par la machine.

En conséquence, votre commission vous propose l'adoption du vœu suivant que lui a transmis la première sous-commission :

« *Le Congrès considérant qu'il est temps d'améliorer et de compléter la loi d'avril 1898 sur les accidents du travail, en demande la revision complète.*

« *Il émet de plus le vœu que tous les travailleurs sans exception, employés ou ouvriers, puissent en réclamer le bénéfice dans tous les cas d'accidents du travail.* »

(Ce vœu est adopté.)

RÉTRIBUTION DES JUGES SUPPLÉANTS DES TRIBUNAUX DE PREMIÈRE INSTANCE ET DE TOUS LES SURNUMÉRAIRES.

La première sous-commission a été saisie de deux propositions qui se complètent, l'une émanant du délégué Sapène

(Eure) et l'autre du Comité radical-socialiste du quatrième arrondissement de Lyon.

Votre rapporteur croit superflu de les analyser. et il ne peut mieux faire que de vous citer les considérants du Comité radical-socialiste du quatrième arrondissement de Lyon.

Considérant qu'il existe encore des carrières administratives où le surnumérariat non rétribué et les traitement infimes de début sont opposés comme une barrière infranchissable pour qui n'a pas de fortune;

Qu'indépendamment de l'inégalité créée par ce fait, contrairement à la déclaration des Droits de l'Homme, le recrutement de ces carrières produit des castes opposées à tout progrès et à toute justice;

Que particulièrement la magistrature est recrutée de cette façon et que ses arrêts peuvent être suspects de partialité et souvent sembler être une justice de classe;

Pour ces motifs qu'elle fait siens, la commission vous propose l'adoption du vœu suivant que lui a transmis la première sous-commission:

« Le Congrès émet le vœu que les juges suppléants des tribunaux de première instance soient rétribués.

« Il émet également le vœu que tous les surnuméraires soient rétribués et que les traitements de début soient dignes de la fonction, afin de permettre l'accès des carrières à tous. »

(Ce vœu est adopté.)

VŒU RELATIF A UN COMITÉ DE VIGILANCE

Le Rapporteur. — Je donne connaissance de la proposition présentée par les citoyens Burot et Morin au Comité Exécutif en mai dernier et renvoyée par le Comité à l'examen du Congrès.

Cette proposition a pour but de constituer une commission qui serait nommée par le Comité Exécutif, dite commission de défense ou vigilance républicaines, qui sera chargée de surveiller ouvertement et au grand jour la nomination et l'avancement des fonctionnaires de tout ordre et de *défendre les fonctionnaires républicains.*

Cette commission, agissant sous le contrôle du Comité Exécutif, se mettrait en rapport avec tous les groupements adhérents au Parti ; elle recevrait d'eux tous les renseignements utiles, les contrôlerait par tous les moyens en son pouvoir et les transmettrait au Bureau Exécutif, qui les communiquerait à son tour au ministre compétent, lorsqu'il s'agirait d'empêcher une nomination scandaleuse et nuisible à la République.

Une voix. — C'est de la délation.

Le Président. — C'est le rôle naturel de vos élus, mais il me semble que si vous donniez par un vote un tel rôle à votre Comité, vous risqueriez fort qu'on se méprît tout à fait sur le caractère de sa mission. (*Applaudissements. Aux voix! Aux voix!*)

Le citoyen BUROT. — Etant l'un des auteurs de la proposition, je crois utile de vous donner quelques explications. Je regrette de n'être pas tout à fait accord avec notre excellent président, mais je pense que tous les délégués de province, qui voient toutes ces choses de beaucoup plus près que les délégués de Paris, seront de notre avis. Je n'ai pas à vous apprendre que, de tout temps, les ministres réellement républicains qui ont voulu faire des réformes démocratiques et appliquer les principes qu'ils avaient préconisés avant d'être au pouvoir, dans le but d'épurer le personnel des administrations et de ne nommer ou faire avancer que des fonctionnaires, je ne dirai pas même dévoués à la République, mais qui n'y soient pas hostiles, ont été presque constamment desservis par leur entourage, par les bureaux, et mal renseignés ou trompés par les préfets et les hauts fonctionnaires. (*Applaudissements.*) Par suite, les nominations qu'ils ont faites ont été la plupart du temps à l'encontre de leurs intentions.

Ceci s'explique facilement, quand on pense que presque tout le haut personnel des ministères, des préfectures et autres grandes administrations, nous est légué, non seulement par des gouvernements comme ceux de Méline, de Dupuy et consorts, mais que l'on a à peine osé toucher à ceux qui ont été légués par le 16 Mai, et quand on sait que pendant trois ans Demagny, trompant la confiance de Waldeck-Rousseau, n'a fait faire que des nominations presque exclusivement réactionnaires. (*Applaudissements.*)

Ceci s'applique aux administrations dans lesquelles de rares ministres, énergiquement républicains, ont essayé de modifier cet état des choses, malgré leurs bureaux; mais que dire de certains ministères tels que les finances, la justice, les affaires étrangères où presque rien n'a été fait dans ce sens et où l'on peut affirmer qu'il n'y a peut-être pas quatre à cinq fonctionnaires sur cent qui ne soient plus ou moins franchement réactionnaires. (*Très bien !*)

Or, citoyens, ce sont ces chefs qui sont chargés de donner des notes pour l'avancement de leurs s bordonnés et l'on voit dans quel cercle vicieux nous tournerons indéfiniment si nous ne mettons pas fin à cet état de choses.

Vous connaissez tous cet état d'esprit des administrations; je mets à part certains ministères où, comme je l'ai dit, il est parfaitement établi que sauf de très rares exceptions ne peuvent parvenir en haut de l'échelle que ceux qui montrent patte blanche et ne risquent jamais d'être pris pour de simples républicains; dans les autres administrations, intérieur, postes, etc., vous avez tous pu constater comme moi qu'au bas de l'échelle les petits employés qui sont républicains... ou qui sont prêts à le devenir sont très nombreux; on peut estimer que leur nombre varie entre 80 et 90 o/o, suivant l'administration, mais à mesure qu'on s'élève dans la hiérarchie administrative, que deviennent ces républicains? Cette proportion décroît rapidement, de sorte qu'au sommet de l'échelle les hauts fonctionnaires sont exclusivement réactionnaires, comme dans les hauts grades de l'armée, ainsi que le faisait remarquer un journal ami à propos des tableaux d'avancement. La proportion de républicains, parmi ces hauts fonctionnaires, n'est plus alors que de 5 o/o au plus.

Je ne voudrais pas insister davantage et vous retenir plus longtemps, je crois que vous partagez tous mon avis. J'arrive à la conclusion.

Faut-il rappeler les tendances contre lesquelles nous avons réagi, cette interprétation intéressée, jésuitique de certains républicains — peut-on les appeler républicains? — tendances qui consistent à dénaturer le sens des paroles attribuées à Gambetta, lorsqu'il disait : « On gouverne avec un parti, mais on administre avec des capacités »?

Certains ministres, certains parlementaires et hauts fonctionnaires qui les répètent à tout propos... (*Conclusion ! Conclusion !*)

Je conclus. Je pense que vous estimerez avec nous que nous devons faire cesser ces errements en prenant les seules mesures qui nous paraissent propres à y mettre fin; c'est pourquoi je vous dis : « Aide-toi, le ciel t'aidera ! », c'est-à-dire : « Faisons notre besogne nous-mêmes ! » Organisons, pour réprimer ces abus, une Commission de défense ou vigilance républicaine, qui sera chargée de surveiller avec soin et au grand jour, la nomination et l'avancement des fonctionnaires de tout ordre.

Le citoyen HENRI MICHEL. — Citoyens, on vous demande d'instituer une Commission de défense et de vigilance républicaine. J'estime que tous nos Comités de la France entière, vous tous, messieurs, qui êtes ici, vous formez précisément ces Comités de défense et de vigilance *(Protestations.)*

Oh ! j'entends bien les observations qui me sont faites. On me dit : « Ils sont sans action ». Sans doute, mais vous avez une représentation à Paris, le Comité Exécutif lui-même. Si ce Comité refusait de jouer ce rôle, s'il ne remplissait pas la mission de défense et de vigilance républicaine que nous attendons de lui et que nous considérons comme le premier et le plus impérieux de tous ses devoirs, s'il ne devait pas être l'exécuteur fidèle des volontés du Congrès, ce Comité Exécutif n'aurait qu'à disparaître. *(Applaudissements.)*

Le citoyen PÉCAUT. — Je demande la parole.

Le citoyen PELLETAN, *président*. — Je mets aux voix la proposition des citoyens Burot et Morin, combattue par le citoyen H. Michel.

La proposition Burot-Morin est repoussée.

Présidence du citoyen Girod

Le citoyen Pelletan est remplacé au fauteuil de la présidence par le citoyen Girod.)

Le citoyen GIROD, *président*. — Je donne la parole au citoyen Pecaut, rapporteur de la septième Commission.

LA SUPPRESSION DES SOUS-PRÉFETS

Le citoyen PECAUT, *rapporteur*. — Citoyens, le député Sénac a présenté à la première Sous-Commission un projet tendant au remplacement des sous-préfets par des maires d'arrondissement. Dans l'esprit de l'honorable député, ces maires d'arrondissement devront être nommés par un corps spécial comme le sont les sénateurs.

Après discussion, la Sous-Commission a présenté le vœu à la Commission plénière. Celle-ci, après une discussion assez vive au cours de laquelle le citoyen Sénac a défendu son projet, a rejeté sa proposition et vous propose purement et simplement la suppression des sous-préfets.

« *Le Congrès estimant que les sous-préfets constituent dans notre Administration un rouage inutile, en demande la suppression.* »

Le citoyen Sénac. — Citoyens, je vous convie à prendre une mesure démocratique. Le système actuel nous a donné les préfets de l'Empire, de l'Ordre moral et du 16 Mai, et tant qu'il subsistera, ces fonctionnaires seront des agents de résistance contre les volontés des électeurs. Il faut que vous fassiez dans vos arrondissements ce que vous avez commencé à faire dans les communes, il faut faire un acte de décentralisation. Personne ici, je l'espère, ne voudrait revenir à la vieille organisation communale d'avant 1804. Pour que ces agents soient réellement des agents de la puissance élective, il faut qu'ils soient nommés par un corps spécial.

Le citoyen Girod, *président.* — Je mets d'abord aux voix les conclusions de la Commission qui tendent à la suppression pure et simple des sous-préfets.

(Les conclusions de la Commission sont adoptées.)

LES CITOYENS HENRI BRISSON, LÉON BOURGEOIS, EMILE COMBES, CAMILLE PELLETAN, LE GÉNÉRAL ANDRÉ, ACCLAMÉS MEMBRES DU COMITÉ EXÉCUTIF.

Le citoyen Henri Michel. — Citoyens, il y a des instants où un grand Congrès comme le nôtre a le devoir de faire une manifestation imposante sur certains noms. Je vous propose, par conséquent, de décider que seront nommés membres du Comité Exécutif, par acclamations, les citoyens Combes, Brisson, Bourgeois, Pelletan et le général André. *(Acclamations sur tous les bancs.)*

Le Président. — Je mets aux voix la proposition du citoyen Michel.

(La proposition est adoptée par acclamations.)

RETRAITE DES FONCTIONNAIRES

Le citoyen Pécaut, rapporteur, donne lecture du rapport suivant :

Les délégués Georges Rocca (Marseille) et Safrein (Eure) ont déposé sur le bureau de la sous-commission un rapport très complet sur cette question ; le temps manque à votre rapporteur pour vous en donner lecture. Nous l'annexons à notre rapport.

Après un échange de vues entre ces délégués et notre collègue Haidot, nous avons repris le vœu de ce dernier, que nous vous proposons, avec l'assentiment de la commission tout entière :

« *Le Congrès, considérant que l'administration des postes, télégraphes et téléphones, les ponts et chaussées et certaines administrations autonomes du ministére des finances ont obtenu, par des lois spéciales, des avantages au point de vue de la fixation du chiffre maximum des pensions de retraites, avantages dont ne profitent pas, et cela sans raison, les employés des autres ministères ou administrations de l'Etat,*

« *Emet le vœu que les avantages susvisés soient appliqués à tous les fonctionnaires de l'Etat sans exception et que les ministres présentent, sans retard, aux Chambres, un projet de loi préparé dans ce sens.* »

AVANCEMENT DANS LES CONTRIBUTIONS INDIRECTES

Dans un mémoire que je joins à mon rapport, le délégué marseillais Georges Rocca rappelle qu'il y a deux ans, à Marseille, et l'an dernier, à Toulouse, il a auprès de vous plaidé la cause d'une catégorie de petits fonctionnaires déshérités : les agents des contributions indirectes. Malgre vos vœux, l'administration n'a pas bougé ; notre collègue Rocca ne se déclare pas battu et n'aura de cesse que le jour où dans un élan encore inconnu l'administration aura aceordé à son personnel une partie des améliorations qu'il sollicite d'elle.

Les griefs du personnel sont nombreux et le Congrès dispose de trop peu de temps pour les examiner en détail.

Pour donner satisfaction à des fontionnaires qui sont inégalement traités comparativement à leurs camarades des autres administrations, et, comme nous le demande Rocca, nous inspirant de la parole de notre vénéré président Léon Bourgeois : « La République est une réunion d'hommes parmi lesquels ne doit régner ni égoïsme, ni injustice », nous vous proposons, d'accord avec votre commission, le vœu suivant :

« *Le Congrès, considérant que dans l'administration des contributions indirectes aucune réglementation ne garantit au personnel un avancement régulier ;*

« *Qu'une catégorie d'agents, les préposés, reçoivent des traitement insuffisants ;*

« *Qu'une autre, les commis, n'arrivent qu'au bout de dix et onze ans au traitement de 2,100 francs, et au prix d'un changement de résidence onéreux ;*

« *Émet le vœu :*

« *Que la publication ait lieu chaque année d'un tableau d'avancement exactement établi ;*

« *Que le grade de commis soit désormais attaché au traitement et non à la fonction ;*

« *Que le privilège antidémocratique des licenciés soit aboli ;*

« *Que les répartitions sur produits d'amendes et confiscations soient supprimées et entièrement affectées à la régularisation de l'avancement ;*

« *Que le cadre des préposés soit à l'avenir uniquement composé de sous-officiers retraités de l'armée, les agents actuellement en fonctions et non pourvus d'une pension militaire devant être nommés commis, par ordre d'ancienneté, au fur et à mesure des besoins du service.* »

Le Président. — Citoyens, je mets aux voix les vœux dont vous venez d'entendre lecture.

(Les vœux sont adoptés à l'unanimité.)

RÉFORMES FISCALES

Rapport du citoyen Degouy

Le citoyen DEGOUY. — Citoyens, je me présente comme rapporteur de la sous-commission chargée d'examiner les réformes fiscales.

Quelle que soit l'impatience que nous éprouvons tous de voir réalisées les promesses qui nous ont été faites par le Gouvernement et par le Parlement en ce qui touche l'impôt sur le revenu, quelles que soient les déceptions que nous avons depuis trop longtemps éprouvées en ces matières, ce ne sont pas des récriminations que nous venons apporter ici au nom de votre sous-commission des réformes sociales, ce ne sont pas surtout des paroles de découragement.

Plus que jamais nous avons foi dans l'impôt sur le revenu. Plus que jamais nous sommes persuadés que le moment est proche où, sous la pression même des nécessités budgétaires, le législateur sera dans l'obligation de remanier profondément notre système d'impôts, car il lui sera impossible, absolument impossible — sous peine d'augmenter encore les inégalités de ce système — de demander à l'assiette actuelle de nos contributions le supplément de ressources dont il aura besoin, soit pour faire face aux réformes sociales en préparation, soit pour doter plus largement le budget de l'instruction publique et des travaux publics, soit pour mieux assurer en France et aux colonies la défense nationale. (*Bravos.*)

Si nous avions des récriminations à apporter, ce ne serait pas dans tous les cas à l'adresse des parlementaires présents à ce Congrès, et surtout à l'adresse du président de la septième commission et de la sous-commission des réformes fiscales, notre ami René Renoult, qui pour défendre l'impôt sur le revenu, a prononcé à la tribune de la Chambre, en qualité de rapporteur, un si remarquable discours. (*Applaudissements répétés.*)

Grâce à lui — on peut le dire — la question de l'impôt sur le revenu a été poussée jusqu'au passage à la discussion des articles... Mais arrivé là, hélas! il a fallu s'arrêter,

C'est que le budget de 1905 frappait impérieusement à la porte de la Chambre ; c'est qu'il a fallu s'atteler à la séparation, il a fallu tenir une autre promesse faite à la démocratie et s'occuper de la loi des retraites.

La question de l'impôt sur le revenu pourra-t-elle être reprise avant les élections législatives ? Nous le souhaitons, sans trop l'espérer. Les jours de la Chambre sont désormais comptés. Mais ce que nous savons bien c'est que nos amis Maujan et Renoult, comme président et comme rapporteur de la commission compétente, sont prêts à reprendre la lutte. Ce que nous savons aussi c'est que si la discussion reprenait ce ne serait pas sur le projet que vous connaissez et que nous avons condamné a Toulouse comme insuffisant, ce serait sur un projet remanié, amélioré, car notre ami Renoult n'a pas cessé, depuis la dernière discussion, de négocier avec le ministère des finances et il a obtenu déjà qu'il soit tenu compte des principales objections que la discussion générale de ce projet avait fait naître.

Quant à nous, nous persistons, je l'ai dit, dans notre foi profonde. (*Bravos.*)

Nous sommes toujours partisans de la déclaration contrôlée, nous sommes partisans de la discrimination des revenus, c'est-à-dire du système qui permet de frapper de taux différents des revenus d'origine différente. Nous sommes partisans de la totalisation finale des revenus, déduction faite de toutes les charges. Nous sommes partisans de la progression. Nous sommes, en un mot, partisans de la justice. Nous voulons demander davantage à la fortune acquise afin de ménager la fortune en formation. Nous voulons demander au superflu ce que nous répugnons à demander au nécessaire. (*Vifs applaudissements.*)

Il ne faudrait pas croire, d'ailleurs, que la longue campagne que nous avons menée en faveur de l'impôt sur le revenue n'ait porté aucun fruit, n'ait abouti à aucun résultat.

Certes, elles sont bien timides les quelques retouches que le Parlement a apportées depuis quelques années dans notre législation fiscale. Elles ne sauraient nous satisfaire. Nous ne les considérons que comme des palliatifs très insuffisants. Voulez-vous me permettre de vous montrer, cependant, par quelques exemples, que ces réformes partielles que les adversaires même de l'impôt sur le revenu ont été amenés à sanctionner procèdent des principes généraux que nous ne cessons de proclamer.

En matière de patente, par exemple, il est permis de

dire que le législateur, par les retouches successives qu'il apporte à nos anciens tarifs, fait preuve d'une double tendance : Il tend à ménager les petits patentables sauf à retrouver sur les grandes entreprises commerciales le supplément d'impôt nécessaire. Et il tend de plus en plus — en substituant à certains droits fixes des taxes variables selon les moyens de production — à proportionner la patente sinon au bénéfice réel, du moins au chiffre d'affaires.

S'agit-il de l'impôt foncier?... Je rappelle que l'impôt foncier sur les propriétés bâties a été transformé en impôt de quotité dont les bases sont périodiquement revisables... Je rappelle que l'impôt foncier sur les propriétés non bâties a été allégé de 15 millions environ en 1890, qu'il sera très probablement allégé encore par suite de la suppression du budget des cultes et, qu'en outre, en 1897, des dégrèvements ont été accordés aux petites cotes.

Remise totale pour les cotes de 10 francs et au-dessous (part de l'Etat).

Remise des trois quart pour les cotes de 10 à 15 francs (part de l'Etat).

Remise de moitié pour les cotes de 15 à 20 francs (part de l'Etat).

Remise d'un quart pour les cotes de 20 à 25 francs (part de l'Etat).

Certes, nous aurions beaucoup de réserves à faire sur cette réforme partielle de la répartition de l'impôt foncier. Mais ce que je tiens à constater c'est qu'un principe qui nous est cher, le principe de la progressivité ou de la dégressivité — ne nous disputons pas sur les mots ! — a été introduit dans la répartition de cet impôt par ceux-là mêmes qui naguère en contestaient l'équité.

On peut en dire autant à propos de la cote mobilière, à propos de la loi du 13 juillet 1903, qui a accordé aux conseils municipaux — dans les villes dont la population agglomérée dépasse cinq mille habitants — le droit de déduire de la valeur locative d'habitation de chaque contribuable — à titre minimum de loyer — une somme constante dont la quotité est fixée par ces assemblées. Cette fois encore, c'est le principe de la progressivité qui s'introduit dans la loi fiscale. *(Applaudissements.)*

S'agit-il des prestations ? Faculté a été accordée récemment aux conseils municipaux de remplacer la totalité ou une partie seulement des journées de prestation par des centimes additionnels aux quatre contributions directes. (*Bravos.*)

S'agit-il de l'impôt sur les successions ?... Une déplorable injustice a pris fin il y a quelques années. Les dettes authentiques sont désormais déduites de l'actif. Et une taxe largement progressive frappe désormais les parts héréditaires. Double triomphe pour nos idées, car ce n'est pas seulement la progressivité que nous soutenons, c'est aussi la nécessité de tenir compte des charges du contribuable. (*Très bien ! Très bien !*)

Sur ce dernier point, nous pouvons citer encore la loi toute récente du 20 juillet 1904 qui permet enfin de tenir compte, dans une certaine mesure, des charges de famille dans l calcul de l'impôt mobilier.

Cette loi porte que le chiffre à déduire à titre de minimum de loyer peut être augmenté d'une somme constante de un dixième pour chaque personne en sus de la première qui se trouve à la charge du contribuable et à son domicile sans toutefois que la déduction totale puisse dépasser le double du minimum de loyer.

Encore une fois, ce ne sont pas ces quelques retouches apportées à notre système fiscal qui nous empêcheront de réclamer une réforme autrement profonde. Mais votre commission a pensé qu'il n'était pas inutile d'affirmer, devant notre Parti assemblé, que c'est conformément à nos principes que les modifications en question ont été apportées dans ces dernières années à notre système fiscal.

Nè désespérons pas dans l'avenir. Il est à nous.

Il ne me reste plus, citoyens, qu'à vous parler de quelques vœux que nous avons reçus.

Votre sous-commission des réformes fiscales a eu tout d'abord à examiner un vœu déposé par le citoyen Franck au nom de ses collègues du comité de l'Union des républicains, radicaux et radicaux-socialistes du troisième arrondissement de Lyon. Ce vœu tend : 1° à ce qu'il soit établi un impôt global progressif sur le revenu ; 2° à ce qu'un minimum de revenu variant selon la population, soit considéré comme non imposable ; 3° que le produit du travail du chef de famille soit seul considéré comme base d'imposition ; 4° que des dégrèvements soient accordés au chef de famille à raison, non seulement de ses enfants, mais aussi à raison de toutes les personnes de sa famille qui sont à sa charge et sous son toit.

Inutile d'ajouter que votre sous-commission vous propose l'adoption de ce vœu. (*Applaudissements.*)

(Le vœu, mis aux voix, est adopté.)

Nous vous proposons également d'accepter un vœu relatif à la transformation de la contribution foncière sur la propriété non bâtie en impôt de quotité, après une révision préalable des évaluations cadastrales, vœu qui vous est présenté par le citoyen Charpentier, membre délégué de l'Association républicaine du canton de Château-Thierry.

Point n'est besoin de vous rappeler, Citoyens, et les inconvénients qui résultent du sysrème dit de répartition et ceux, plus grands encore, que présente un cadastre malheureusement immuable.

Beaucoup de terres ont perdu de leur valeur et supportent actuellement une charge excessive, nous fait remarquer avec raison le citoyen Charpentier, alors que de grandes propriétés louées pour la charge ne sont pas imposées d'après leur rapport.

Nous rappellerons simplement que, depuis plusieurs années déjà, le Parlement a décidé en principe de nouvelles évaluations cadastrales. Souhaitons donc que les crédits nécessaires à cette opération soient promptement votés.

(Le vœu est adopté.)

La sous-commission vous demande également d'approuver les conclusions d'un rapport qui a été présenté au Comité Exécutif par notre collègue le citoyen Eugène Le Roy et qui tend à transformer en obligation la faculté qui a été accordée aux conseils municipaux de remplacer tout ou partie des prestations par des centimes additionnels aux contributions directes. Cette remarquable étude a d'ailleurs été publiée dans notre Bulletin du 15 mars dernier. (*Bravos.*)

(Les conclusions du rapport sont adoptées.)

Nous vous proposons de renvoyer à l'examen du prochain Comité Exécutif, avec avis très favorable, l'étude de deux questions extrêmement intéressantes qu'il nous était impossible de traiter au pied levé.

La première est relative à l'intervention de l'Etat en matière d'assurance. Elle a été souvent soulevée à la fois, mais à des points de vue différents, par le citoyen Charpentier, membre délégué de l'Association républicaine du canton de Château-Thierry et par le citoyen Vilbœuf, délégué du Comité radical-socialiste du troisième arrondissement de Lyon.

La seconde question se rapporte à une révision des droits de mutation. Elle nous est soumise, pour la seconde fois, par le citoyen Vaysse, délégué du Rhône. Souhaitons qu'elle soit rapportée à notre prochain congrès.

(Les conclusions du rapporteur sont adoptées.)

Enfin, votre commission des réformes fiscales croit devoir vous proposer de passer à l'ordre du jour, en ce qui touche un vœu présenté par le Comité radical-socialiste du troisième arrondissement de Lyon, vœu tendant à la suppression du privilège des bouilleurs de crû. Point n'est besoin d'expliquer les raisons pour lesquelles votre commission préfère écarter de nos débats une question qui diviserait forcément les membres de ce Congrès et qui, dans tous les cas, entraînerait des discussions interminables. (*Applaudissements.*)

(Le congrès décide de passer à l'ordre du jour.)

VŒU
CONCERNANT L'ENSEIGNEMENT SUPÉRIEUR

Le citoyen Girod, *président*. — Les citoyens Debierre et Tissier déposent la motion suivante :

Le Congrès, considérant que la loi de 1875 a concédé aux instituts catholiques, soit directement, soit latéralement, une série de privilèges qui constituent de véritables dangers pour l'Etat laïque et républicain, invite ses élus à poursuivre avec énergie la suppression des privilèges consentis, en vertu de la loi de 1875, par l'Etat, les départements et les communes. »

Le citoyen Tissier. — Citoyens, cette proposition est déposée par le citoyen Debierre, membre de l'Enseignement supérieur et par votre serviteur, également membre de l'Enseignement supérieur.

La démocratie s'est préoccupée de la question du droit de l'Etat sur la cerveau des enfants, mais on a oublié l'organisation de l'enseignement supérieur, qui nous donne non seulement des professeurs d'enseignement secondaire, mais aussi des médecins, des avocats, des notaires, des avoués, des sages-femmes mêmes qui servent d'instruments aux cléricaux. A côté de médecins, de notaires républicains ou mêmes modérés, les cléricaux installent des médecins ou des notaires cléricaux ; ils pénètrent, grâce à eux, dans la conscience humaine par tous les moyens dont disposent ces hommes privilégiés, et forcent le suffrage universel à s'incliner devant eux.

Je sais que des esprits très élevés ont demandé la liberté de l'enseignement au nom de la conscience humaine, mais il ne s'agit pas ici de liberté d'enseignement : tous les jeunes gens qui sont destinés à occuper une situation libérale ont intérêt et ont droit à ce que les hommes qui viendront leur parler philosophie ou science soient réellement libres d'esprit. Nous vous demandons d'empêcher que des faveurs spéciales soient accordées aux instituts catholiques qui ne sont pas des organismes d'enseignement, mais des organisations réactionnaires de luttes contre l'institution laïque et contre la République. (*Applaudissements.*)

Le Président. — Je mets aux voix la motion des citoyens Debierre et Tissier.

(La motion est adoptée.)

Motion Maurice Sarraut relative à la CRISE VITICOLE

Le Président. — J'ai une motion à vous présenter de la part du citoyen Maurice Sarraut :

Le Congrès du Parti radical et radical-socialiste, douloureusement ému par les souffrances créées par la crise viticole, affirme sa sympathie pour les populations viticoles, et demande qu'il soit pris en leur faveur toutes les mesures législatives compatibles avec l'intérêt général du pays.

Le citoyen Richard (de Châlon-sur-Saône). — Citoyens, je demande qu'on veuille bien ajouter aux populations viticoles dont on parle, celles de toutes les régions, notamment celles de la Bourgogne.

Le Président. — Il est entendu que nous parlons de toutes les populations viticoles, nous pourrons l'ajouter au vœu.

(La motion du citoyen Sarraut, ainsi complétée, est adoptée.)

RÉFORMES ÉLECTORALES

Le Président. — La parole est au citoyen Defumade, rapporteur de la commission des réformes électorales.

Le citoyen DEFUMADE. — Citoyens, j'ai l'honneur d'appeler votre bienveillante attention sur quelques questions concernant les réformes électorales nécessaires.

L'Union socialiste du troisième arrondissement de Paris a prié le Comité Exécutif de faire une démarche auprès de la commission des réformes électorales du Sénat pour hâter le vote de la disposition instituant la cabine d'isolement et l'insertion obligatoire du bulletin de vote dans une enveloppe uniforme.

Le Sénat s'est prononcé sur cette dernière innovation et l'a acceptée, mais il a repoussé la cabine d'isolement, qui nous apparaît comme le complément indispensable de la première et la seule façon d'assurer complètement la liberté et la sincérité du vote.

Nous exprimons le vœu que la Chambre maintienne sa première décision et que le Sénat, lorsque la question reviendra devant lui veuille bien conformer son vote à celui des députés.

Le Président. — Je mets aux voix les conclusions de la commission sur cette première question.

(Les conclusions sont adoptées à l'unanimité.)

Le citoyen DEFUMADE. — La même association a formulé un vœu demandant la diminution des frais électoraux et la limitation des dépenses, de façon à établir l'égalité entre les candidats pauvres et les candidats riches. Nous vous proposons de vous associer à ce vœu et nous vous demanderons, en même temps, de voter un vœu tendant à ce qu'une proposition de loi, adoptée par la Chambre à la fin de la dernière législature et soumise actuellement à l'examen de la commission sénatoriale, soit adoptée par cette Assemblée dans le plus bref délai.

Cette proposition a pour but de réprimer la corruption en matière électorale, sous quelque forme qu'elle se produise : dons, promesses d'argent ou de place, bref, tout achat de conscience, et de limiter l'action administrative de façon à assurer le respect et la liberté du suffrage universel.

Le Président. — Je mets aux voix les conclusions du rapporteur.

(Les conclusions sont adoptées à l'unanimité.)

Le citoyen DEFUMADE. — Je terminerai par une proposition qui a été très favorablement accueillie par la septième commission du Congrès. Elle consiste à permettre le vote par correspondance aux électeurs que leurs travaux, leurs occupations, les conditions de l'existence tiennent éloignés de la commune où ils sonr inscrits sur les listes électorales. (*Protestations sur de nombreux bancs.*)

Cette réforme permettrait aux ouvriers, aux voyageurs de commerce, aux employés ambulants des postes et de la navigation à prendre part aux élections. Toutes les précautions seraient prises pour assurer la sincérité de leur vote. Je vous ferai remarquer que cette proposition a été faite à la Chambre par un groupe de députés radicaux socialistes, en vue de favoriser les ouvriers absents de leur commune. (*Protestations.*)

Le citoyen Louis Martin. — La question est très intéressante, mais, quand le congrès aura statué, je me permettrai de lui faire remarquer que les électeurs déposent eux-mêmes leur bulletin de vote dans l'urne, alors que les règlements de la Chambre et du Sénat permettent aux députés et aux sénateurs de faire voter leurs collègues pour eux-mêmes. De là, mes chers Concitoyens, des abus scandaleux. Nos séances sont souvent désertées et les questions qui intéressent les forces vitales du pays, auxquelles s'attache le sort de la République, sont souvent tranchées par quelques députés seulement.

Je demande au Congrès, après avoir statué sur le vote par correspondance, de trancher la question du vote par procuration et d'inviter les députés et sénateurs à voter eux-mêmes.

Le citoyen Defumade. — Le vœu que je vous propose a déjà été adopté à Toulouse ; il ne fait que reproduire une proposition signée de plusieurs députés radieaux socialistes.

Le Président. — Je mets aux voix les conclusions de la commission, c'est-à-dire l'adoption du vœu sur le vote par correspondance.

(Les conclusions sont repoussées.) (*Applaudissements sur de nombreux bancs.*)

AFFAIRE LEBOUCQ

(Discipline électorale)

Le Président. — La parole est au citoyen Lefranc, rapporteur de la quatrième commission.

Le citoyen LEFRANC. — Citoyens, votre quatrième commission m'a désigné pour venir vous exposer ce qu'il est convenu d'appeler l'affaire Leboucq et ce qui est, en réalité, une affaire électorale assez importante.

L'affaire Leboucq date, en effet, de la dernière élection municipale du quartier Croulebarbe. Le Comité Exécutif a laissé au Congrès le soin de prendre une décision à ce sujet.

A la fin de janvier dernier, et au commencement de février, a eu lieu, dans le quartier Croulebarbe, une élection municipale dans laquelle se trouvèrent engagés trois candidats principaux : l'un, M. Leboucq, qui était alors secrétaire du Comité exécutif et se présentait comme candidat radical-socialiste; l'autre, le citoyen Deslandres, appartenait au Parti socialiste français avant l'unification. Le troisième candidat était M. Etienne, considéré à juste titre comme le véritable représentant du nationalisme.

Je n'ai pas besoin de vous rappeler en détails ce qu'il advint : le citoyen Deslandres venait en tête au premier tour, M. Etienne se désista et le citoyen Leboucq persista à maintenir sa candidature au second tour, malgré les injonctions formelles à lui faites par le bureau du Comité Exécutif.

C'est à la suite de cette intervention du Comité Exécutif et d'appels faits par ceux-là mêmes qui avaient soutenu la candidature Leboucq au premier tour que la commission de règlement et de discipline a été saisie. Je n'ai pas besoin de vous dire qu'elle a procédé à l'enquête avec la plus grande impartialité, qu'elle a entendu toutes les cloches et tous les sons. Mais avant de conclure elle a cru devoir, conformément à l'article 14 du règlement, prendre l'avis de la Fédération du département de la Seine, qui a conclu à l'avertissement pur et simple.

Une voix. — C'est insuffisant.

Le citoyen LEFRANC. — L'article 14 stipule en effet que la peine disciplinaire ne peut être prononcée qu'après avis conforme de la Fédération intéressée. Votre commission n'a donc pas voulu, elle qui était chargée de faire respecter le règlement, le violer, et elle a proposé au Comité Exécutif de prononcer contre le citoyen Leboucq la peine de l'avertissement, tout en regrettant que le règlement ne lui permît pas de proposer une peine supérieure.

L'affaire est venue devant le Comité Exécutif qui, après une séance assez houleuse, a refusé d'enregistrer purement et simplement les conclusions de la Commission par 23 voix contre 15.

Une demande de blâme avec exclusion ayant été proposée par un membre du Comité, la même proportion s'est rencontrée ; de sorte que, ni dans un sens ni dans l'autre, le Comité Exécutif n'a pu réunir les deux tiers des voix. Il a décidé, en conséquence, de porter l'affaire devant le Congrès, et voilà comment, Citoyens, vous êtes appelés, aujourd'hui, à statuer sur une question disciplinaire.

Un certain nombre de membres de la Commission estiment que le blâme proposé contre le citoyen Leboucq est la peine qu'il a réellement encourue. Une autre partie estime, au contraire, qu'il y a lieu de tenir compte au citoyen Leboucq de son passé de républicain sans tache jusqu'à ce jour, et pense qu'à une première faute une peine plus légère suffit et qu'il ne conviendrait pas, étant données ces circonstances atténuantes, d'exclure du Parti un homme jeune encore, sur qui on peut fonder de légitimes espérances. (*Protestations.*)

Remarquez, Citoyens, que je ne vous parle pas en mon nom personnel.

Le parti qui penche pour l'indulgence base sa conviction non seulement sur les faits de l'élection elle-même et sur le passé du citoyen Leboucq, mais sur des considérations qu'il importe de mettre sous vos yeux en vertu même du mandat qui m'a été confié.

La troisième Commission avait proposé l'avertissement, en fidèle esclave, pourrait-on dire, du règlement que vous avez institué.

Ceux qui sont de cet avis pensent que ce n'est pas une raison parce que le Comité Exécutif n'a pas su prendre une décision nette sur une question dont il était régulièrement saisi pour que nous nous en désintéressions à notre tour. Mais, disent d'autres membres de la Commission, on nous propose, en portant le différend devant le Congrès, une sorte de peine supplémentaire, qui ne figure pas dans le règlement antérieur ; c'est un acte antijuridique. J'avais le devoir de vous soumettre cet argument.

On a dit aussi que ni le citoyen Leboucq ni son groupe n'ayant envoyé leur adhésion au Congrès ; il y a lieu de les considérer, à l'heure actuelle, comme des branches tombées et que là où il n'y a plus rien, le Congrès perd ses droits.

Enfin, je suis obligé de vous rappeler qu'hier vous avez voté une modification au règlement du Parti, qui, assurément, ne peut pas avoir d'effet rétroactif mais qui, cependant, indique chez vous un état d'esprit qui persistera sans doute aujourd'hui. J'estime, en tous cas, que les raisons qui vous ont guidés hier dans votre décision, existent nécessairement aujourd'hui.

Vous avez décidé hier d'ajouter à l'article 14 une nouvelle pénalité; vous avez décidé que les sanctions seraient l'avertissement, le blâme et l'exclusion; jusqu'ici, il n'y avait que l'avertissement et le blâme qui entrainait l'exclusion, et vous avez ajouté : « Si aucune des trois peines précédentes, successivement mises aux voix (au sein du Comité Exécutif, bien entendu), ne réunit la majorité requise (soit celle desdeux tiers), l'action disciplinaire sera considérée comme éteinte, et les trois votes négatifs ainsi rendus équivaudront a un acquittement pur et simple. »

Voilà exactement, Citoyens, quelle est la situation du citoyen Leboucq et de son Comité; je n'ai rien à ajouter, en ce qui me concerne. (*Applaudissements.*)

Le Président. — La parole est au citoyen Buisson.

Le citoyen FERDINAND BUISSON :

Citoyens,

Il m'est profondément pénible d'avoir à traiter devant un Congrès de notre Parti des questions de personnes.

J'estime qu'il est déplorable que les questions de personnes se posent ainsi (*Très bien ! Très bien !*) : mais, dans ce cas particulier, l'apparence, c'est la question de personnes, la réalité, c'est une question de probité politique, extrêmement grave. (*Applaudissements.*)

J'ai malheureusement été obligé d'être l'intermédiaire entre le Comité et le citoyen Leboucq, c'est pour cela qu'on en appelle à mon témoignage.

Comme on vous l'a dit dans un exposé remarquable d'impartialité, très exact (c'est un modèle à cet égard) le Bureau du Comité Exécutif, un certain jour, me fit savoir, à moi, député de la circonscription où se passaient les faits regrettables que vous connaissez, on fit savoir en même temps au citoyen Rousselle, conseiller municipal dans le même arrondissement, que le Comité Exécutif nous donnait mandat d'aller le soir même dans la réunion électorale tenue par le citoyen Leboucq (c'était pendant la semaine qui séparait les deux tours de scrutin), et de déclarer publiquement, au nom du Bureau du Comité, que nous étions chargés de désavouer sa candidature. Nous devions la combattre uniquement en raison des conditions où se trouvait notre arrondissement, comme les deux autres arrondissements de la rive gauche, où la même tactique d'union nous avait permis de reprendre tous les sièges aux nationalistes. Dans tout ce groupe d'arrondissements, dont fait partie le quartier Croulebarde, nous avions contracté un engagement d'honneur entre radicaux et socialistes et il a été tenu partout sans la moindre défaillance. Dans le quartier que j'ai l'honneur de représenter, la presque totalité des électeurs socialistes ont, au second tour, voté pour moi, radical-socialiste. Dans la circonscription voisine, celle de mon collègue Cardet, où se trouve le quartier Croulebarde, c'est l'inverse qui s'est produit : les radicaux ont fait parfaitement leur devoir, et ils se sont repliés en bon ordre sur le socialiste, qui avait eu le plus de voix au premier tour. (*Applaudissements.*)

Certains de nos amis de province ne se doutent pas de l'importance de ces victoires locales.

Voix dans la salle. — Si ! Si !

Le citoyen Buisson. — Nous avons ainsi agi non seulement dans le treizième arrrndissement, mais dans les circonscriptions voisines, les quatorzième et quinzième arrondissements.

En conséquence, lors des élections municipales, le Comité Exécutif nous a donné l'ordre de déclarer publiquement que nous avions mandat de combattre la candidature Leboucq parce qu'en le maintenant au second tour il ne pouvait l'emporter contre le socialiste, qui avait la majorité au premier tour, qu'avec l'appoint des voix nationalistes. Le citoyen Leboucq était alors secrétaire du Comité Exécutif. Le bureau, à l'unanimité, lui avait enjoint de respecter, à ces élections comme aux précédentes, la discipline de solidarité du Bloc contre le nationalisme. Le citoyen Leboucq, en maintenant malgré cela sa candidature, se mettait en révolte non seulement contre l'organe de son parti, mais contre le bureau dont il était secrétaire. Dans ces conditions, sa candidature signifiait bien, qu'on le veuille ou non, l'abandon du pacte honorable qui nous avait valu la victoire dans cette partie de Paris. (*Applaudissements.*)

Citoyens, il faut que je fasse ici ma confession tout entière, cette mission m'était particulièrement pénible : je n'avais eu, jusqu'alors, que des rapports très affectueux avec Leboucq ; j'avais moi-même soutenu sa candidature au premier tour et j'avais fait, personnellement et par des amis de sa famille, les instances les plus vives pour qu'il ne commît pas cette faute très grave pour lui, mais infiniment plus grave pour notre Parti.

Néanmoins, Rousselle et moi avons obéi à l'appel du Comité. Les conseillers municipaux radicaux et socialistes des circonscriptions voisines sont venus; nous avons réuni l'unanimité dans cette réunion électorale, sans une insulte, sans une attaque personnelle quelconque, en traitant uniquement la question de principe.

Le citoyen Leboucq a cru devoir persister. Je ne le juge pas, c'est affaire entre sa conscience et lui, mais heureusement, à quelques voix et grâce à l'effort que nous avons tous fait, grâce aussi à l'effort de raison d'un très grand nombre de radicaux, Leboucq n'a pas eu la majorité, et c'est le candidat socialiste qui est resté en possession de cette majorité, qui normalement et en toute probité lui revenait. (*Très bien! très bien!*)

Par conséquent, l'incident est clos. Pas complètement cependant. Le citoyen Leboucq a été traduit devant la Fédération de la Seine, qui (je suis infiniment loin de la blâmer) n'a pas cru devoir lui infliger un blâme, c'est-à-dire un désaveu définitif, clair, net, décisif. Appel a été formé devant le Comité Exécutif qui, lié par la lettre du règlement, n'a pu que s'incliner, puisqu'il doit se conformer à l'avis de la Fédération.

Tels sont les incidents qui nous obligent à vous entretenir, j'allais dire de cette misérable affaire; mais non, elle n'est pas misérable, parce qu'elle pose devant la conscience de chacun de vous un cas délicat et grave; en effet, c'est bien ainsi que la question se pose : aux prochaines élections, ceux qui sont restés fidèles et attachés quand même à la candidature du citoyen Leboucq la poseront à nouveau, ils nous l'ont dit dans la réunion du Comité Exécutif : « Nous avons bien le droit de poser sa candidature et nous la poserons; il a des chances très sérieuses.... » En effet, avec l'appoint des voix nationalistes... (*Protestations.*)

Le citoyen GRAUVOGEL. — Jamais! jamais nous n'avons parlé ainsi.

Une autre voix. — Il ne passera pas avec l'appoint des nationalistes. (*Bruit.*)

Le citoyen BUISSON. — Laissez-moi poser la question comme je la vois. Je comprends très bien que d'autres la voient autrement, mais, chacun ayant sa part de responsabilité, il faut que chacun de nous ait le droit de s'expliquer. *(Très bien ! très bien !)*

La question se pose ainsi : Aux prochaines élections législatives, le citoyen Leboucq peut et entend poser à nouveau sa candidature dans les mêmes conditions, dans la même circonscription, et en s'appuyant sur les précédents que je viens de rappeler, qui sont historiques.

Personne ne peut empêcher un citoyen de se présenter dans les conditions qu'il entend. Je ne demande pas que nous nous opposions à ce que le citoyen Leboucq se présente là où il lui plaira, nous ne le pourrions pas. Mais il s'agit et du Comité Exécutif, de moi-même et du citoyen Rousselle, dont je crois pouvoir lier la cause à la mienne.

Le Comité Exécutif a-t-il, oui ou non, enjoint au citoyen Leboucq d'obéir ? Avons-nous été, oui ou non, les mandataires responsables du Comité, et pouvons-nous, en vertu de je ne sais quelle combinaison, décliner les responsabilités que le Comité nous a fait prendre ? *(Non ! non !)*

Admettrez-vous qu'on puisse nous répondre : « Messieurs les radicaux, vous avez trouvé le moyen de faire deux choses à la fois. Au mois de janvier dernier, vous avez eu un très beau geste, vous vous êtes montrés de bons et fidèles alliés ; votre député radical, votre conseiller municipal radical ont fait un acte de très loyale allure pour vous dégager de toute compromission. Mais depuis vous vous êtes dit tout bas : « Nous garderons le bénéfice « de ce que nous avons fait et nous nous réservons, aux « prochaines élections, de présenter le même Leboucq, « puisque nous ne l'aurons pas disqualifié. »

Cette situation, pour ma part, je ne l'accepterai pas. *(Vifs applaudissements.)* Si, à la suite de l'acte de Leboucq, il se trouve un artifice de procédure qui permette au Comité Exécutif de se laver les mains de l'incident, de passer l'éponge et de n'en plus parler après l'avertissement qu'il a prononcé, moi, qui me suis porté garant de mon Parti, de son honneur, je déclare que c'est moi qui me retirerai si le citoyen Leboucq est autorisé à rester dans notre Parti et à se réclamer encore de son autorité. *(Applaudissements prolongés — Vive Buisson !)*

Le citoyen Trouble. — Vous avez entendu le réquisitoire du citoyen Buisson ; permettez-moi, à mon tour, de présenter celui du citoyen Leboucq. *(Bruit.)*

Je vais reprendre la genèse de l'histoire et relever quelques inexactitudes qui ont été présentées à cette tribune. (*Bruit.*)

Mettez donc un peu de bonne grâce à m'écouter. Je ne suis pas orateur ni député comme le citoyen Buisson et je n'ai pas comme lui l'habitude de la tribune. (*Bruit.*)

On a dit que le citoyen Leboucq n'était pas représenté au Comité. C'est une inexactitude ! Je vais vous en donner la raison. Je suis représentant du Comité radical-socialiste de la première circonscription du treizième arrondissement, quartier de la Salpêtrière, et je suis mandataire au Congrès... (*Bruit.*)

On vous a dit l'attitude du citoyen Leboucq dans l'élection du quartier Croulebarbe. Laissez-moi remonter à une année ou deux en arrière, lorsqu'il était candidat... (*Protestations et bruit.*)

A cette époque, c'est grâce au désistement de Leboucq que le candidat du parti socialiste-révolutionnaire a été élu dans le quartier de Croulebarbe. A ce moment-là, il y avait urgence, parce que la République était en danger.

Un citoyen. — Vous êtes un traître, vous aussi, puisque vous l'appuyez. *(Bruit prolongé et cris de : Aux voix !)*

Le citoyen Trouble. — Entre le Parti socialiste et le Parti radical-socialiste il a été décidé que lorsque la République serait en péril dans un quartier, le candidat le moins favorisé devait se désister en faveur du plus favorisé.

C'est ce qu'a fait Leboucq lors des élections législatives. Mais dans le quartier de Croulebarbe, la situation n'était pas la même. Lorsqu'il a consulté son Comité, ce dernier l'a obligé à rester sur la brèche, parce que la République n'était pas en danger. *(Protestations.)*

Et nous estimons que dans la circonstance...

Un citoyen. — Les jésuites parlent comme cela. C'est un distinguo. Je proteste énergiquement.

Le citoyen Trouble. — Ces interruptions sont indignes !...

Le Président. — Citoyens, vous devez écouter en silence les motions qui vous sont soumises, et vous êtes un tribunal.

Le citoyen Trouble. — Je répète que dans la circonstance qui nous occupe, le citoyen Leboucq a défendu le drapeau radical-socialiste dans le quartier Croulebarbe. S'il n'a pas cédé aux injonctions du Comité Exécutif — je ne sais pas s'il en a reçu des ordres — c'est parce que c'est son Comité qui l'a obligé à rester sur la brèche. (*Bruits.*)

Le Président. — La parole est au citoyen Rousselle.

Le citoyen ROUSSELLE. — Je n'ai qu'un mot à ajouter. (*Le bruit continue.*)

Le Président. — Je demande au Congrès de rester fidèle au respect de la tribune et de ne pas compromettre la liberté de la parole par des cris.

Le citoyen ROUSSELLE. — Citoyens, je n'ai qu'un mot à dire. Je me garderai bien d'ajouter quelque chose aux éloquentes paroles du citoyen Buisson. Il a très exactement exprimé ce que j'ai fait, ce que nous avons fait au nom de notre Parti. (*Très bien! Très bien!*)

Je n'insiste donc pas sur les faits: je tiens cependant à faire remarquer au Congrès que tout à l'heure, le citoyen Trouble est venu dire à cette tribune qu'on avait apporté une inexactitude en affirmant que le citoyen Leboucq n'était pas adhérent au Congrès, ou du moins que son Comité n'était pas adhérent au Congrès. C'est certainement le citoyen Trouble qui se trompe car, ce matin eucore, nous avons demandé à la commission de vérification des pouvoirs pour quelle raison, sachant qu'une affaire était en instance devant le Congrès, il se faisait qu'on n'avait pas soumis à l'approbation du Congrès le cas du citoyen Leboucq. (*Applaudissements.*)

On nous a répondu que ce dernier n'avait pas adhéré au Congrès et que par cela même il s'était rayé du Parti.

Le Président. — C'est le quartier de la Salpêtrière et non celui de Croulebarbe qui est représenté.

Le citoyen ROUSSELLE. — J'entends bien, mais alors le citoyen Buisson a donc eu raison de dire que le citoyen Leboucq n'était pas adhérent au Congrès. D'ailleurs, si le citoyen Buisson a fait cette déclaration, c'est qu'hier et ce matin encore le citoyen Bonnet, président de la Fédération, est venu auprès de nous, nous demandant de ne pas mettre d'animosité dans la question, et il nous a dit ceci...

Un citoyen. — C'était son devoir!

Le citoyen ROUSSELLE. — Citoyens, j'ai l'habitude de dire toujours les choses très nettement. (*Applaudissements.*)

Le citoyen Bonnet est venu nous trouver et — sur l'insistance que nous mettions à faire venir l'affaire Leboucq devant le Congrès, — il nous a dit: « Comment, citoyen

Rousselle et citoyen Buisson, vous voulez sévir contre quelqu'un qui n'existe plus ? » Immédiatement, et avec une grande naïveté, je l'avoue, nous étions tout prêts à nous rendre, mais nous avons réfléchi, et voici ce que nous nous sommes dit : Il est vrai que le citoyen Leboucq n'est pas adhérent au Parti, mais vous venez d'entendre le citoyen Trouble faire la déclaration contraire. Pourquoi alors tant hésiter à nous faire juge de la question ? L'explication en est bien simple : Si la question n'avait pas été posée devant vous, il s'en serait suivi que d'ici un mois ou deux, ou d'ici le commencement de l'année prochaine, le citoyen Leboucq ou son Comité, aurait présenté son adhésion au Parti en se servant de ceprétexte que le Congrès n'ayant pas statué sur la plainte formulée contre lui par le Comité Exécutif, c'est que l'ordre du jour avait été prononcé qu'il n'y avait pas eu de sanction, et que, par conséquent, il pouvait à nouveau se revendiquer d'un Parti qu'il avait abandonné. C'est pour éviter ce faux-fuyant que nous avons insisté pour que l'affaire vint devant le Congrès, juge souverain en l'espèce. (*Applaudissements.*)

Et maintenant si le citoyen Grauvogel et tous ses amis ici présents pour le défendre veulent que l'affaire se déroule tout entière devant vous, nous sommes là pour répondre sur tous les points.

Vous vous prononcerez ensuite, Citoyens, en toute connaissance de cause. Vous serez juges et vous direz si les amitiés personnelles doivent être substituées à la loyauté et à la droiture des engagements pris. (*Vifs applaudissements.*)

Le citoyen Grauvogel. — Depuis quand, dans une assemblée républicaine, un accusé n'a-t-il pas le droit de venir se défendre ? (*Applaudissements sur quelques bancs.*)

Si l'accusé n'est pas aujourd'hui présent, vous permettrez, si vous êtes des républicains, au rapporteur de la Fédération des Comités radicaux-socialistes de la Seine de venir vous dire comment et pourquoi il a conclu pour la peine de l'avertissement.

Il y a une situation particulière que nos amis Rousselle et Buisson ne vous ont pas expliquée. Or, il faut entendre toutes les cloches. Avec raison, ils sont venus vous dire, tout à l'heure, que le pacte qui unit le Parti radical-socialiste avec le Parti socialiste ne doit pas, à l'heure actuelle, être modifié, mais c'est à condition aussi, comme le disait ce matin notre vénérable président M. Combes, que chacun en fasse autant. Or, lors d'une élection municipale, dans le quartier de la Salpêtrière, il n'en a pas été ainsi. Il y avait un candidat radical...

Un citoyen. — Ce n'est pas une raison de continuer!

Le citoyen GRAUVOGEL. — ...et trois candidats socialistes qui, à eux trois, n'obtinrent pas autant de voix que le candidat radical. Se sont-ils retirés? Non. Ils firent bloc, au deuxième tour, contre le candidat radical-socialiste et, mieux que cela, celui qui est resté est allé chez le candidat nationaliste... *(Protestations.)* Et couvert par les citoyens Buisson et Rousselle il alla demander au candidat nationaliste de favoriser son élection en se maintenant au deuxième tour. *(Bruit et protestations.)*

Une voix. — Ce n'est pas vrai!

Le citoyen GRAUVOGEL. — Citoyen, vous avez dit que ce n'était pas vrai. Voulez-vous me permettre de lire...

Plusieurs voix. — Cela n'a pas de rapport avec la question. *(Bruit.)*

Le citoyen GRAUVOGEL. — Alors, vous allez dans ce cas-là instituer au Congrès la guillotine! *(Bruits et protestations.)*

Le président. — Je crois que votre parole dépasse votre pensée.

Le Citoyen GRAUVOGEL. — Ma parole a pu dépasser ma pensée, mais je vois que la défense n'est pas écoutée.

Le Président. — Le Congrès vous écoute!

Le citoyen GRAUVOGEL. — Mes conclusions, en tant que rapporteur de la Fédération radicale-socialiste de la Seine, tendaient à l'avertissement. J'ai tenu compte de la situation électorale toute particulière de la première circonscription du treizième arrondissement. En maintenant cet avertissement, vous lui donnerez un caractère beaucoup plus pénal que s'il avait été prononcé par le Comité Exécutif. La peine sera beaucoup plus forte si le Congrès la ratifie. Mais regardez les Elections de 1906 : est-ce que, dans cette circonscription de Croulebarbe, il y aura un danger réactionnaire? Non!

Nombreuses voix. — Si! si!

Le citoyen GRAUVOGEL. — — Vous verrez, vous serez les

victimes des socialistes! Comme il est impossible de me faire entendre, je conclus en demandant la peine pure et simple de l'avertissement.

Le Président. — Citoyens, cet incident a un caractère particulier. Il est très important.

Un citoyen. — Citoyen président, je demande la parole. Je ne veux pas rester sous l'influence des paroles qui viennent d'être prononcées.

Le Président. — Le Bureau est saisi de plusieurs demandes, notamment de celle-ci, qui est la motion Gariel :

« Le Congrès consacre à nouveau le principe de la discipline républicaine et blâme énergiquement tous ceux qui y ont manqué. »

Un citoyen. — Ce n'est pas une sanction !

Le citoyen HENRI MICHEL. — Je demande la parole avant le vote.

Le Président. — La parole est au citoyen Henri Michel.

Le citoyen HENRI MICHEL. — Quel que soit le regret que nous éprouvions à jeter des noms dans le débat, comme le disait tout à l'heure le citoyen Buisson, lorsque sous ces noms se placent des idées et des principes, nous sommes cependant bien obligés de trancher les questions. On a fait appel à mon témoignage.

Au moment où l'élection de Croulebarbe a eu lieu, j'étais Président du Comité Exécutif du Parti radical et radical-socialiste. On a mis en doute tout à l'heure la déclaration du citoyen Buisson, lorsqu'il a dit qu'entre le premier et le second tour de scrutin le Comité Exécutif, ou plus exactement le Bureau du Comité Exécutif, saisi des incidents qui se sont passés dans le quartier, lui avait donné, ainsi qu'au citoyen Rousselle, le mandat d'aller dans les réunions publiques désavouer le citoyen Leboucq.

Eh bien ! je dois le dire, c'est absolument exact ! Je viens apporter ici mon témoignage, qui est d'autant plus impartial, je m'empresse de vous le dire, que j'étais à ce moment-là président du Comité Exécutif, et qu'à ce titre j'engageais le Comité tout entier, c'est-à-dire le Parti tout entier, et que j'avais conscience de la haute responsabilité que j'assumais. J'étais aussi très bien placé pour juger sainement et sans passion, étant donné que je ne connaissais absolument pas les candidats qui se trouvaient en présence, et entre autres le citoyen Leboucq. Lorsque le bureau s'est réuni, je n'ai voulu examiner la question qu'au point de vue des principes, qu'au point de vue de la probité électorale. Je ne veux pas savoir même aujourd'hui quels étaient ces candidats, s'ils s'appelaient Deslandres du côté socialiste, Leboucq du côté radical-socialiste.

Ce qui est certain, c'est que la question se posait en ces termes : un pacte unissait le Parti socialiste et le Parti radical-socialiste. Ce pacte avait été partout jusque-là respecté de part et d'autre et le sera, je l'espère, dans les élections prochaines de 1906 que nous venons ici préparer en quelque sorte. *(Applaudissements.)*

Au premier tour, le socialiste — je ne veux pas le nommer pour écarter les noms de ce débat, — réunit la majorité des suffrages, le radical-socialiste arrive deuxième, le nationaliste arrive troisième. Le nationaliste se retire. Il ne reste plus par conséquent que les deux candidats socialiste et radical-socialiste. Le radical-socialiste et ses amis nous disent : Il n'y a pas de danger réactionnaire, et nous avons par conséquent le droit de nous maintenir contre le candidat socialiste. Nous avons répondu : C'est une erreur.

D'abord, il faut respecter la parole donnée. *(Applaudissements.)*

En second lieu, même si nous nous plaçons au point de vue électoral pur, le candidat doit se retirer. Vous prétendez qu'il n'y a pas de danger réactionnaire. Eh bien, j'affirme, et nous avons tous affirmé qu'il y en avait un très grand, puisque le candidat radical-socialiste savait parfaitement qu'il ne pouvait passer qu'avec les voix de la réaction. *(Applaudissements.)*

Alors, la question que je vous pose est celle-ci : en admettant que nous ratifiions par notre silence l'attitude qu'a eue le candidat du Parti radical-socialiste au premier tour — à dessein j'écarte encore les noms — de quel droit aux élections de 1906, lorsqu'un socialiste se trouvera en face d'un candidat radical-socialiste et qu'il aura obtenu moins de voix que lui, de quel droit, dis-je, demanderons-nous au candidat socialiste de se retirer au profit du candidat radical-socialiste, si nous-mêmes nous avons posé le principe que, lorsque le radical-socialiste et le socialiste restent seuls en présence, c'est à la réaction nationaliste et cléricale qu'il appartient de nous départager? *(Applaudissements prolongés).*

Le Président. — Je suis saisi de deux propositions. La première, dont j'ai l'honneur de vous redonnez lecture, signée par le citoyen Quéroy :

Ce Congrès consacre à nouveau le principe de la discipline républicaine et blâme énergiquement tous ceux qui y ont manqué.

Plusieurs voix. — Non! Non!

La seconde est signée des citoyens Quinard et Maître; elle est ainsi conçue :

Nous demandons l'exclusion du citoyen Leboucq du Parti radical et radical-socialiste.

Plusieurs voix. — Donnez-lui la priorité!

Le Président. — La priorité est pour celle comportant la moindre peine. (*Bruit prolongé.*)

Je mets aux voix la proposition Quéroy.

(La proposition est repoussée.)

Je mets alors aux voix l'exclusion du citoyen Leboucq.

(L'exclusion est prononcée.)

(*Applaudissements et cris de: «Bravo! Vive Buisson!»*)

SUITE DE LA NOMINATION DES MEMBRES DU COMITE EXÉCUTIF

Le Président. — Nous revenons à la nomination des membres du Comité Exécutif.

Nous arrivons au département du Pas-de-Calais.

Nous sommes en présence de deux listes : la première présentée par quatre délégués au Congrès, la deuxième par le citoyen Ledoux seul, également délégué; certains noms sont communs aux deux listes.

Le citoyen Ledoux — Je figure sur la liste arrêtée par les quatre délégués et dont le président vient de parler; je me demande même pourquoi on m'a fait figurer sur cette liste sans me consulter. J'ai, de mon côté, présenté en mon nom seul une liste complète.

Je tiens à dire que les délégués du Pas-de-Calais ne se sont pas réunis, et surtout à faire remarquer que notre département semble être l'apanage de citoyens non mandatés par des organisations qui y sont constituées. Je demande instamment au Congrès de choisir des représentants du Pas-de-Calais au Comité Exécutif parmi des délégués réguliers de ce département. Nous sommes deux dans ce cas : nos autres collègues sont des rédacteurs de journaux. Loin de moi la pensée de les blâmer...

Le citoyen LEFRANC. — Il ne manquerait plus que cela.

Le citoyen LEDOUX. — Mais il n'appartiennent pas à nos organisations.

Ainsi, pourquoi le citoyen Georges Robert n'a-t-il pas présenté sa candidature dans le Nord au lieu de la présenter dans le Pas-de-Calais ?

Je conclus en insistant pour que le Congrès choisisse les membres du Comité Exécutif parmi les représentants des organisations de notre département.

Le citoyen LEFRANC. — Je suis obligé de faire remarquer au citoyen Ledoux, qui déclarait que les délégués du Pas-de-Calais ne se sont pas réunis, que nous n'avons pourtant pas pu signer à nous quatre une liste de présentation sans nous être concertés ; peut-être n'a-t-il pas été avisé à temps. J'ajoute que son nom figure sur notre liste.

Le citoyen LEDOUX. — Je proteste et n'accepte pas.

Le citoyen LEFRANC. — Alors, nous remplacerons le nom du citoyen Ledoux par celui du citoyen Chazot, mais nous avions tenu à faire figurer le nom du citoyen Ledoux sur notre liste, parce qu'il est délégué du Pas-de-Calais.

Le citoyen BATAILLE (du Nord). — Je proteste énergiquement contre l'attitude de certains délégués, qui se réunissent à plusieurs pour faire passer, à une prétendue majorité, des listes sur lesquelles ils font figurer des collègues qui n'appartiennent pas aux organisations du département. C'est ainsi que le citoyen Robert figure parmi les candidats du Pas-de-Calais. Or, il est rédacteur en chef du *Progrès du Nord* qui n'est pas, que je sache, le *Progrès du Pas-de-Calais*. (*Interruptions.*)

Voix nombreuses. — La clôture !

(La clôture est prononcée. Le Congrès ajourne à la séance de demain la nomination des délégués du Pas-de-Calais au Comité Exécutif. Les membres du Comité pour les départements, pour lesquels l'accord ne s'était pas encore fait, sont ensuite désignés.)

Le Président propose au Congrès de donner acte au citoyen André Hesse d'une lettre que celui-ci lui a adressée et de renvoyer cette lettre au Président de la Commission de vérification des pouvoirs.

(Acte est donné.)

MOTION RELATIVE A L'ÉLECTION DES MEMBRES DU COMITÉ EXÉCUTIF

Le citoyen Maurice SARRAUT. — Au nom d'un grand nombre de mes amis du Midi, — et sans vouloir intervenir dans les débats personnels qui se sont élevés ici, — j'apporte une protestation très énergique contre certains procédés employés pour la formation du Comité Exécutif. Ce n'est pas la première fois, c'est la troisième que nous assistons à une singulière cuisine qui, à la vérité, se prépare ailleurs. (*Salve d'applaudissements.*)

Citoyens, je vous en supplie, n'applaudissez pas, écoutez-moi seulement.

Cette cuisine, faite par je ne sais qui, est préparée en vue de la nomination, comme délégués du Nord, de gens qui sortent d'organisations du Midi, et, comme délégués du Midi, de gens qui sortent d'organisations de la Seine, bref, de délégués qui, parfaitement inconnus dans la région qu'ils sont censés représenter au Comité Exécutif, ne jouissent dans cette région d'aucune autorité et y enlèvent même tout prestige à notre organisation. (*Très bien! Très bien!*)

Depuis quatre ans, je suis les travaux du Comité Exécutif, qui a bien voulu, à diverses reprises, me manifester une confiance dont je lui sais gré, en m'appelant à faire partie de son bureau. Si, dans quelques circonstances, notamment lors de la nomination de nos présidents, nous n'avons pas été écrasés par des mandats fictifs qu'on nous apportait par paquets de quarante ou de cinquante, c'est parce que nous nous sommes énergiquement révoltés. (*Applaudissements.*)

Je prie le Congrès d'en finir une fois pour toutes avec ces pratiques, et je lui demande, en mon nom personnel, bien que j'y sois autorisé à un autre titre, comme rapporteur de la Commission d'organisation, d'exiger que tous les délégués au Comité Exécutif pour chaque département appartiennent à des organisations de ce département. (*Vifs applaudissements.*)

Sur divers bancs. — Le renvoi à la Commission!

Le Président. — Le Président de la Commission du règlement me fait observer que cette Commission n'a pas été saisie et qu'il y aurait lieu au renvoi. (*Protestations.*)

Le citoyen Bataille. — Non ! Non ! nous sommes le Congrès ; la Commission n'a rien à voir ici ; nous sommes les maîtres.

Le citoyen Symian. — On se moque de nous.

Le citoyen Debierre. — Nous demandons que le Congrès se prononce ; le réglement, c'est vous qui le faites dans votre cuisine, nous en avons assez.

Le Président. — J'ai fait part au Congrès de l'observation du Président de la Commission du règlement, mais je crois devoir ajouter que le Congrès est maître de ses décisions. (*Oui ! Oui !*)

Je vais donc mettre aux voix la proposition du citoyen Sarraut...

Le citoyen Debierre. — Et de ses collègues du Nord et du Midi, de la France entière.

Le Président. — Et de tous ses collègues.

Nous entendons faire une œuvre sérieuse, et personne ne soutiendra que des délégués doivent siéger au Comité Exécutif quand ils n'ont pas de mandat. Le Congrès ne le supporterait pas.

Le citoyen Cazassus. — Les faits dont nous nous plaignons se produisent grâce à des complicités.

Le Président. — La proposition du citoyen Sarraut est ainsi conçue :

Le Congrès décide que seuls pourront être élus au Comité Exécutif, pour chaque département, les délégués appartenant à des organisations de ce département.

Je la mets aux voix.

(La proposition de M. Sarraut est adoptée à la presque unanimité.)

Une voix. — Mais les élections sont faites.

Le Président. — Je ne pense pas que le Congrès entende appliquer aux élections en cours, et dont certaines sont acquises par la ratification du Congrès, la motion qu'il vient d'adopter. Il y aurait là une source de difficultés. (*Assentiment.*) Il demeure entendu que cette motion s'appliquera aux élections à venir. (*Très bien ! Très bien !*)

La séance est levée à 6 heures et renvoyée à demain matin huit heures.

CINQUIÈME SÉANCE

Dimanche 9 juillet, matin

La séance est ouverte à neuf heures, sous la présidence du citoyen Girod.

Ainsi qu'il en a été décidé à la première séance du Congrès, le citoyen Maujan est désigné pour présider la séance.

LE BUREAU

Le Bureau est ainsi composé :

Président : M. Maujan, député de la Seine.

Vice-Présidents : MM. Delpech, sénateur de l'Ariège.
Simyan, député de Saône-et-Loire.
Mas, député de l'Hérault.
Euzière, député des Hautes-Alpes.
Rigal, député du Cantal.
Henri Rousselle, vice-président du Conseil municipal de Paris.
Ferdinand Cahen.
Chabannes, vice-président du Comité républicain du Commerce et de l'Industrie.
Myard, conseiller général de Saône-et-Loire.
Bouillard, vice-président de la Fédération de la Seine.
Pierre Robin, conseiller général du Rhône.

Secrétaires : MM. Paul BONCOUR, avocat à la Cour d'appel.
BONNAFOUS, de Montauban.
THIÉBAUT, de la Fédération de la Seine.
FABIUS DE CHAMPVILLE, publiciste.
ELIE MANTOUT, du Comité républicain du Commerce et de l'Industrie.
Fernand LEFRANC, publiciste.
Gustave STRAUSS, publiciste.
FOUCHÉ, conseiller d'arrondissement de Villefranche (Rhône).
FANON, de Lyon.
Georges ROCCA, de Marseille.

Secrétaire général du Congrès : M. F. BOUFFANDEAU, Secrétaire permanent du Comité Exécutif.

Discours du Citoyen Maujan

Citoyens,

Je remercie le Congrès de l'honneur qu'il a bien voulu me faire en m'appelant à présider cette séance. Les orateurs éminents qui m'ont précédé ici ont parlé avec éloquence des droits et des devoirs de la démocratie républicaine. Ils ont tracé avec une grande hauteur de vues le programme et les règles de tactique et de discipline de notre Parti. Ils ont tout dit, et ils l'ont dit de façon remarquable.

Dans ces conditions, et l'ordre du jour de cette dernière séance étant particulièrement chargé, je me bornerai à donner simplement au Congrès quelques explications sur la politique générale et sur son orientation. (*Très bien ! Très bien !*)

Citoyens, après le vote de la loi de séparation, que l'on a justement appelée la grande charte de la société moderne, il convient de féliciter hautement les républicains de gauche. C'est à eux, en effet, c'est au Bloc républicain que nous devons la victoire remportée sur Rome et sur les puissances d'Eglise. C'est à l'union des républicains, maintenue énergiquement par la délégation des Gauches, que la démocratie aura dû, dans ces deux dernières législatures, la réalisation de réformes importantes et de ses plus chères espérances. (*Applaudissements.*)

Waldeck-Rousseau l'avait compris ainsi, il avait compris la valeur de cette union, lui qui fut l'initiateur, l'organisateur savant et hardi de cette concentration des forces républicaines. Le jour où ce modéré, ce « grand opportuniste » a tendu la main aux socialistes, il s'est produit un grand changement dans la politique de ce pays. Les républicains, jusqu'alors divisés, annihilés par les querelles personnelles et par les sophismes, allaient penser et agir, les réformes et le progrès allaient sortir triomphants de cette union nécessaire si longtemps rêvée et enfin réalisée. (*Vifs applaudissements.*)

Citoyens, nous avons voté la loi des associations, qui est une loi de garantie et de liberté. Puis, poussant l'action plus avant, engageant vivement le combat contre le parti clérical, nous avons supprimé l'enseignement congréganiste. (*Bravos.*)

Nous avons voté la loi militaire, qui établit l'égalité entre les citoyens et qui nous donne enfin cette armée plus forte, plus nombreuse, plus homogène, l'armée véritablement nationale, celle qui, tout entière à son devoir de défense du territoire, ne saurait avoir d'autre préoccupation ni d'autre dessein, et dont la devise tient dans ces mots : Défense de la frontière, respect, fidélité et dévouement à la République. (*Vifs applaudissements.*)

Enfin, nous venons de voter cette loi de la séparation des Eglises et de l'Etat, qui complète l'œuvre d'émancipation laïque de la troisième République.

Citoyens, cette politique d'union nous permet enfin de passer de la défense républicaine à l'action démocratique. Le terrain est déblayé aujourd'hui, la route est libre par laquelle pourront passer toutes les grandes lois économiques et sociales : la loi sur les retraites ouvrières que la Chambre est en train de discuter et qui donnera enfin à ces travailleurs, qui enrichissent le pays par leur labeur éternel, le pain de leurs vieux jours dans le calme et dans la dignité de l'existence. (*Bravos et applaudissements répétés.*)

Nous demanderons la suppression de l'héritage en ligne collatérale, nous voterons cet impôt sur les successions, qui est la plus légitime de toutes les contributions, comme le corollaire des retraites ouvrières, puisqu'il procurera au budget les millions nécessaires à la réalisation des réformes sociales et du grand programme démocratique. (*Vifs applaudissements.*)

Nous voterons aussi cet impôt sur le revenu qui donnera enfin au pays un régime fiscal conforme à son génie, à ses principes et à ses traditions. (*Applaudissements.*)

Enfin nous voterons tout ce calendrier des réformes que l'opposition a criblé de ses ironies, et dont l'histoire, plus juste, attribuera en grande partie l'honneur à M. Emile Combes, à l'ancien président du conseil. (*Vifs applaudissements.*)

Citoyens, vous avez raison d'applaudir, vous avez acclamé hier ce grand honnête homme et ce grand républicain ; c'est lui qui a conduit avec le plus de vigueur le combat contre le cléricalisme ; il a été vraiment l'organisateur de la victoire, en rendant, selon le mot du ministre de l'Instruction publique, la séparation inéluctable. (*Très bien ! très bien ! et bravos répétés.*)

Nous ne sommes pas, nous, dans le Plarti radical, oublieux des services rendus, nous n'oublions pas les chefs qui se sont consacrés entièrement à la chose publique, nous n'oublions pas les bons serviteurs de la patrie et de la République. (*Applaudissements.*)

Un membre. — Nous ne sommes pas des ingrats.

Le Président. — Non. Comme vous le dites, nous ne sommes pas des ingrats. C'est aux injures dont on les accable, aux calomnies dont on essaye de les couvrir, que nous mesurons leur valeur et notre propre reconnaissance. (*Vifs applaudissements répétés.*)

Eh bien, cette politique d'union, nous la continuerons sans hésitation, en toute bonne foi, à l'égard de nos alliés de droite et de gauche. Les républicains modérés de l'Alliance démocratique ne nous ont-ils pas, dans maintes circonstances, apporté le concours loyal et l'appoint décisif de leurs votes ? (*Très bien ! très bien !*)

Quant aux socialistes, qui viennent de réaliser l'unité de leur parti, s'il ne sont pas complètement d'accord entre eux sur les questions de doctrine et surtout de tactique, si nous, radicaux, nous répudions hautement les théories libertaires de l'action directe (*applaudissements*), si nous rejetons certaines déclamations mauvaises, certaines phrases folles ou criminelles et qui sont, en vérité, des phrases de démoralisation, de trahison envers la patrie (*nouveaux applaudissements*), si, cent après la Révolution française, qui a supprimé les castes et les privilèges de toutes sortes, nous ne pouvons pas accepter la politique sectaire et stérile de la lutte de classes, car on ne fonde rien sur la haine (*applaudissements répétés.*) nous ne pouvons pas oublier, Citoyens, et nous n'oublions point, que les socialistes ont été à nos côtés dans toutes les batailles républicaines. Nous avons mis notre main dans la leur, nous ne la retirerons pas. (*Longs applaudissement.*)

Cette alliance, le Parti radical en est le lien véritable. et nous la pratiquerons avec droiture, en exigeant, bien entendu, la réciprocité des traités dans la loyauté absolue. (*Très bien ! très bien ! Applaudissements répétés.*)

Les sacrifices de détail, sans qu'il soit touché à nos doctrines ni à nos principes, nous les consentirons avec joie dans l'intérêt des réformes, dans l'intérêt supérieur de la République et par respect pour cette grande foule des travailleurs à qui nous nous devons tout entier. (*Bravos répétés.*) Car ce sont eux, travailleurs de l'usine, travailleurs de l'atelier, travailleurs des champs, dont le labeur éternel et sans espérance produit cette richesse dont ils sont trop souvent les déshérités ; ce sont eux qui constituent la force principale de cette armée nationale, pour la défense d'un territoire dont la plupart ne possèdent pas une parcelle. Ils ont été de toutes les batailles républicaines, admirables de bravoure et de désintéressement. *(Acclamations.)* Les philosophes ont pu concevoir la liberté ; mais ce sont eux qui l'ont réalisée. *(Vifs applaudissements.)*

Oui, ce sont ces travailleurs, ce sont ces paysans qui, courbés sur la glèbe pendant des siècles de misère, tressaillant aux cris d'humanité des penseurs et secouant leur longue servitude, se redressent debout et libres sous ce ciel de France, devant ce soleil qui, comme eux, féconde la terre de la patrie. *(Acclamations.)* Ce sont eux qui courent à la frontière, volontaires du devoir, débraillés et superbes, et, suivant le vers immortel de notre grand poète :

L'âme sans épouvante et les pieds sans souliers.

Ce sont eux, sans-culottes et patriotes, qui ont fait la République ; ce sont eux qui ont fait la patrie et sauvé la patrie que nous aimons passionnément, et que nous ne séparons de la République ni dans notre culte ni dans nos espérances. *(Bravos répétés.)*

Voilà leur œuvre.

Voilà ton œuvre, prolétaire, voilà ton œuvre, Jacques Bonhomme, l'œuvre à laquelle tu as sacrifié sans compter ton sang, ta liberté et le pain de tes enfants ! *(Applaudissements répétés.)*

Tu as le droit d'en être fier, tes cris de souffrance ont été entendus, et c'est ton âme aujourd'hui qui remplit le monde. *(Acclamations.)*

Demain, par la seule puissance de ton bulletin de vote, qui est l'arme définitive du progrès, tu poursuivras ta magnifique tâche d'émancipation humaine. *(Applaudissements prolongés.)*

Ton rêve de justice sociale s'accomplira. Il se réalisera, cet avenir où tu as entrevu la cité future, où après les clameurs des intérêts et de la haine tout sera apaisé dans le rayonnement du droit et de la fraternité. *(Bravos répétés.)*

Sois sans crainte : la République, à qui tu t'es donné, à qui tu as confié le drapeau de tes droits, de tes misères et de tes espérances, la République dont tu as été le soldat intrépide, la sauvegarde et l'honneur, te tiendra largement et loyalement parole. (*Vifs applaudissements et bravos. Acclamations prolongées et répétées.*)

Le Président, — Je donne la parole au citoyen Louis Bonnet, rapporteur de la Commission de propagande.

Le citoyen Louis BONNET. — Avant de vous lire mon rapport, il est nécessaire de trancher une question pendante depuis la première séance. Avez-vous de nouvelles observations à présenter au sujet de mon rapport sur la situation et la tactique des partis qui vous a été distribué à la première séance?

Je constate que personne n'en présente. Le rapport pourra ainsi être imprimé dans la brochure du Congrès?

Le Président. — Il n'y a pas d'observations. Adopté.

COMMISSION DE PROPAGANDE

Rapport présenté par M. L. Bonnet, au nom de la Commission d'organisation et de propagande du Parti.

Le citoyen L. BONNET :

Citoyens,

Votre Commission de propagande et d'organisation du Parti m'a chargé de vous présenter quelques observations sur la situation électorale, et de vous proposer plusieurs mesures.

De janvier au commencement de ce mois, la Commission d'organisation et de propagande du Comité Exécutif s'est livrée à l'examen de la situation électorale. Après avoir entendu, pour chaque département, les sénateurs et députés du Parti, les délégués au Comité Exécutif, les représentants des Comités, et pris connaissance des rapports écrits qui lui ont été adressés, la Commission m'avait fait l'honneur de me nommer son rapporteur. Et, pendant six mois, à presque toutes les séances du Comité Exécutif, j'ai présenté sur chaque arrondissement un rapport qui a été discuté par mes collègues. (*Applaudissements.*)

Sans entrer dans des détails, je puis vous dire que la situation électorale est excellente. Si les républicains de gauche savent rester unis, confiants et disciplinés, la coalition réactionnaire sera écrasée. Une majorité plus compacte de radicaux et radicaux-socialistes s'assoiera sur les bancs de la Chambre et sera en mesure de réaliser son programme de réformes économiques et sociales. (*Vifs applaudissements.*)

En 1902, le Comité Exécutif n'avait pas de bureau et ne possédait pas un règlement du Parti, délibéré en séance du Congrès. Aussi fut-il utile de nommer un Comité directeur qui conduisit la campagne électorale. Aujourd'hui, ce règlement existe, l'organisme d'action a été créé, un bureau complet fonctionne normalement et son renouvellement se produit tous les trois mois. En conséquence, pour empêcher toute tentative d'entraver les travaux du Comité Exécutif et pour faire respecter les volontés du Congrès, assemblée plénière et souveraine du Parti, votre Commission vous propose de voter la résolution suivante, dont le Comité Exécutif a adopté le principe :

Le Comité Exécutif ne pourra élire de Comité directeur pour les élections de 1906 ; il conservera ses attributions et remplira son mandat dans la limite qui lui est tracée par le règlement du Parti.

(La proposition mise aux voix est adoptée.)

Pour prévenir les discordes et mettre les candidats du Parti radical et radical-socialiste à l'abri des coups qui pourraient leur être portés par des citoyens mal intentionnés ou mal informés, appartenant à notre Parti, votre Commission vous propose de voter cette résolution :

Les élus, orateurs et conférenciers du Parti radical et radical-socialiste ne pourront combattre un candidat radical et radical-socialiste en concurrence avec le candidat d'un autre parti, ni apporter leur concours au candidat d'un autre parti en lutte avec un candidat du Parti radical et radical-socialiste.

(La proposition, mise aux voix, est adoptée.)

Conformément à la motion présentée à la séance du Congrès d'avant-hier, 7 juillet, par le citoyen Paul Richard, je vous propose de compléter ainsi la résolution que vous venez de voter :

Cette règle d'action électorale s'applique également, et non moins strictement, aux journaux se réclamant du Parti radical et radical-socialiste.

(La propositon, ainsi complétée, est adoptée.)

Si des sanctions étaient nécessaires, les plaintes seraient introduites devant le Comité Exécutif, qui les ferait rapidement instruire par sa Commission de discipline. (*Applaudissements.*)

Citoyens, il n'y aura donc pas de Comité directeur pour les prochaines élections, et nos candidats seront protégés contre les lamentables attaques de journaux se réclamant du Parti. Je prie les Comités et Fédérations de tenir régulièrement le Comité Exécutif au courant des candidatures qui se produiront; notre vigilance doit rester constamment en éveil. (*Applaudissements.*)

Le Comité Exécutif devra apporter son concours le plus dévoué au candidat du Parti en lutte avec ceux des autres partis. A notre droite, des candidats seront patronnés par nos amis et alliés de l'Alliance démocratique; à notre gauche, nos amis et alliés du Parti socialiste et révolutionnaire chercheront à prendre nos sièges. Nous saurons résolument les défendre contre eux, et l'obligation rigoureuse du Comité Exécutif sera de se jeter, dès le premier tour du scrutin, dans la mêlée, pour faire triompher les candidats du Parti radical et radical-socialiste contre leurs adversaires. (*Vifs applaudissements.*)

Rapport, présenté par le citoyen Charles Fabiani, au nom de la Commission de propagande.

Le citoyen Fabiani :

Citoyens,

La Commission de propagande et d'organisation du Parti m'a fait l'honneur de me charger du rapport concernant la propagande.

Je suis heureux de vous rendre compte des excellents résultats obtenus, grâce aux efforts de tous les militants qui sans cesse aux quatre coins de la France ont fait partout connaître et applaudir le programme de notre grand Parti radical et radical-socialiste. En ranimant le courage des républicains, en leur conseillant de s'unir, de se grouper, en leur montrant qu'isolés ils étaient faibles et impuissants, ils les ont amenés à constituer de nombreux comités, et, en leur rendant confiance, ils leur ont en même temps donné la force.

Devant les résultats obtenus, devant l'attitude timorée des réactionnaires, ces comités, comprenant l'urgente nécessité des conférences, ont sollicité souvent des conférences, et nous sommes heureux de pouvoir dire que presque toujours nos orateurs ont pu se rendre à leurs désirs et compléter l'œuvre si bien commencée.

Nous devons cependant reconnaître que parfois le nombre considérable de demandes, et surtout l'absence dans notre Comité d'un fonds de propagande pouvant permettre au Comité Exécutif de faire face aux frais occasionnés par les conférences organisées par des Comités peu fortunés nous ont obligés, à notre grand regret, à ne pas nous rendre dans des cantons où notre parole eût certainement ramené à la République démocratique bien des incertains et bien des timides.

La Ligue de propagande républicaine, si brillamment dirigée par notre ami Albert Dalimier, a, à ce point de vue, rendu de grands services au Parti. Grace à son fonds de propagande, elle a pu organiser des centaines de conférences, portant la bonne parole dans les cantons où les comités locaux n'auraient certainement rien pu faire sans son aide.

Les conférenciers parlementaires se sont multipliés; l'autorité de leur nom, leur connaissance approfondie des choses politiques les font particulièrement rechercher. Nos amis Bourrat, Henri Michel, Louis Martin, Messimy, Mascuraud, Beauquier, Charles Dumont, Morlot, Girod, Mas, ont surtout droit à notre reconnaissance.

Les conférenciers non parlementaires du Comité Exécutif ont montré un dévouement incomparable. Je regrette de ne pouvoir citer que quelques noms parmi tant de courageux militants: Lucien Le Foyer, Albert Dalimier, Ferdinand Gély, Cointe, Lirmin-Lippmann, Silvy, Roret, Brécy, Bourceret et tant d'autres ont reçu partout des républicains un accueil inoubliable.

Nous pouvons nous féliciter des résultats obtenus.

Nous regrettons cependant de ne pouvoir envoyer fréquemment aux groupes adhérents des brochures de propagande. L'insuffisance de nos moyens financiers ne nous le permet malheureusement pas.

La création d'un journal du Parti se heurte à des difficultés matérielles insurmontables.

Nos militants doivent absolument renoncer à acheter certains journaux d'information qui, dirigés par de gros capitalistes, combattent sournoisement les idées démocratiques. Matin et soir, ils achèteront les journaux radicaux et radicaux-socialistes dont le service d'information est parfait. Notre devoir est de les encourager quotidiennement.

Nous nous préparerons ainsi pour la lutte qui, chaque

jour, devient plus vive; les élections sont proches. Le beau programme laïque et social de notre Parti a déja ramené à nous tous les hésitants, surtout depuis qu'il s'est affirmé avec plus de force et de précision.

Le prolétariat a enfin compris que nos efforts tendaient, comme le disait si bien Maurice Sarraut à Toulouse, à donner à chaque jour sa conquete de justice sociale.

Par notre action persévérante, grâce à la vigilance des représentants, ne connaissant pas d'ennemis à gauche, nous marchons sans arrêt vers un idéal de liberté, d'égalité et de justice.

Conformément à notre programme, nous venons de faire la République laïque.

Continuons à combattre pour la Démocratie dans un admirable effort de solidarité. Et alors, en parfaite communion d'idées avec les masses profondes du peuple, nous verrons, dans une victoire éclatante, triompher aux élections de 1906 le drapeau de la République, qui est le nôtre, la République laïque, démocratique et sociale.

Un délégué. — Je propose de voter des félicitations aux propagandistes des idées républicaines.

Le Président. — Nous nous associons à cette demande en vous priant de féliciter particulièrement notre ami Fabiani, qui est un des membres et des conférenciers les plus actifs du Comité Exécutif.

Le rapport précédent ne comporte pas, semble-t-il, d'autre sanction.

(Les félicitations sont votées à l'unanimité.)

Hommage rendu a la mémoire des marins du « Farfadet »

Le citoyen MAUJAN, *président.* — Citoyens, je suis saisi d'une proposition du citoyen Malon, des Basses-Alpes. Je vous en donne lecture, persuadé que vous vous y associerez de tout cœur :

Les membres du Congrès du Parti radical et radical-socialiste,

Profondément émus par la nouvelle que tout espoir de sauver les marins du Farfadet *doit être abandonné,*

Rendent à la mémoire de ces victimes de la mer un douloureux hommage et adressent aux familles de ces vaillants Français, morts au service de la patrie, leurs condoléances les plus fraternelles. (Applaudissements.)

(La motion est adoptée à l'unanimité.)

Motion du citoyen Fernand Michaut

Le Président. — Citoyens, je donne la parole au citoyen Fernand Michaut.

Le citoyen Fernand Michaut. — Citoyens. je serai bref et j'aborderai immédiatement la question que je veux vous soumettre. J'ai l'honneur de vous proposer la motion suivante :

Les représentants du Parti républicain, radical et radical-socialiste. réunis à Paris à l'occasion du cinquième Congrès annuel, adressent leurs félicitations aux députés qui par leur collaboration constante ont contribué au succès du projet de loi sur la séparation des Eglises et de l'Etat. Ils invitent instamment les républicains du Sénat à faire œuvre de sage politique en votant intégralemeut le texte adopté par la Chambre. afin que la loi puisse être mise en application dès le 1er janvier 1906.

Le Congrès recommande tout particulièrement aux électeurs les parlementaires qui, au cours de ce grave débat, ont su ou sauront justifier la confiance des républicains. Toutefois, nous ne saurions être dupes des parlementaires qui ont voté en dernier lieu l'ensemble de la loi alors que dans leurs votes précédents ils se sont vainement efforcés de la faire échouer.

Cette motion est signée : Delpech, Bryant, Richard, Delorme, Ledoux, et votre serviteur, de la Côte-d'Or.

Le Président. — Je mets aux voix la motion que vous venez d'entendre.

Un délégué. — Je demande la parole.

Le Président) — Si quelqu'un demande la parole, je suis dans l'obligation de reprendre l'ordre du jour tel qu'il avait été établi.

Le délégué. — Je veux faire remarquer que la septième Commission a présenté un vœu identique.

(La motion est adoptée.)

Présidence du citoyen Delpech

(Le citoyen Maujan obligé de se rendre à une cérémonie dans sa circonscription, cède la présidence au citoyen Delpech.)

LES RÉFORMES ÉLECTORALES

Le Président. — Je donne la parole au citoyen Hector Depasse sur les réformes électorales et le scrutin de liste.

Le citoyen HECTOR DEPASSE. — Je n'ai que quelques mots à dire. Vous avez pu constater avec quelle patience, je dirai même avec quelle résignation la commission que vous avez chargée d'étudier les réformes électorales a attendu que son tour arrivât à la fin, à l'extrême limite de ce grand Congrès.

Je viens vous demander, au nom de la septième commission, de renouveler les vœux que vous avez portés à Lyon, à Marseille, à Toulouse, que vous aviez adoptés dans le premier Congrès de Paris, sur l'initiative de la ville de Pau, pour l'établissement d'une loi électorale plus digne de la République et de ce grand Parti.

Le citoyen SÉNAC. — Je demande la parole.

Le citoyen HECTOR DEPASSE. — Je ne recommencerai pas la discussision. Tout a été dit sur ce sujet si important. Vos convictions sont faites.

Mais je voudrais confier quelques observations à vos esprits politiques pour que vous en causiez avec vos amis, lorsque vous serez rentrés dans vos départements. Et je souhaite que ces paroles, appuyées de votre sanction, aillent en dehors de cette vaste enceinte frapper, si c'est possible, l'attention de nos amis dans les Chambres et dans le gouvernement de la République.

Après cinq ans de travail, de propagande, vous êtes, à cette heure tardive, en présence du néant de tous vos efforts !

Rien n'a été fait pour la liberté, la sécurité, la dignité du vote, et bientôt vont recommencer avec plus de violence, avec plus de scandale encore les abus sinistres qui ont marqué les élections de 1902, abus d'argent, abus de fraudes, abus de corruption, abus d'oppression sur la conscience de citoyens pauvres, en sorte que bientôt, si cela continue, vous n'aurez plus qu'une ploutocratie au lieu d'une démocratie.

Le mal étant connu, nous ne pouvons qu'être effrayés de l'indifférence ou de l'impuissance des amis que nous aimons le mieux, qui viennent ici s'associer à vos pensées, à vos sentiments, qui les expriment avec éloquence, au milieu de nos applaudissements, et qui, rentrés dans les Chambres législatives, n'ont pu réaliser aucune réforme pour la dignité et pour la sécurité du suffrage. (*Applaudissements.*)

Je les prie, avec les sentiments de déférence et d'affection qu'ils savent bien que je professe pour eux, je les prie de constater eux-mêmes, en face d'un si grand Parti, que rien de sérieux n'a été fait dans le Parlement pour la réforme électorale. Alors, citoyens, que sommes-nous et que faisons-nous ici ?

Vous avez cherché une discipline électorale : vous ne l'avez pas trouvée, parce qu'il n'y a pas de discipline possible avec le scrutin parcellaire d'arrondissement.

On nous a dit : « Allez au combat en ordre concentré ! n'allez pas en ordre dispersé ! » Mais votre régime électoral est fait tout entier pour la dispersion et pour la fragmentation !

Avec ce régime électoral, vous pouvez avoir des gouvernements pour les jours heureux, pour les temps faciles ; mais je défie que l'on ait un gouvernement solide et sûr de lui-même dans les temps orageux qui sont toujours possibles !

Vous êtes le plus grand des partis, le plus compréhensif dans sa formule intégrale, le Parti républicain, radical, radical-socialiste ; vos limites sont les limites mêmes de l'idée républicaine dans toute son étendue ; vous la comprenez et vous la contenez toute entière, République politique, parlementaire, democratique, sociale : je dis qu'il n'y a rien en dehors de vous ; vous êtes la vraie force et la ressource de la République dans l'ordre et dans le progrès sans bornes ; et lorsque je considère la grandeur de votre rôle et de vos devoirs, et que tout cela repose sur cette base fragile du scrutin parcellaire ; que la souveraineté nationale elle-même et le suffrage universel n'ont point d'autre base que ce petit scrutin, je dis que l'on doit être effrayé de cette disproportion : elle permettrait un jour aux ennemis du peuple de contester la légitimité de nos droits et la légalité de nos travaux !

Je confie cette pensée aux hommes politiques de notre Parti et à tous nos amis prévoyants. Elargissez votre base, Citoyens, ne la rétrécissez pas ! Donnez-nous un loi électorale digne de la souveraineté du peuple, digne du suffrage universel, digne de vous-mêmes ! (*Applaudissements*).

Le citoyen Louis Martin. — Citoyens, je viens vous faire une proposition qui réclame toute votre attention.

L'article 3 de la Déclaration des Droits de l'Homme déclare que la souveraineté réside dans la nation.

Cette souveraineté s'exerce par le vote de lois. Ces lois sont votées par les représentants de la nation. On peut se demander en effet si, avec le système actuel, les représentants de la nation en sont véritablement les représentants. Notre représentation nationale est-elle véritablement sincère ? Il est permis, quand on examine scientifiquement la question, de répondre négativement. En effet, vous savez, Citoyens, que pour être élu une première fois, il suffit d'avoir la moitié plus un des électeurs votants et le quart des électeurs inscrits. Prenez un exemple. Que se passe-t-il dans une circonscription qui compte 40.000 électeurs ? C'est qu'au premier tour il peut se faire, avec le système majoritaire qui fonctionne actuellement, qu'un candidat soit élu avec 20.001 voix, alors que les 19.999 électeurs d'opinion différente ne sont pas représentés. (*Protestations. Mouvements divers.*)

Au second tour, les inconvénients sont encore plus graves et plus frappants. Trois candidats, je suppose, sont en présence : l'un d'eux peut être élu avec 13.334 voix, alors que les deux autres candidats auront chacun 13.333 voix. (*Protestations.*)

Le scrutin de liste ne serait donc pas suffisant, il faudrait lui ajouter la représentation proportionnelle. C'est pourquoi, Citoyens, je vous soumets le vœu suivant :

« *Le Congrès émet le vœu que le scrutin de liste et la représentation proportionnelle soient votés par le Parlement.* » (Nouvelles protestations.)

Nous ne sommes pas des législateurs, c'est pourquoi nous n'avons pas à choisir tel ou tel système, il ne s'agit ici que d'une question de principe.

Le citoyen Sénac. — Citoyens, j'espère bien que personne ici n'acceptera la représentation proportionnelle... (*Applaudissements.*) Cette représentation proportionnelle serait le meilleur moyen de faire entrer au Parlement des réactionnaires; j'estime que le vote de cette réforme serait désastreux pour la République. (*Applaudissements sur quelques bancs. Mouvement.*)

Nous n'avons pas à la Chambre une majorité suffisante, et cette majorité serait encore bien réduite si nous avions la représentation proportionnelle. J'appartiens à un arrondissement essentiellement républicain et je suis dans la théorie démocratique, j'y reste en ce moment tout en n'acceptant pas la représentation proportionnelle et en priant le Congrès de la repousser.

J'aborde maintenant la question du scrutin de liste et je déclare tout net que je suis pour le scrutin d'arrondissement. On vient de vous dire que la Commission, dans ses délibérations intérieures, n'avait pu rien établir; vous vous rappelez également les décisions de l'an dernier. Cependant, la Commission était saisie d'une proposition que j'avais déposée. Pourquoi n'en a-t-elle pas parlé? Que signifie ce silence? Elle a manqué à tous ses devoirs en ne vous disant pas quel est le système que j'ai proposé. Comme plusieurs opinions républicaines et démocratiques étaient en présence, le devoir de la Commission était de vous rendre exactement compte de ce qui s'était passé dans son sein. (*Applaudissements sur quelques bancs.*)

Je vous le déclare, Citoyens, le scrutin de liste sera une œuvre antidémocratique. (*Protestations.*) Vous aurez cinq ou six noms sur votre liste, mais au prix de compromissions, au prix de promiscuités contre lesquelles je proteste. Une seule chose est possible pour mettre le suffrage universel à l'abri de cet attentat, c'est de maintenir le scrutin d'arrondissement en le modifiant si c'est nécessaire. Ces moyens, je les ai indiqués et je répète que je ne comprends pas pourquoi la Commission a négligé de vous les faire connaître.

Vous voulez vous rapprocher du plébiscite... (*protestations*), Citoyens, et chaque pas fait en ce sens est une faute. J'espère que vous n'accepterez pas la proposition qui vous est faite. La question sera portée devant la Chambre, et je vous affirme que je défendrai mon opinion avec autant d'énergie que je le fais ici.

Une voix. — Votre proposition a été repoussée par la Commission.

Le citoyen Sénac. — On n'a pas parlé au Congrès de ma proposition, je n'en félicite pas la Commission.

Le citoyen Bepmale. — Citoyens, je viens vous demander de ne prendre aucune décision sur les deux propositions qui vous sont soumises.

Quelle que soit l'opinion que l'on puisse avoir sur le scrutin de liste d'abord, sur la représentation proportionnelle ensuite, il me semble que ce n'est pas à la veille des grandes consultations qui auront lieu en janvier et en mai 1906 qu'il importe de faire l'expérience de ces deux systèmes. Nous avons déjà eu deux expériences du scrutin de liste. Je ne veux paa contester les mérites de ce scrutin, mais je constate les résultats, et je puis bien rappeler que ces deux expériences ont eu des résultats fâcheux au point de vue démocratique.

Nous allons nous trouver en présence de difficultés que nous n'avons jamais rencontrées, et nos adversaires sont résolus à tout pour nous combattre ; ce n'est pas l'heure des expériences. C'est pourquoi, Citoyens, je vous demande, sans rien abandonner de vos opinions personnelles sur ce point, sans rien abandonner des votes que vous avez émis dans vos précédents Congrès, de ne statuer sur ces questions qu'à votre prochain Congrès. Le vœu que vous pourriez voter aujourd'hui serait sans portée, et il est inutile de se réunir ici pour émettre des vœux auxquels on ne peut donner suite. (*Applaudissements.*)

Le citoyen HECTOR DEPASSE, *rapporteur.* — Citoyens, cette discussion a été soulevée à Toulouse; vous avez alors ajourné la solution de la question de la représentation proportionnelle : je vous demande de l'ajourner également aujourd'hui.

Mais, en ce qui concerne le large scrutin de liste, vous avez déjà adopté un vœu l'an dernier. Vous ne pouvez pas abdiquer en ce moment vos droits et dire que vous garderez le silence sur une question déjà résolue dans vos Congrès.

Si vous agissiez ainsi, mes chers collègues, votre attitude serait considérée comme un recul de l'opinion républicaine. (*Applaudissements.*)

Une voix. — C'est la question du moment.

Le citoyen HECTOR DEPASSE. — La Chambre fera évidemment ce qu'elle voudra, mais je vous demande, au nom de la septième Commission, de renouveler le vœu de principe sur le scrutin de liste, sur le large scrutin plus digne de ce grand Parti auquel nous appartenons et plus digne du suffrage universel lui-même. (*Applaudissements.*)

Le citoyen Louis Martin. — Je comprends très bien les scrupules du citoyen Bepmale : ils font honneur à sa conscience de républicain ; ce n'est pas la première fois, et ce n'est assurément pas la dernière, que nous voyons sa sollicitude veiller sur tout ce qui intéresse la République, mais je me permets de ne pas partager ses idées à cet égard.

Les questions électorales sont primordiales dans une démocratie. Or, jusqu'ici, nous avons toujours ajourné la question du scrutin de liste. On nous disait, quand la Chambre venait d'être élue : « Ce n'est pas le moment de faire cette modification, car, si la Chambre condamnait le scrutin dont elle est sortie, elle affaiblirait d'avance son autorité morale». Cet argument a été bien souvent invoqué, et vous vous souvenez que Gambetta, qui ne voulait pas attendre le dernier jour de la législature pour inscrire cette réforme dans son programme, fut renversé du ministère le 26 janvier 1882, sous prétexte que ce n'était pas au commencement d'une législature qu'on proposait une pareille réforme.

Si ce n'est pas au commencement d'une législature, notre ami Klotz et quelques autres se sont dit qu'il serait temps de la proposer un an avant la fin de la législature actuelle. Le grand débat que vous savez sur la Séparation s'est ouvert à la Chambre, et l'on a négligé des questions, comme celle qui nous occupe, qui paraissent inférieures. Aujourd'hui le terrain est déblayé : nous sommes à dix mois de la grande consultation du pays et il n'est pas trop tard pour voter cette loi réformant notre législature électorale. On nous dit cependant : « Vous venez de faire une grande réforme : la Séparation des Églises et de l'État. Savez-vous quelle impression cette loi fera sur le pays ? Et vous venez tenter une expérience ? Le moment est, certes, bien mal choisi ! »

J'espère, Citoyens, que toutes les législatures, non seulement celle-ci, mais toutes les législatures à venir, résoudront dans le même sens les questions de notre programme. Dans ce cas, direz-vous toujours, à la fin de chaque législature, qu'il faut attendre pour effectuer les réformes électorales, afin de savoir comment les électeurs auront accepté vos lois démocratiques ? *(Applaudissements.)*

Chers Concitoyens, on peut être partisan du scrutin de liste ou du scrutin d'arrondissement, car les deux opinions sont soutenables même pour un esprit vraiment républicain. Les uns veulent un scrutin plus large, qui fasse disparaître toutes les préoccupations secondaires, les autres s'en tiennent au scrutin uninominal qui place l'élu en face de ses électeurs et se prête mieux au mandat impératif. Je ne vous demande donc pas de vous prononcer dans un sens ou dans un autre, mais je vous prie de trancher définitivement cette question sans l'ajourner comme on l'a fait jusqu'ici, tantôt parce que la Chambre est nouvelle, tantôt parce qu'elle est ancienne: regardez le problème bien en face et tranchez-le.

Voilà tout ce que je vous demande. Quant à la question de fond, si vous voulez la discuter, je suis prêt à défendre mon opinion. *(Applaudissements.)*

Un Délégué. — Je demande la priorité pour la proposition du citoyen Bepmale.

Le citoyen Delpech, *président.* — Je mets aux voix la proposition du citoyen Bepmale tendant à déclarer qu'il y a lieu d'ajourner la discussion.

Le citoyen H. Depasse. — Je reconnais qu'il est trop tard pour prolonger cette discussion, mais, bien entendu, les résolutions antérieures prises par nos Congrès et le principe lui-même sont maintenus dans leur intégralité.

Le citoyen Detpech, *président.* — Il est ainsi entendu.

Le citoyen Bepmale. — En vous demandant de ne pas statuer et d'ajourner la solution de la question, il n'est nullement dans ma pensée de vous faire revenir sur les décisions prises dans les précédents Congrès.

(La proposition du citoyen Bepmale est adoptée.)

Incident André Hesse

Le Président. — Citoyens, voici une lettre que le citoyen André Hesse, avocat à la Cour d'appel, a adressée à la Commission de vérification des Pouvoirs :

« Monsieur le Président,

« J'ai été bien profondément surpris en entendant la lecture du rapport fait par le citoyen Elie Mantout sur la plainte dont j'avais été l'objet.

« Ce rapport semble insinuer que si nulle suite n'y fut donnée, c'est parce que je me serais excusé de je ne sais quelle faute politique.

« Je n'ai commis aucune faute.

« Je n'ai fait aucune excuse.

« A l'unanimité, la Commission a validé mon mandat,

tout simplement parce que cette plainte, dont l'auteur n'était même pas présent, ne reposait sur rien, et son honorable président, M. Lafferre, en me donnant acte des sentiments de la Commission, et en me priant de prendre place au Congrès, a exprimé le regret qu'un semblable incident ait pu être soulevé.

« Voilà ce qu'aurait dû dire le citoyen Elie Mantout dans son rapport, au lieu d'avoir l'air de m'accorder des circonstances atténuantes.

« Il est vrai que, pour dire cela, il aurait fallu qu'il eût le souci de dire la vérité, rien que la vérité et toute la vérité.

« Je vous prie instamment, Monsieur le Président, de donner lecture au Congrès de ma protestation très formelle, et de croire à l'assurance de mon dévouement.

« André Hesse,

« *Avocat à la Cour d'appel.* »

Le citoyen Lafferre, *président de la Commission.* — Citoyens, je crois qu'il y a lieu de clore cet incident après les explications données au sein même de la Commission qui était si nombreuse qu'elle ressemblait à une réunion publique. Je vous rappelle l'affaire en quelques mots ; elle n'est pas, ainsi que vous allez le voir, extrêmement grave, et elle se termine à la satisfaction et du citoyen Hesse et de nos amis de l'Oise.

Le citoyen André Hesse avait été candidat dans l'Oise. Il y a sept ou huit mois, à la suite de dissentiments sur le caractère desquels il est assez difficile de se prononcer, André Hesse écrivit à un journal de l'Oise une lettre que l'on a très vivement critiquée. Cette lettre est de celles qu'on regrette quelques instants après l'avoir rédigée, mais elle ne constitue pas, comme on l'a dit, une trahison envers le Parti radical. C'est la lettre d'un courageux républicain qui a donné toute son âme à une campagne politique, qui estime qu'il n'en a pas été récompensé comme il l'espérait et qui se plaint que ses amis de la veille qui l'avaient aidé semblent l'abandonner au lieu de lui témoigner la même estime, la même sympathie active. C'est une lettre violente dans laquelle les meilleurs républicains et députés de l'Oise sont pris à partie ; le citoyen Hesse y raille les chefs du Parti, les Pontifes, et je suis certain qu'il regrette son emportement, que je veux bien excuser.

Qui de nous, Citoyens, peut affirmer qu'il ne lui est pas

arrivé dans le passé ou qu'il ne lui arrivera pas demain semblable affaire ?

Nos amis de l'Oise ont eu raison de se plaindre du citoyen Hesse qui leur avait écrit cette lettre, mais ils ont reconnu la parfaite probité de ce bon républicain ; ils ont rendu hommage au passé déjà ancien de ce militant jeune encore, et le rapporteur lui-même de la Commission a rappelé la campagne courageuse qu'il avait entreprise par la plume, par la parole et par l'épée moment de l'affaire Dreyfus, quand la meute nationaliste hurlait aux abords du Palais de Justice.

Il aurait peut-être mieux valu que le rapporteur passât sous silence l'incident et déclarât que la plainte n'avait aucun fondement...

Uue voix. — C'eût été préférable.

Le citoyen LAFFERRE. — Le rapporteur est parfaitement libre de rapporter les faits. J'ai lu ce rapport et je ne me souviens pas d'y avoir trouvé une allusion blessante pour le citoyen Hesse ; au contraire, j'y ai trouvé son éloge. Il me permettra donc de clore cet incident en déclarant que nos amis de l'Oise, après avoir eu à se plaindre de lui, ont rendu hommage à son parfait républicanisme. Je vous demande donc, Citoyens, de vous associer à eux et à la Commission, au rapporteur lui-même qui bien qu'il ait pris part à la discussion, a rédigé lui-même les conclusions.

J'espère, Citoyens, — et je regrette beaucoup que le citoyen Hesse ne soit pas dans cette salle pour en témoigner, — qu'il n'y aura plus aucun malentendu entre de bons républicains et que nous conserverons le jeune et brillant talent du citoyen André Hesse, pour la défense de République laïque et sociale. *(Applaudissements.)*

Le Président. — Il est d'autant plus nécessaire de déclarer que cette question est close que le citoyen Hesse a repris ses bons rapports avec les républicains de l'Oise ; par conséquent nous n'avons plus à examiner cette question. Nous n'avons plus qu'à statuer sur la proposition du citoyen Lafferre. Je les mets aux voix.

(La proposition du citoyen Lafferre est adoptée.)

RÉFORMES MILITAIRES

Le citoyen AUBERTIN. — Au nom de la septième Commission, je vous propose d'adopter les vœux suivants :

Le Congrès,

Considérant que les vœux émis aux précédents Congrès concernant :

La suppression des conseils de guerre en temps de paix;

L'abolition des périodes d'instruction de vingt-huit et de treize jours;

La suppression des ordonnances;

L'interdiction du port des armes en dehors du service;

L'unité d'origine des officiers;

Et, en somme, toutes les réformes nécessaires à la républicanisation de l'armée;

Sont restés platoniques et ont été négligés par le Parlement;

Considérant que l'esprit prétorien, encouragé par des concessions pour le moins inutiles, profite des circonstances actuelles pour se manifester, surtout dans les provinces, d'une façon agressive;

Considérant aussi que la démocratisation rapide de l'armée est une question de première importance et dont la gravité apparaît de plus en plus;

Emet le vœu :

Que les Députés et Sénateurs du Parti, interviennent de toute leur énergie auprès des Pouvoirs Publics afin que satisfaction soit donnée sans retard aux volontés clairement exprimées par le Parti républicain.

(Adopté.)

Le Congrès émet le vœu :

Que le droit de punir soit retiré aux caporaux, aux sous-officiers et aux officiers en sous-ordre, et qu'il soit exercé par le commandant de l'unité administrative.

Qu'il n'y ait plus transmission automatique des punitions à l'autorité supérieure, et que, seuls, les faits graves soient l'objet d'un rapport spécial adressé directement par le chef de corps au général commandant le corps d'armée.

(Adopté.)

Le Congrès émet le vœu :

Que les compagnies de discipline soient supprimées.

(Adopté.)

Le Congrès émet le vœu :

Que l'armée cesse d'intervenir dans les conflits entre le capital et le travail et qu'elle soit remplacée dans cette fonction par une gendarmerie mobile chargée d'assurer l'ordre dans un esprit et sous un commandement démocratiques.

(Adopté.)

Le Congrès émet le vœu :

Que les emplois de bureaux et d'infirmerie soient réservés aux sujets de constitution délicate, et que les sujets vigoureux soient exclusivement affectés au service actif.

(Adopté.)

Le Congrès,

Considérant qu'un grand nombre d'officiers de tous grades et de toutes catégories occupent dans les bureaux ou services du département de la guerre des fonctions incompatibles avec le service militaire proprement dit, et qui n'exigent aucune connaissance technique ;

Emet le vœu :

Que ces officiers soient affectés à des corps de troupe ou à des états-majors et remplacés utilement et avec économie par des employés civils.

Un citoyen. — Je demande qu'on souligne : avec économie, car je ne vois pas comment des civils gagneront leur vie là où des officiers gagnent si peu la leur.

Le citoyen AUBERTIN. — Des calculs ont été faits. Si ce remplacement s'opère, il en résultera une économie pour le budget, parce qu'une place de comptable exige trois officiers, alors qu'elle n'exigera qu'un civil.

(Applaudissements.)

(Adopté.)

Le Congrès émet le vœu :

Que les fournitures d'habillements et de cordonnerie soient réservées à l'industrie civile.

Un citoyen. — Et non pas aux maîtres bottiers !

(Adopté.)

BUREAU DU COMITÉ EXÉCUTIF

Le citoyen BOUILLARD demande la parole pour une motion relative au Bureau du Comité Exécutif.

Le Président. — Je vous la donne, mais à la condition que votre motion ne soulève pas de discussion.

Le citoyen BOUILLARD. — La proposition que je soumets à votre approbation a une importance qui ne vous échappera pas. Le Comité Exécutif élit son bureau pour trois mois. Il est donc bien évident qu'il doit être remplacé à l'heure précise où il a acquis l'expérience de toutes les questions intéressant notre parti et l'autorité nécessaire auprès des Pouvoirs publics.

Nous demandons tout simplement — et vous allez voir que cela ne soulèvera aucune discussion — que ce mandat dure six mois. Si vous voulez bien accepter cette proposition, nous aurons jusqu'au 1er janvier notre honorable ami Camille Pelletan comme président du Comité, et nous pourrons ensuite reprendre un autre président qui assistera à la période électorale de 1906, tandis que, si nous maintenons le régime actuel, lorsque l'élection de 1906 aura lieu, le Président du Comité Exécutif ne sera en fonction que depuis quinze jours ou un mois. Il est bien évident que quelque grande que soit l'autorité qui s'attache à son nom, il ne pourra pas exercer son action dans des conditions très utiles. (*Applaudissements.*)

Plusieurs voix. — Aux voix ! aux voix !

Le citoyen LOUIS BONNET. — Citoyens, vous ne pouvez pas, au dernier moment, revenir sur un règlement que vous avez voté.

Le Président. — Il n'est pas d'usage de se prononcer sans discussion sur ce point. Il a été entendu que je ne donnais la parole au citoyen qu'à la condition qu'il n'y aurait pas de discussion. J'estime que nous ne pouvons pas nous prononcer au pied levé sur cette question sans qu'il y ait de discussion au sein d'une Commission spéciale et un rapport. Par conséquent je vous propose de passer à l'ordre du jour. (*Applaudissements.*)

Que ceux qui sont d'avis de passer à l'ordre du jour veuillent bien lever la main.

(L'assemblée décide de passer à l'ordre du jour.)

Le Président. — Je vais vous donner lecture des noms des membres du Bureau du Comité Exécutif tel qu'il a été constitué hier.

Ont été élus :

Président : Camille Pelletan.

Vice-Présidents : MM. René Renoult, député de la Haute-Saône ; Girod, député de Seine-et-Marne ; Coulondre, député de Vaucluse ; Debierre, délégué du Nord ; Fabiani, délégué de la Corse, et Maurice Sarraut, directeur du service parisien de la *Dépêche* de Toulouse.

Secrétaires : MM. Bepmale, député de la Haute-Garonne; Simyan, député de Saône-et-Loire ; Magniaudé, député de l'Aisne ; Ridouard. député de la Vienne ; Debaune, député du Cher ; Godet, député de la Vienne ; Verglas ; André, directeur de l'*Avenir de l'Orne* ; Chazot, avocat ; Michaut, délégué de la Côte-d'Or ; Pasquet ; Laurent Chat, de Lyon.

VŒUX RELATIFS A L'ENSEIGNEMENT ET A LA LAÏCISATION DE L'ÉTAT

La parole est au citoyen Thalamas.

Le citoyen THALAMAS. — Citoyens, je suis chargé, à l'improviste, le docteur Baillon étant absent, de vous rapporter les vœux de la septième Commission relatifs à la Séparation des Eglises et de l'Etat, à l'enseignement et à la défense laïque.

Je me bornerai à vous donner lecture des vœux, car ils sont assez clairs pour se passer d'explications. D'ailleurs je serais dans l'impossibilité d'en donner, car je n'ai assisté qu'à une portion des discussions, et je ne saurais les résumer. Je crois que tous sont parfaitement explicites.

Je me bornerai à faire une observation en ce qui concerne les vœux relatifs à la Commission de l'enseignement. La Sous-Commission et la Commission ont trouvé qu'il y aurait peut-être intérêt, étant donné que c'est sur ce terrain que se livre l'éternelle bataille entre nos ennemis et nous, à laisser aux auteurs des propositions assez nombreuses qui ont été déposées leur libre initiative. Aussi, malgré nos efforts pour réduire ces vœux à un certain nombre de directions générales, de manière à frapper fort sans entrer dans les détails des réformes à faire, nous avons néanmoins un nombre relativement considérable de textes,

Comme ils sont fort clairs, je pense que nous pourrons les voter par groupe. Je vous propose donc de m'autoriser à procéder ainsi. (*Assentiment.*)

Je commence par la Séparation des Eglises et de l'Etat.

SÉPARATION DES ÉGLISES ET DE L'ÉTAT

« Le Congrès émet le vœu, malgré les imperfections évidentes pour les républicains radicaux et radicaux-socialistes, du projet de loi que vient de voter la Chambre, que le Sénat vote cette loi dans son ensemble et d'urgence, telle qu'elle est, de façon à ce qu'elle soit mise en vigueur dès le 1er janvier 1906. »

Il est bien évident qu'il ne s'agit pas là — je réponds à un désir exprimé tout à l'heure — d'un ordre impératif donné aux sénateurs de notre Parti de renoncer à leur liberté d'examen ; c'est tout simplement une indication que nous leur donnons, leur exprimant que nous ne voulons pas voir s'éloigner le moment où cette réforme sera réalisée. (*Très bien ! Très bien !*)

VŒUX SPÉCIAUX SUR L'ENSEIGNEMENT

En ce qui concerne l'enseignement, il y a eu d'abord un groupe de vœux que j'appellerais volontiers les vœux spéciaux. Ils ont leur intérêt. Voici pourquoi. A l'heure actuelle, la laïcité absolue de l'école neutre ne nous suffit plus, il nous faut l'œuvre post-scolaire, qui a besoin de la collaboration de tous les éléments républicains. C'est pourquoi nous tenons à donner des explications précises par lesquelles nous exprimons notre volonté de voir les fonctionnaires républicains de tous ordres travailler à cette tâche concurremment avec le personnel enseignant, tous avec le dévouement et la sincérité la plus entière.

Voici ces vœux :

Le Congrès émet les vœux :

« 1° Que les notions religieuses soient supprimées dans les livres et dans l'enseignement oral dans les écoles primaires et secondaires ; que la liste des livres choisis soit soigneusement expurgée dans un sens exclusivement laïque ; que disparaissent de même les pratiques religieuses catholiques encore abusivement en vigueur dans les établissements d'enseignement secondaire;

2° Que, dans l'enseignement de l'histoire, les faits guerriers et militaires soient ramenés à leurs justes proportions; que cet enseignement historique soit surtout fait aux points de vue philosophique, économique et social et que la méthode historique soit exclusivement basée sur des considérations tirées des lois de l'évolution, c'est-à-dire qu'elle soit exclusivement positive, scientifique et critique;

3° Que les questions de morale laïque et d'hygiène occupent une plus large place dans l'enseignement tant primaire que secondaire et qu'à cet effet les manuels mis entre les mains des élèves soient toujours précis et simples, et tous conçus dans un même esprit laïque;

4° Que l'enseignement de la géographie soit rendu plus précis, surtout aux points de vue industriel, commercial, économique, colonial;

5° Que des bibliothèques et musées scolaires soient créés partout où il n'en existe pas encore;

6° Que des subventions de l'État soient accordées aux communes rurales dans le but de faciliter la création des cantines scolaires. »

Ce système parait d'autant plus indispensable — on m'a fait des observations à ce sujet à la Commission — que, dans une commune qui compte plusieurs hameaux, de pauvres enfants sont obligés de faire des lieues à l'aller et au retour de l'école. Il est donc naturel qu'on les nourrisse dans l'intervalle.

Le citoyen Sénac. — Ajoutez que les Conseils généraux sont invités à faire, eux aussi, des sacrifices, car c'est plutôt au département qu'à l'État à faire ces sacrifices.

Le citoyen Thalamas. — Il suffit donc de mettre « que des subventions de l'État et des départements. » (*Assentiment.*)

Voici ensuite un vœu que la Commission a jugé de la plus haute importance. Je crois que vous penserez que, malgré l'apparence de ce vœu qui semble accessoire, il apportera une véritable transformation de principe dans notre méthode d'éducation.

« 7° Que les jeux et exercices physiques en plein air soient substitués à la gymnastique dans les locaux scolaires et que des promenades et des causeries pratiques, remplaçant certaines heures de classe à l'intérieur, soient régulièrement organisées.

8o Que l'Etat — de même que cela existe à l'étranger — par l'intermédiaire de ses préfets, sous-préfets, etc., favorise l'organisation des œuvres post-scolaires, encourage les initiatives individuelles et qu'un enseignement professionnel théorique, approprié aux différentes régions, permette aux enfants de s'orienter vers une carrière déterminée. Il faut que l'école primaire devienne un centre de réunions, de causeries, de conférences pour les jeunes gens, entre le moment où ils quittent l'école et celui où ils fondent une famille. »

Tel est l'ensemble de cette première catégorie de vœux que j'ai appelés spéciaux et qui, vous le voyez, tendent tous à la même œuvre: faire de l'école — ce que Jules Ferry disait lui-même qu'elle devait être — non seulement un instrument d'instruction pratique élémentaire, mais un moyen de culture intellectuelle qui plie l'enfant dans un sens déterminé, c'est-à-dire dans un sens conforme aux principes de 1789 et aux besoins de la démocratie.

Si vous n'y voyez pas d'inconvénient, je demande qu'on mette l'ensemble aux voix.

Le Président. — L'assemblée ne permettrait même pas que je lui pose la question. *(Applaudissements.)*

VŒUX GÉNÉRAUX SUR L'ENSEIGNEMENT

Le citoyen Thalamas. — Voici la seconde catégorie des vœux, que j'appellerai généraux ou de principe et qui tendent à affirmer, pour les différentes catégories d'enseignement, soit en France, soit aux colonies, les idées qui sont les nôtres et que nous trouvons incomplètement réalisées dans la pratique, ou, il faut bien avoir le courage de le dire, absolument oubliées par les chefs mêmes qui sont chargés de les faire respecter.

Voici le premier de ces vœux:

« 9° Que l'enseignement dans les colonies soit directement rattaché au Ministère de l'Instruction publique; que la loi de 1882 sur l'instruction obligatoire soit appliquée aux colonies, même aux indigènes, et la langue française obligatoire dans toute école sans exception. »

Je donne un mot d'explication. Vous savez qu'à l'heure actuelle, aux colonies, c'est le chef du service colonial qui est le chef de tous les services publics; il est, en quelque sorte, vice-roi. Or souvent il est pris dans le personnel du Ministère des affaires étrangères et il est assez souvent réactionnaire.

Nous décidons en principe, dès le début du vœu, que dans nos colonies, l'enseignement sera un instrument de progrès laïque et démocratique en même temps qu'un instrument de culture qui fasse aimer la vraie France, celle qui est conforme aux principes de la Révolution. Nous désirons qu'on crée un service colonial rattaché au service de l'instruction publique, de façon qu'il y ait une unité de direction, une unité morale d'enseignement en France et aux colonies.

« 10° Que l'enseignement des langues vivantes soit obligatoire dans les cours complémentaires (primaires).

11° Que la loi concernant l'assiduité à l'école soit rigoureusement appliquée.

12° Que toutes les notes soient communiquées sur simple demande à l'intéressé. »

Je dois dire ici un mot, car on a fait quelques observations qui me paraissent de nature à être portées devant vous. La principale objection qu'on fait à la communication des notes, c'est que l'on croit que les chefs n'oseront pas renseigner leurs supérieurs sur le travail de leurs inférieurs, si ceux-ci connaissent leurs appréciations.

Si le fait est exact, il prouve tout simplement qu'il faut remplacer les chefs. Il faut qu'un fonctionnaire, quel qu'il soit, ne soit pas exposé à être frappé sur des notes qu'il ne connaît pas et qu'au besoin l'on peut nier. Il faut délivrer notre enseignement public de cette vieille méthode en usage dans la bureaucratie jésuitique et qui est le traditionnel moyen de domestication des inférieurs par les supérieurs. Nous avons, nous autres, la prétention d'agir avec loyauté, et nous avons le courage de dire à nos inférieurs que nous sommes contents d'eux quand nous le sommes et que nous ne sommes pas contents d'eux quand nous ne le sommes pas. *(Applaudissements.)*

Le Président. — Ne pensez-vous pas qu'il serait bon d'ajouter quelques mots en ce qui concerne l'obligation de l'école afin que le nombre des individus qui ne savent ni lire ni écrire diminue dans notre pays ?

Cette année, on a constaté dans le contingent militaire près de 12,000 jeunes gens qui ne savaient ni lire ni écrire. C'est là un état fâcheux qui prouve que les commissions scolaires ne remplissent pas entièrement leur devoir.

Le citoyen THALAMAS. — Je viens de lire un vœu qui, je crois, donne entière satisfaction à notre honorable président Delpech.

« 13° Que le monopole de l'enseignement, ou plus exactement l'organisation de l'enseignement en service public, soit établi dans les écoles primaires et secondaires. Quant à l'enseignement supérieur qui s'adresse à des hommes faits, et qui a pour but la recherche *personnelle* de la vérité, qu'il demeure libre — mais sans privilèges — pour les instituts catholiques.. »

Il nous a paru qu'en parlant de monopole nous prêtions le flanc à nos adversaires. Nous semblons dire que nous voulons les exproprier d'une propriété qu'ils possèdent légitimement. La question est bien différente. Considérons-nous l'enseignement comme service public au même titre que l'armée, la magistrature, ou comme une chose d'exploitation privée ?

Jusqu'au moment de la funeste loi Falloux, on a considéré avec raison que la charge de former des citoyens ne pouvait être attribuée qu'à l'État qui représente les volontés des citoyens. Au contraire, nous avons été expropriés abusivement par la loi Falloux. Nous croyons que nous avons tort d'employer le langage de nos adversaires et de parler de monopole. C'est pour ces raisons que nous avons mis cette phrase : « L'organisation de l'enseignement en service public ». J'aurais même désiré qu'on mit : « La restitution de l'enseignement à un service public ». *(Applaudissements.)*

« 14° Que l'accès à l'enseignement secondaire et supérieur soit réglementé par concours et que ces enseignements soient gratuits. »

Voici des vœux qui me paraissent avoir une importance capitale et que nous avons formulés aussi brièvement que possible, afin d'avoir simplement une règle de direction. Nous saurons bien en trouver les applications. *(Très bien ! Très bien !)*

« 15° Que la troisième République reste fidèle au principe laïc qu'elle a créé et en vertu duquel l'éducateur n'est pas une machine à enseigner un catéchisme officiel, mais une conscience libre chargée de former des consciences libres ; qu'en conséquence, la liberté des professeurs soit assurée contre tous règlements ou tous usages, qui par des voies détournées, détruiraient l'indépendance morale dont ils ont besoin pour rester laïcs.

En conséquence, la liberté des professeurs doit être assurée contre tout règlement ou tout usage administratif abusif.

Je ne crois pas avoir besoin de vous donner des explications sur le fond du vœu. Je dois vous donner des explications sur un mot à cause des malentendus qui pourraient surgir.

La question de la liberté des professeurs a été formulée dans son principe par Jules Ferry lui-même et par nos lois scolaires. Le professeur, l'instituteur de tous grades, est un homme qui ne doit pas s'effacer derrière je ne sais quelle neutralité eunuque, qui ne doit prendre parti pour aucune idée, qui ne devrait être ni républicain, ni partisan de la science; nous voulons, au contraire, que cet instituteur soit un homme qui pense par lui-même, qui sache ce qu'il pense et ait le droit de le dire sans être inquiété par personne.

Un citoyen. — Même s'il est clérical ?

Le citoyen THALAMAS. — Mais nous pensons que l'instituteur — et là encore nous sommes d'accord avec Jules Ferry — ne peut pas être autre chose qu'un individu fidèle dans ses pensées aux principes républicains qui ont fondé l'enseignement, c'est-à-dire au respect de la science et de l'éducation républicaine. (*Applaudissements.*)

Si vous trouvez que ces idées sont exagérées, je me permettrai de vous dire en passant que vous vous montrerez moins avancés que Jules Ferry. Ce que nous vous demandons en votant les vœux que nous présentons, ce n'est pas de faire une œuvre de progrès, mais de lutter contre une réaction qui dure déjà depuis vingt ans. (*Applaudissements.*)

« 16° Qu'une épuration républicaine soit faite dans l'administration universitaire : que le Gouvernement veille à assurer aux universitaires accusés toutes les garanties de procédure auxquelles ils ont droit et répare les injustices commises en particulier dans ce qu'on appelle abusivement les déplacements d'office ;

17° Que tous les universitaires, aussi bien les administrateurs que le personnel enseignant, puissent en appeler au Conseil supérieur de l'Instruction publique toutes les fois qu'ils seront l'objet d'un déplacement d'office. »

Je ne me crois pas le droit de parler sur ce vœu. Je me borne à attirer simplement votre attention sur les cas visés par les déplacements d'office.

La loi est tournée à l'heure actuelle. Le Gouvernement

dispose du droit incontestable de déplacer pour nécessités de service. Mais ce déplacement a un sens légal et très précis.

Lorsque, dans une école ou un lycée, il faut un professeur de plus ou un professeur de moins, d'après le nombre des élèves, le Gouvernement a naturellement le droit de faire les nominations nécessaires pour assurer le service.

Mais depuis une quinzaine d'années, on a, sous prétexte de déplacement pour nécessité de service, déplacé pour des raisons avouées ou inavouées des professeurs qui déplaisaient à l'Administration. C'est ainsi que, un beau jour, l'Administration, sous prétexte qu'un professeur par ses théories fait du tort à un lycée et y empêchera le recrutement, menace de le déplacer. Il est vrai — et cela m'est arrivé — qu'à la rentrée, le lycée augmente de cinquante élèves. (*Sourires.*)

Certes, nous, professeurs agrégés, quand on nous frappe, nous pouvons nous défendre, mais il n'en est pas de même pour le pauvre petit instituteur à qui on a imposé de supporter toutes les vilenies réactionnaires. (*Applaudissements.*)

« 18° Que le gouvernement de la République ne confie les hautes fonctions aux colonies, déjà soumises au joug des missions, qu'à des hommes d'un républicanisme certain et d'un dévouement assuré à la cause laïque. »

Le citoyen Nicol. — Je désire ajouter un mot au vœu du citoyen Thalamas. Il faut en finir avec l'influence néfaste des missions catholiques dans nos colonies. Je n'ai pas besoin de vous dire quels sont les méfaits de cette institution que nous avons aidée pendant de longues années par de riches et importantes subventions. Je ne veux pas insister. Je demande qu'on ajoute au vœu relatif à l'enseignement colonial une simple phrase, et qu'on demande au Gouvernement de subventionner nos missions laïques aux colonies (*Applaudissements.*)

Les vœux sont adoptés avec l'addition proposée par le citoyen Nicol.

Le citoyen Thalamas. — Citoyens je vous demande d'adresser tous vos remerciements au citoyen Baillon, délégué de la Fédération des Comités républicains de la deuxième circonscription de Versailles, pour la clarté qu'il a apportée dans son rapport. (*Applaudissements.*)

Voix nombreuses. — Ainsi qu'au citoyen Thalamas,

pour les explications qu'il a fournies à l'appui de ce rapport. (*Applaudissements.*)

LE PROCHAIN CONGRÈS

Le Président. — L'Assemblée voudra bien désigner la ville où se tiendra le prochain Congrès.

Voix diverses. — Lille ! Reims !

Le citoyen FRANKLIN BOUILLON. — Un engagement a été pris au Congrès de Lyon en faveur de la ville de Lille.

Le citoyen MAURICE SARRAUT. — C'est cet engagement que je tenais à rappeler. Si tout le monde est d'accord, je n'insiste pas.

L'Assemblée décide que le Congrès de 1906 se tiendra à Lille avant la rentrée des Chambres. Le Bureau du Comité fixera la date.

LE RAPPORT FINANCIER

Sur la proposition du citoyen Laurent Chat, rapporteur de la Commission des finances, les comptes et budgets présentés par le Bureau du Comité sont adoptés.

LA POLITIQUE COLONIALE

Au nom de la septième Commission, le citoyen Carrère rapporte les vœux suivants relatifs à la politique coloniale :

Le Congrès émet le vœu que toutes subventions aux Congrégations religieuses des colonies soient supprimées, quels que soient les motifs de ces subventions et quels que soient les budgets (généraux, locaux, régionaux ou municipaux) sur lesquels elles figurent.

Le Congrès émet le vœu :

Que les lois de 1901 et 1904, sur les associations et les congrégations, soient appliquées aux colonies et à l'Algérie, de manière :

1° A soumettre les missions françaises et étrangères actuellement existantes aux dispositions de ces lois ;

2º A empêcher la substitution des congrégations religieuses indigènes aux congrégations françaises et étrangères actuelles.

Il demande, en outre, que des mesures soient prises pour que les indigènes ne puissent s'autoriser des dispositons de la loi de 1901 en vue de la consitution d'Associations qui pourraient être un danger pour l'ordre public.

Le Congrès émet le vœu :

Que des hôpitaux civils laïques soient créés sans retard aux colonies, afin que les fonctionnaires et leurs familles, ainsi que les colons, ne soient pas obligés de se faire soigner uniquement par des médecins militaires.

Le Congrès émet le vœu :

1º Que les membres du Conseil supérieur de l'Indo-Chine, qui sont maintenant désignés par l'Administration, soient, à l'avenir, nommés par le suffrage universel :

2º Que les pouvoirs des corps élus coloniaux soient étendus.

Ces vœux sont pris en considération par le Congrès et renvoyés au Comité Exécutif.

LE RAPPORT BONNET

Le Président. — On me fait remarquer que quelques-uns de nos collègues demandent la suppression d'une partie du rapport de notre collègue Bonnet. Voulez-vous qu'on discute rapidement cette question ? *(Bruit.)*

Vous voyez bien l'importance de la question, et quel développement peut prendre la discussion. Je vous propose donc, comme nous sommes pressés par l'heure, de laisser à votre Comité Exécutif, où figurent des hommes qui justifient largement votre confiance, le soin de résoudre cette question. Je pense que vous voudrez bien lui accorder ce crédit. *(Assentiment.)*

Le citoyen Pelletan. — Je voudrais, avant de lire le projet de manifeste, dire en deux mots comment je comprends cette question. Je ne prétends pas exercer la moindre censure sur un de nos collègues. Il s'agit simplement d'une question de bonne foi. M. Bonnet a exprimé des opinions personnelles qui ne sont certainement pas d'accord avec les intentions de la grande majorité, sinon de l'unanimité du Congrès.

Je suis certain que je tomberai facilement d'accord avec le citoyen Bonnet pour n'imprimer que ce qui doit donner de l'unité aux travaux du Congrès, c'est-à-dire pour supprimer toute la partie de son rapport qui est étrangère à l'objet même de son rapport, consacré au tableau des organisations politiques de la réaction et du Parti républicain. C'est en ces termes que je crois que votre Comité devra modifier ce rapport, afin qu'il n'y ait pas de contradiction dans l'indication des volontés. *(Applaudissements.)*

Le Président. — Il n'y a pas d'opposition ?

La proposition du citoyen Pelletan est adoptée.

DÉCLARATION DU PARTI

M. Camille Pelletan, au nom du Comité Exécutif, donne lecture de la Déclaration suivante :

Le suffrage universel aura la parole dans quelques mois. Bien que les Chambres actuelles n'aient pas encore terminé leurs travaux, on peut déjà juger leur œuvre.

Longtemps, à la fin de chaque législature, les radicaux se sont plaints à bon droit de voir les réformes, sans lesquelles la République n'est qu'une étiquette trompeuse, indéfiniment traînées d'atermoiements en atermoiements. Il y a quatre ans, à la veille des dernières élections, dans le manifeste de notre premier Congrès, nous disions : « Il faut que l'ère des ajournements soit close ; l'ère des réalisations doit s'ouvrir. » Citoyens, elle s'est ouverte

Assurément nous désirions pour la Chambre qui va disparaître une œuvre plus complète encore. Elle l'aurait sans doute accomplie, sans les manœuvres des éternels ennemis de la démocratie. Mais qui donc oserait qualifier de stériles ces quatre années où, après avoir définitivement inscrit dans nos lois le service de deux ans ; après avoir réalisé la mesure de solidarité sociale qu'on a appelée l'assistance obligatoire ; après avoir réglé jusqu'au bout toutes les questions des congrégations religieuses et après avoir supprimé l'enseignement congréganiste, nous avons pu donner à ce pays une réforme qui marque une date dans l'histoire de la nation : la séparation des Églises et de l'État ? (*Applaudissements.*)

Le travail de la dernière législature a été principalement dirigé contre la puissance cléricale. La loi sur les Associations était déjà entrée dans nos codes ; il restait à la faire passer dans la réalité. On ne pouvait admettre ni que, retournée contre son objet, elle servit à assurer des titres réguliers à certains ordres religieux auxquels les monarchies les plus dévotes n'avaient point osé en accorder, ni qu'appliquée à doses infinitésimales, elle restât pendant une longue suite d'années à l'état de texte impuissant à côté d'innombrables couvents, qui auraient continué à la braver derrière leurs portes épaisses et bien closes. (*Applaudissements.*) Une exécution rigoureuse et ferme en a fait ce qu'elle devait être, la suppression à peu près complète de ces institutions monastiques, que nos pères de 89 avaient abolies sans admettre d'exception. (*Applaudissements.*)

Le programme économique et social

En déchirant le Concordat, la République a couronné son œuvre de laïcisation. Les partis de réaction, tous alliés à l'Église, essayent de faire croire que nous menaçons et poursuivons la foi religieuse, comme si des libres-penseurs pouvaient sans absurdité vouloir interdire à d'autres, sur des problèmes redoutables qu'ils ne prétendent pas trancher, des croyances qu'ils ne partagent pas. Cette calomnie était confondue d'avance. Ce pays qui, jusqu'au fond des campagnes, a horreur du gouvernement des curés, sait que si, dès le début, l'esprit moderne et l'Eglise sont entrés en conflit, c'est parce qu'elle n'a jamais cessé de prétendre à la domination politique. L'État républicain qu'elle combat et qu'elle déteste, lui donnait, contre-lui-même, une part de ses ressources et de son autorité : il ne lui donnera plus que la liberté.

Ce que la dernière législature a fait contre la puissance cléricale, la législature prochaine le fera pour la solution des problèmes économiques. (*Bravos et applaudissements.*) Séparés de nos amis purement socialistes sur le principe de la propriété individuelle, nous ne sommes ni moins résolus, ni moins passionnés qu'eux pour assurer et hâter l'évolution qui doit graduellement réaliser le relèvement des déshérités. (*Vifs applaudissements.*) En tête de son programme, la Chambre prochaine devra placer les retraites pour les travailleurs des villes et des campagnes, que la législature actuelle n'aura probablement pas le temps de mener à bonne fin. Peut-être rencontrerons-nous plus de difficultés que quelques-uns ne semblent le croire. Nous aurons l'énergie nécessaire pour les résoudre. Tout le monde est d'accord pour donner au travailleur vieilli des ressources qui lui assurent le pain de chaque jour. L'accord sera peut-être moins touchant quand il faudra prendre ces ressources quelque part. (*Rires et applaudissements.*) On encourage beaucoup ceux qui n'ont pas tous les jours de quoi vivre à prélever sur leur superflu des épargnes suffisantes pour préparer des rentes à leur vieillesse. Si l'on bornait la réforme à les y obliger, au lieu de les y encourager seulement, elle serait peut-être insuffisante. Les retraites pour la vieillesse doivent résulter d'une sorte de vaste assurance nationale contre le dénûment. (*Applaudissements.*) Il faudra fournir une partie importante de sa dotation. On a trouvé des ressources pour les plus coûteuses conquêtes lointaines ; on en trouvera bien pour cette œuvre de justice sociale.

L'impôt progressif sur le revenu avait été inscrit par le gouvernement dans le programme de cette législature. Le mauvais vouloir de ceux des riches qui préfèrent ne pas fournir leur juste part des charges publiques, ne pourra pas interdire éternellement à la République française une réforme démocratique réalisée depuis longtemps dans l'Empire d'Allemagne. (*Vifs applaudissements.*) La question est assez étudiée pour qu'il ne soit ni long, ni difficile de la résoudre. L'impôt sur le revenu, avec une progression raisonnable mais sérieuse, soulagera tous les humbles : il sera surtout le grand dégrèvement des campagnes. On recule, en l'ajournant, devant une infime minorité de gros intérêts censitaires ; cela dure depuis trop longtemps ; on ne peut plus reculer.

Notre système fiscal porte encore, dans beaucoup d'autres parties, la marque d'une société disparue et d'institutions condamnées. Je citerai notamment les droits de timbre et d'enregistrement. Nos frais judiciaires sont un scandale (*Applaudissements répétés*) ; ils font de l'exercice d'un des droits les plus sacrés — celui de ne point se laisser dépouiller sans trouver un secours dans la justice nationale — un luxe au-dessus des ressources du pauvre. D'autre part, en surchargeant les ventes de toutes sortes ils arrêtent les mouvements nécessaires des biens ; ils écrasent la petite propriété : ils dévorent les petits héritages ; dans les faillites ils achèvent la ruine du négociant malheureux tout en spoliant ses créanciers. (*Nouveaux applaudissements.*) Il serait aisé de demander aux grosses successions, surtout en ligne indirecte, u aux fortunes qui tombent, à l'improviste, sur certains favoris du hasard, en dehors de tout lien de famille, les sommes nécessaires au rachat des abus criants : le suffrage universel n'hésitera pas à exiger cette réforme.

La concentration des capitaux et les trusts

Notre attachement à la propriété individuelle n'est pas assez irréfléchi pour s'étendre aux abus qui en détruiraient la légitimité et la raison d'être. (*Vifs applaudissements.*) Elle nous apparaît comme une des conditions de la liberté. en prolongeant la personnalité humaine, sur les objets matériels que son travail a conquis. C'est dire que nous repoussons tout ce qui pourrait la dénaturer et l'asservir, en faisant de certaines grosses concentrations de capitaux, un instrument d'écrasante domination. (*Applaudissements.*)

Deux sortes d'exploitations peuvent légitimement

revenir à l'Etat : celles d'abord qui constituent de véritables fonctions nationales, et qui, réglant les conditions décisives de l'existence commune de tout un peuple, ne peuvent être laissées à des intérêts particuliers, sans leur assurer un véritable pouvoir féodal, et sans démembrer à leur profit, ce domaine public que nos lois font imprescriptible et inviolable ; et en second lieu celles qui, concentrées par leur nature même en un très petit nombre de mains, donneraient, si l'on n'avisait, à leurs propriétaires, le pouvoir de taxer, de rançonner à leur merci, le groupe restreint des travailleurs qu'ils emploient d'un côté, la masse immense des consommateurs de l'autre. (*Applaudissements répétés.*)

Entre toutes ces exploitations, il en est une qui touche à des intérêts si vitaux qu'il était dans la tradition constante du Parti républicain de la réclamer pour l'Etat, dès le règne de Louis-Philippe, et que vous l'avez réclamée de même, dans tous vos Congrès. La propriété des chemins de fer est la propriété des routes. Elle ne peut pas subir les convenances et les exigences d'intérêts privés. (*Vifs applaudissements.*) De tous côtés, au dehors, les nations gardent ou reprennent la possession de leur réseau de voies ferrées ; depuis l'Allemagne impériale qui doit à cette réforme une bonne partie de sa prospérité, jusqu'à l'Australie, presque républicaine, dont la sagesse pratique, et le miraculeux développement méritent l'attention de notre vieille Europe. Les chemins de fer sont des armes de défense nationale ; c'est à ce titre que M. de Moltke a amené le Reichstag à les livrer à l'Etat ; ils décident des conditions de production de toutes les cultures et de toutes les industries. Autrefois, Gambetta en demandait le rachat ; la Chambre qui a précédé celle-ci en a voté le principe : il faudra bien se décider à le réaliser.

Je me borne à citer cet exemple, qui est décisif. D'autres monopoles d'Etat seront certainement examinés par la Chambre prochaine, notamment celui des assurances, auquel on a songé à demander, au moins pour partie, les ressources nécessaires aux retraites des travailleurs. (*Applaudissements répétés.*)

Le Parti radical-socialiste et la démocratie rurale

Les masses rurales forment l'immense majorité de la nation ; elles en sont la réserve ; elles ont gardé la sève puissante du sol français dans toute sa vigueur. Le temps est loin où La Bruyère montrait Jacques Bonhomme courbé sur la glèbe, presque déchu de la dignité humaine, comme un frère du bœuf de labour. Le temps est loin où la réaction aristocratique comptait dominer et duper éternellement l'homme des champs, complice de sa propre servitude. Le paysan s'est redressé ; il commence à sentir dans la main sa part de souveraineté ; il est encore peut-être le plus écrasé de tous les travailleurs ; il ne le sera pas indéfiniment, puisqu'il a enfin conscience de ses droits et de sa force. (*Vifs applaudissements.*)

Que voulons-nous lui donner ? D'abord, les dégrèvements auxquels il a droit, par l'impôt sur le revenu ; ensuite, des conditions plus justes de vente de ses produits, qui lui assurent sa légitime part sur les richesses sociales qu'il crée. (*Nouveaux applaudissements.*) Mais ce n'est pas assez ; il faudra le défendre contre le retour offensif de la grande propriété ; il faudra lui assurer le crédit à 3 o/o au plus, par une meilleure constitution du Crédit agricole ; il faudra créer une représentation des travailleurs des campagnes, qui ne soit pas sous la domination des gros domaines.

Aux travailleurs des villes, cette autre moitié de l'armée démocratique, nous devons d'autres conditions d'émancipation. Le Parlement a déjà reconnu que la réglementation de la journée de travail était indispensable ; ce n'est pas seulement la suppression du surmenage ; c'est, pour l'ouvrier, le droit à la vie de famille. Reste à savoir si l'on a fait assez, et si les trois-huit, avec les tempéraments nécessaires à des conditions économiques exceptionnelles, ne doivent pas devenir, par une législation internationale, la loi commune des pays libres. (*Applaudissements.*) Une sage réglementation des contrats de travail n'est pas moins légitime. Loin de porter atteinte à la véritable liberté, elle empêche le plus fort de dicter des conditions abusives au plus faible,

Nous voulons hâter, nous aussi, l'heure où chacun aura droit au produit intégral de son travail (*acclamations*) ; — cette heure que préparent d'un côté les coopérations, auxquels l'Etat doit, dans la mesure du possible, assurer tous les moyens de l'existence et notamment le crédit que nous avons réclamé lors du renouvellement du privilège de la Banque ; et, de l'autre côté, cette participation aux bénéfices, qui est dans l'intérêt du patron comme dans celui de l'ouvrier.

La petite bourgeoisie et le petit commerce

La petite bourgeoisie, le petit commerçant commettraient une erreur bien lourde et bien contraire à leurs intérêts s'ils oubliaient la solidarité qui les unit à la démocratie, puisqu'ils sont victimes des mêmes dominations et des mêmes exploitations économiques. Nous leur devons en première ligne la revision de la loi encore injuste des patentes, inséparable de la revision générale des impôts directs ; nous leur devons aussi une organisation plus rationnelle et plus conforme aux besoins du commerce.

Nous n'oublions ni cette foule d'humbles employés, dont les intérêts se confondent avec ceux des autres travailleurs, ni les modestes collaborateurs de l'Etat, pour lesquels la République a beaucoup fait, pour lesquels elle n'a pas fait encore assez. Messieurs les économistes de droite nous parlent parfois de l'augmentation effrayante du nombre des fonctionnaires. De qui parlent-ils ? S'il s'agit des fonctionnaires proprement dits, ceux qui forment le personnel des bureaux, la République a plutôt réduit leur nombre, en augmentant à peine leurs salaires, qui ne sont plus en proportion avec l'enchérissement de la vie : et ces fonctionnaires dont on dénonce la foule toujours grandissante, ce sont les agents nécessaires à l'entretien des routes, dont heureusement pour le pays la République a accru le réseau ; ce sont les agents des postes, dont le progrès de la civilisation amène à doter tous les ans un plus grand nombre de villages ; c'est enfin le corps des instituteurs, investi de la plus noble mission que puisse confier une démocratie : l'armée qui soutient si vaillamment le grand et noble combat de la lumière contre l'ignorance ! (*Longues acclamations.*)

La République, aux heures de lutte, a pris des engagements, qui ne sont pas encore tenus, envers les employés de chemins de fer, qui ont été dans les coins les plus reculés de la France, les pionniers de la démocratie ; le projet Berteaux est au nombre des réformes qui s'imposeront aux premiers jours de la législature prochaine, si, contrairement à notre attente, il n'est pas voté plus tôt. (*Vifs applaudissements.*)

La réalisation du programme

Pour réaliser ces réformes démocratiques, il faut préserver la France des sanglants hasards de la guerre. Nous voyons dans le développement de l'arbitrage international un des moyens de les écarter. (*Approbations unanimes.*) On devra aussi prendre les précautions nécessaires pour que le pays ne soit plus jeté malgré lui dans de nouvelles aventures d'expansion coloniale. (*Vifs applaudissements.*)

Tel est notre programme : c'est celui que nous arborions aux heures d'épreuves, celui dont le pays républicain attend depuis si longtemps la réalisation ; il ne l'attendra plus indéfiniment, En vain on essayerait de jeter à nouveau la politique gouvernementale dans les équivoques, les compromissions et les avortements. (*Vifs applaudissements.*) Le suffrage universel ne se laissera pas tromper. Il connaît les siens et sait où il veut aller. On ne l'empêchera pas d'assurer l'accomplissement des réformes démocratiques et sociales, dont l'idée est inséparable de la solidité de nos institutions populaires et de la grandeur de la patrie française. (*Double salve d'applaudissements. Cris : « Vive Pelletan ! » Ovation prolongée.*)

La lecture de cette déclaration produit une vive impression.

IMPRESSION A PART DE LA DÉCLARATION

Le Président. — Je n'ai pas besoin, Citoyens, de vous dire que je ne veux même pas mettre aux voix l'approbation de la déclaration du Parti, qui vient d'être exposée magnifiquement par le citoyen Pelletan; vous l'adopterez d'acclamations. (*Vifs applaudissements prolongés.*) Je vous propose d'adresser nos remerciements au rapporteur. (*Nouveaux applaudissements.*)

Un membre. — Je demande au Congrès que cette déclaration soit imprimée et envoyée partout.

Voix diverses. — Sur quels fonds ?

Le même membre. — Il y a 20,000 francs de votés pour la propagande.

Le Président. — Nous sommes tous d'accord que ce manifeste devrait pénétrer au fond de toutes les communes. Mais le Comité Exécutif n'a pas les ressources suffisantes. C'est à vous, représentants de tous les départements de France, qu'il appartient de faire le nécessaire pour que ce manifeste soit reproduit dans les journaux de vos régions et répandu par les soins de vos comités, des loges maçonniques et des sociétés de libre-pensée. (*Assentiment.*)

Un membre. — Cela me donne à moitié satisfaction.

DÉLÉGATION AU COMITÉ EXÉCUTIF

Sur la proposition du citoyen Bouffandeau, secrétaire général, le Congrès renouvelle les pouvoirs des délégués au Comité Exécutif pour les départements des Ardennes, des Côtes-du-Nord, du Jura (les 4 députés), de la Manche, des Hautes-Pyrénées et du Tarn, pour lesquels aucune liste de proposition n'a été présentée.

CLÔTURE DU CONGRÈS

Le président déclare clos le cinquième Congrès du Parti radical et radical-socialiste.

Tous les congressistes sont debout, et la séance est levée à onze heures un quart aux cris mille fois répétés de : « Vive le Parti radical et radical-socialiste ! Vive la République ! »

BANQUET

Discours de M. Henri Brisson

A l'issue du Congrès, un banquet a réuni, malgré l'extrême chaleur, un grand nombre de convives à la Galerie des Machines.

Le citoyen Henri Brisson, qui présidait ce banquet, a prononcé au dessert le discours suivant :

Mes chers concitoyens et amis, rassurez-vous. S'il y eut jamais lieu de dire que l'heure n'est pas aux discours, c'est bien en ce jour et par ce temps. (*Sourires.*) Je tiens cependant à vous remercier de m'avoir désigné pour présider ce banquet ; je veux aussi vous exprimer toute ma gratitude pour les manifestations de sympathie que vous m'avez adressé lorsque mon nom a été prononcé, et à la première séance par mon ami Bonnet, et à la séance d'hier par notre vaillant, courageux et excellent ami Combes. (*Bravos. — Vive Brisson ! Vive Combes !*)

Je voudrais aussi rappeler ce premier Congrès de 1901,

qui a été convoqué par mon ami Bourgeois, qui m'a prié de l'excuser aujourd'hui, par Goblet, par Mesureur et par moi, Congrès dans lequel on a rappelé ce mot, que j'avais déjà prononcé en 1885, étant président du Conseil : « Non, le péril n'est pas à gauche, nous n'avons pas d'ennemis à gauche. » *(Acclamations.)*

Notre seul but était de faire l'union du Parti républicain, nous avons la volonté de la continuer. *(Applaudissements répétés.)*

Cette invitation à l'union et à la discipline vous a été rappelée aussi bien par tous les présidents des séances du Congrès que par tous les orateurs. Aujourd'hui, j'aime mieux vous parler de cordialité et rappeler les sentiments affectueux qui nous unissent tous, vétérans et conscrits de l'armée républicaine, radicale et radicale-socialiste. *(Vifs applaudissements.)*

Ce Congrès, qui s'est réuni après le vote par la Chambre de la Séparation des Eglises et de l'Etat et avant l'adoption de cette réforme par le Sénat, s'appellera plus tard le Congrès de la Séparation. *(Oui! Oui! Bravo!)* Un orateur avait le courage, il y a trois ou quatre jours, de dire à la Chambre que le Concordat nous a donné un siècle de paix religieuse ; j'ai le droit de dire et je pourrais prouver aisément que le Concordat nous a donné cent ans de guerre religieuse *(Applaudissements.)*

Ce Concordat a été signé en 1802, et dès 1805, et surtout en 1809, la guerre éclatait entre l'empereur Napoléon et Pie VII ; l'empereur saisissait différentes provinces pontificales, il incorporait ensuite tout l'État pontifical à l'Empire ; quelque temps après, le pape était incarcéré et, dans sa prison, traité d'une façon ignominieuse ; on allait jusqu'à crocheter son secrétaire et à envoyer à Paris les lettres qui lui étaient adressées à Savone.

Sous la Restauration, les années 1815 à 1830 ne furent que de longues années de guerre religieuse.

Le règne de Louis-Philippe, fut, il est vrai, moins agité par les querelles religieuses, mais c'est que, souterrainement, sournoisement, surtout dans des lois sur l'enseignement qui paraissaient libérales, l'Eglise préparait la loi Falloux, l'expédition de Rome. Aussi la souveraineté temporelle du pape devenait, sous le second Empire, l'axe de la politique intérieure et extérieure de notre pays. (*Vifs applaudissements répétés.*)

Et, pendant de longues années, l'histoire de la troisième République n'a pas été bien différente de celle des régimes précédents. C'était, en 1871, la pétition des évêques, c'était le mandement de l'archevêque de Paris en date du 8 septembre ; et, dès le 16 septembre, à la suite de cette manifestation, Victor-Emmanuel se rendait à Berlin et à Vienne, si bien que l'on peut dire que les mouvements cléricaux de notre pays ont donné naissance à la Triple Alliance. (*Double salve d'applaudissements et bravos répétés.*)

Plus tard, en 1891, la politique hypocrite du ralliement s'était substituée à l'autre, et pourtant nous avons eu l'aventure de pèlerins français qui, au Capitole, écrivaient sur un registre : « Vive le pape-roi ! » Vous n'êtes pas, Citoyens, sans vous rappeler l'émotion qui secoua alors toute la Péninsule. (*Très bien ! Très bien !*)

Et nous en venons à la note pontificale du 28 avril 1904, véritable déclaration de guerre à la République. Le règne du Concordat n'a été en réalité qu'une longue période de guerre religieuse; en liant la France à la souveraineté temporelle, il établissait pour ainsi dire, au sein même du Gouvernement républicain, une sorte de contradiction, et comme une conspiration permanente en faveur de la réaction contre la démocratie grandissante. (*Très bien ! Très bien !*)

Telle est l'œuvre du Concordat; ne laissez donc pas dire que vous avez détruit une œuvre de paix ; non, vous avez fait disparaître un élément de guerre et de discorde. (*Longs applaudissements.*)

Citoyens, nous sommes à la veille du 14 Juillet et de la prise de la Bastille ; nous sommes les fils de la Révolution française. Nos ancêtres furent de leur temps ; non seulement ils ont montré leur élévation d'idées et de conceptions, mais ils ont dû lutter par la force des armes.

Puissions-nous être plus heureux, puisse le monde être

plus sage et nous laisser continuer, dans la paix à laquelle nous sommes passionnément attachés, notre œuvre d'émancipation de l'homme et du citoyen ! (*Double salve d'applaudissements et bravos répétés et prolongés — Longues acclamations et cris : Vive Brisson ! Honneur à Brisson ! Vive la République !*)

C'est au milieu des cris de : « Vive la République ! Vive le Parti radical-socialiste ! » que les congressistes se séparent, se donnant rendez-vous à Lille où aura lieu le prochain Congrès.

COMITÉ EXÉCUTIF

Exercice 1905-1906

Membres du Comité Exécutif nommés par acclamations par le Congrès dans la séance du Samedi 8 Juillet (après-midi)

MM. Henri Brisson, député, ancien Président de la Chambre des députés, ancien Président du Conseil des Ministres.
Léon Bourgeois, sénateur, ancien Président de la Chambre des députés, ancien Président du Conseil des Ministres.
Camille Pelletan, député, ancien Ministre de la Marine.
Emile Combes, sénateur, ancien Président du Conseil des Ministres.
Général André, ancien Ministre de la Guerre.

DÉLÉGUÉS DÉPARTEMENTAUX

Ain

MM. Authier, député.
Edouard, conseiller général.
Bizot, député.
Chanal, député.

Aisne

MM. Morlot, député.
Magniaudé, député.
Thévenin, publiciste.
Decamps, maire d'Hirson.
Gras-Brancourt.
Piermé, administrateur des colonies.

Allier

MM. PÉRONNEAU, député.
DELARUE, député.
RÉGNIER, député.
MINIER, député.
BARDET Philippe, à Montluçon.
PERRIER J., rue Lakanal, à Montluçon.

Basses-Alpes

MM. DEFARGE, sénateur.
MOURANCHON, à Paris.

Hautes-Alpes

MM. EUZIÈRE, député.
VALADIER Edouard.

Alpes-Maritimes

MM. DUFRÊNE Xavier, publiciste.
GRANGEON, président de l'Université populaire, à Puget-Théniers.
GRAVIER Jean, négociant.
JULLIAN Alfred, vétérinaire.

Ardèche

MM. BOISSY D'ANGLAS, sénateur.
N...
ASTIER, député.
CUMINAL.

Ardennes

MM. HUBERT Lucien, député.
G. CORNEAU, publiciste.
LASSAUX, adjoint au maire de Sedan.
VAULET Henri, industriel.

Ariège

MM. Delpech, sénateur.
Tournier, député.
Gaches, négociant.
Charles, conseiller général.

Aube

MM. Arbouin, député.
Bussières, député.
Charonnat, député.
Dollat Pierre, conseiller municipal.

Aude

MM. Sauzède, député.
Albert Sarraut, député.
Maurice Sarraut, publiciste.
Castel, maire de Lézignan.

Aveyron

MM. Lacombe, député.
Balitrand, député.
Simon, professeur au lycée de Rodez.
Pézou, entrepositaire de tabacs à Villefranche-de-Rouergue.

Bouches-du-Rhône

MM. Leydet, sénateur.
Henri Michel, député.
Estier Nicolas, conseiller général.
Billès Auguste, président de la Fédération radicale.
Resch Paul, avocat.
Rocca Georges.
Girard, maire de Salon.
Victor Jean, conseiller général.

Calvados

MM. Franklin-Bouillon, publiciste.

MM. Le Hoc, maire de Deauville.
Strauss Gustave, publiciste.
Desvaux, publiciste.
Marcel Hérubel.
Chéradam.

Cantal

MM. Lintilhac, sénateur.
Hugon, député.
Rigal, député.
Darses, docteur en médecine.

Charente

MM. Brisson Jules, sénateur.
Rouyer, conseiller municipal.
Burot, ingénieur.
Bizardel, avocat.

Charente-Inférieure

MM. Torchut, député.
Réveillaud, député.
Braud, député.
Marianelli, maire de Rochefort.
Blanchard, conseiller d'arrondissement.
Giron, adjoint au maire de Rochefort.

Cher

MM. Debaune, député.
Lemoine, conseiller d'arrondissement.
Mitterrand Paul.
Gérard-Ducreux.

Corrèze

MM. Tavé, député.
Bussières, député.
Delmas, député.
De Sal fils, avocat.

Corse

MM. Chaleil, député.
Fabiani, avocat.
Plontz, avocat.
Cointe, avocat.

Côte-d'Or

MM. Dr Tainturier, conseiller général.
Michaut Fernand.
Gueneau J., ancien député.
Sennes Jules, président du Comité radical du canton de Précy-sur-Thil.

Côtes-du-Nord

MM. De Kerguézec, conseiller général.
Dr Baudet, député.
Le Troadec, député.
Le Provost de Launay.
Sarran, avocat.

Creuse

MM. Defumade, député.
Judet, député.
Chataignon, publiciste.
Vacheron, agriculteur.

Deux-Sèvres

MM. Gentil, député.
Clément Ménard, conseiller général, maire de Thouars.
Jouffrault, sénateur.
E. Brisson, directeur honoraire d'école primaire supérieure.

Dordogne

MM. Sireyjol, député.
Dalbavie, conseiller général.

MM. Capette-Laplène, conseiller général.
Eymery, conseiller général.
Lasserre, publiciste.
Deladrière, président du Comité de Belvès.

Doubs

MM. Beauquier, député.
Léon Janet, député.
Cusenier, maire d'Etalans.
Magnien.

Drôme

MM. Maurice Faure, sénateur.
Charles Chabert, député.
Louis Dumont, conseiller général.
Ernest Magnan, avocat.

Eure

MM. Abel Lefèvre, député.
Gros-Fillay, conseiller général.
A. Galland, distillateur.
Hugot, conseiller général.

Eure-et-Loir

MM. Dubois, conseiller d'arrondissement.
Oulif, à Dreux.
Huet-Lebis, à Dreux.
Jouanneau, avocat.

Finistère

MM. Isnard, député.
Le Bail, député.
Guinard.
Louel.
Maitre.
Gervais fils.
Aubertin.
Sévin.

Gard

MM. DESMONS, sénateur.
BONNEFOY-SIBOUR, sénateur.
POISSON Pierre, député.
CROUZET Gaston, maire de Nîmes.
BERTHEZENNE, ancien maire d'Alais.
BERTRAND, président du Tribunal de Commerce de Nîmes.

Haute-Garonne

MM. Raymond LEYGUE, député.
FEUGA Paul, adjoint au maire.
CIBIEL, conseiller général.
BEPMALE, député.
CAZASSUS, adjoint au maire de Saint-Gaudens.
FAURE Georges, adjoint au maire d'Avignonnet.

Gers

MM. DESTIEUX-JUNCA, sénateur.
THÔRE, publiciste.
DOURRIEU, conseiller municipal à Mirande.
Jean PHILIP, publiciste.

Gironde

MM. Dr DUPEUX, conseiller d'arrondissement.
BAUDRY Léopold, négociant à Bordeaux.
PERIÉ Georges, avocat, conseiller général.
ROUSSIE Edouard, négociant, conseiller d'arrondissement.
CALMEL Armand, avocat, conseiller municipal de Talence.
TOURON Arthur, conseiller municipal de Talence.
BOURGOING Louis, négociant à Bordeaux.
PALENGAT, négociant à Bordeaux.
SARRAUTE Pierre, conseiller municipal à Barsac.
DUVERGÉ Louis, négociant à Bordeaux.

Hérault

MM. AUGÉ Justin, député.

MM. Lafferre Louis, député.
Mas, député.
Gariel Jules, directeur du *Petit Méridional*.
Pelisse Paul, à Paulhan.
Chazot Fernand, avocat.

Ille-et-Vilaine

MM. Pernot Louis, receveur des finances honoraire.
Malapert, avocat.
Duhamel Maurice, publiciste.
Cavalier, professeur de Faculté.
Abadie, professeur à l'école nationale d'Agriculture de Rennes.
Dr Bouillet.
Scellier.
Peuch.

Indre

MM. Bellier, député.
Boussac, conseiller municipal, à Châteauroux.
Fouché, adjoint au maire de Châteauroux.
Guillet, propriétaire, au Blanc.

Indre-et-Loire

MM. Arrault Ernest, imprimeur.
Besnard René, avocat.
Garin Joseph, négociant.
Angelliaume, voyageur de commerce.

Isère

MM. Chenavaz, député.
Chanoz, député.
Buyat, député.
Rajon, député.
Dumolard, conseiller général.
Dr Dufour, ancien député.

Jura

MM. Mollard, député.

MM. TROUILLOT, député.
CÈRE Emile, député.
DUMONT, député.

Landes

MM. BOUYSSOU, maire de Mano.
FERRÉOL-CASTAGNÈRE, conseiller municipal de Sore.
STRAUSS Ed., publiciste.
BOURCERET, publiciste.

Loire

MM. DELASSALLE.
BERNARD Marcel, avocat.
RIOCREUX.
ROBERT Pierre, avocat.
JOUHANNEAUX, avocat.
DUPORT.

Haute-Loire

MM. PAGÈS, conseiller général.
BOUTAUD, avocat.
Dr VIDAL, conseiller général.
MARGUIER, publiciste.

Loire-Inférieure

MM. GRIVEAUD, maire de Chantenay.
VIEL, inspecteur primaire honoraire.
LE BRUN, ingénieur.
DAVID.
AMIEUX Maurice, négociant.
SALIÈRES, directeur du *Populaire*.
FOUCAULT, négociant.
RIOM Alfred, négociant.

Loiret

MM. RABIER Fernand, député.
GUINGAND, député.

MM. Roy Henri, rédacteur en chef du *Progrès du Loiret*.
Dr Delaunay, conseiller général.
Dr Fournier, conseiller d'arrondissement.

Loir-et-Cher

MM. Gauvin, député.
Ragot, député.
Boncour Paul, avocat.
Fillay Hubert, avocat, à Blois.

Lot

MM Cocula, sénateur.
Vival, député.
Talou, conseiller général.
Malvy, conseiller général.

Lot-et-Garonne

MM. Delpech Georges, maire d'Agen, conseiller général.
Monmayrand Fernand.
Lagasse, avocat.
Marter Isidore, conseiller municipal d'Agen.

Lozère

MM. N...
Dupré, publiciste.

Maine-et-Loire

MM. Milon Stéphane, conseiller général.
Desêtres, conseiller général.
Peton, maire de Saumur.
Roland, directeur du *Courrier de Saumur*.
Guy, avocat.
Gioux, avoué, à Angers.

Manche

MM. Dr Bourgogne, conseiller général.

MM. Dumoncel, maire d'Octeville.
Leblond, maire de Tourlaville.
Letréguilly, conseiller municipal, à Avranches.
Ringard, négociant, à Cherbourg.
Hamel, constructeur, à Cherbourg.

Marne

MM. Bernard Charles, industriel.
Dailly Georges, publiciste.
Gaillemain, notaire, à Epence.
Haudos, avocat.
Langlet.
Pozzi, maire de Reims.

Haute-Marne

MM. Bizot de Fonteny, sénateur.
Ripert Claude, conseiller général.
Dessoye, conseiller général.
Viard Théophile, président de la Fédération Départementale, à Langres.

Mayenne

MM. Général Mac Adaras, ancien député.
Fougeray, industriel.
Ouinefault, propriétaire.
Dr Mallet.

Meurthe-et-Moselle

MM. Bernardin, juge de paix, à Pont-à-Mousson.
Chapuis, député.
Grillon, avocat.
Gérard, docteur en droit.
Hinzelin Emile, publiciste.
Brajon, industriel, à Lunéville.

Meuse

MM. Pol Chevallier, maire de Longeville.
Poterlot Edouard, maire de Stenay.

MM. MOMOT Auguste, receveur-buraliste, à Cousances-aux-Forges.
DANOUX Emile, docteur en médecine.

Morbihan

MM. GUIEYSSE Paul, député.
BRARD, conseiller général.
CAMPER, publiciste.
CHARRIER, directeur d'usine, à Port-Louis.
MACREZ, receveur de l'enregistrement, à Plouay.
BLOT Jules.

Nièvre

MM. GOUJAT, député.
MASSÉ, député.
COULON Georges, publiciste.
LE ROY Eugène, propriétaire.

Nord

MM. Dr DEFONTAINE, député.
LECOMTE Maxime, sénateur.
DEHOVE, conseiller général.
Dr BOURDON, conseiller d'arrondissement.
DUFLOT René, conseiller d'arrondissement.
Dr DEBIERRE, conseiller municipal, à Lille.
MOURMANT, conseiller municipal, à Lille.
VANDENBROUCQUE, maire de Bourbourg.
KEPTER, président du Comité radical, à Douai.
BRIZZOLARA, président du Comité radical-socialiste, à Somain.
WILLIOT, conseiller d'arrondissement, à Poix-du-Nord.
HERLEMONT, au Quesnoy.
VASSEUR.
HAYEM.
CLIQUENNOIS.
GADENNE.
BATAILLE.
LEVY Gaston.

Oise

MM. Baudon, député.
Bouffandeau, conseiller d'arrondissement.
Dupuis, conseiller général.
André de Batz, publiciste.
Chopinet, conseiller général.
Fauré Hérouart, conseiller d'arrondissement.

Orne

MM. André, directeur de l'*Avenir de l'Orne.*
Dr Bagourd, conseiller municipal, à Argentan.
Dr Barrabé, conseiller général, maire de Domfront.
G. Fabius de Champville, directeur des *Echos de l'Ouest.*

Pas-de-Calais

MM. Mill Louis, député.
Lemaitre, conseiller général.
Sévin, directeur de l'*Avenir du Pas-de-Calais.*
Gallet Auguste, maire de Noyelles-sous-Lens.
Belle Georges, adjoint au maire d'Ecourt-Saint-Quentin.
Roussel Paul, directeur du *Journal de Lens.*
Lefranc Fernand, directeur du *Petit Béthunois.*
Lecouffe fils, directeur de la *Défense de Lillers.*
Robert Georges, rédacteur en chef du *Progrès du Nord et du Pas-de-Calais.*
Berquet, président de la Ligue radicale de Calais.

Puy-de-Dôme

MM. Guyot-Dessaigne, député.
Sabaterie, député.
Bony-Cisterne, député.
Brécy.
Revillet.
Chérioux.

Basses-Pyrénées

MM. d'Iriart d'Etchepare, député.

Bourdeu Jean-Louis, à Gan.
Bordenave Adolphe, à Pau.
Monsis Henri, à Pau.
Malan Guillaume, à Pau.
Harruguet, à Saint-Jean-Pied-de-Port.

Hautes-Pyrénées

MM. Pedebidou, sénateur.
Dasque, député.
Fitte, député.
Frilet, conseiller général, à Luz-Saint-Sauveur.

Pyrénées-Orientales

MM. Bourrat Jean, député.
Pams Jules, sénateur.
Milhaud Léon, avocat.
Violet Joachim, propriétaire.

Haut-Rhin

MM. Schneider Charles, député.
Thiéry Laurent, conseiller général, à Belfort.

Rhône

MM. Cazeneuve, député.
Brunard, député.
Chambaud de la Bruyère, conseiller général.
Robin, conseiller général.
Herriot, adjoint au maire de Lyon.
Justin Godart, adjoint au maire de Lyon.
Jean Lépine, docteur en médecine.
Laurent Chat, conseiller municipal.
Michaud, chimiste, à Villefranche.
Ponteille, maire de Châtillon-d'Azergue.

Haute-Saône

MM. René Renoult, député.
Schwob Edouard, conseiller général.
Péroz, conseiller général.
Chevreux, conseiller général.

Saône-et-Loire

MM. Magnien, sénateur.
Dubief, député.
Simyan, député.
Petitjean, député.
Protat, conseiller général.
Myard, conseiller général.
Richard, conseiller général.
Poirson, imprimeur.

Sarthe

MM. Naudin, avoué, au Mans.
Ajam, avocat, conseiller général.
Peltier Paul, avocat.
Postel, ancien conseiller municipal du Mans.
Ligneul, avocat.
Tessier André, publiciste.

Savoie

MM. Chambon, député.
Dolin, président du Comité républicain, à Chambéry.
Gaide, professeur à l'Ecole primaire supérieure de Chambéry.
Bailly Gaston, publiciste, à Chambéry.

Haute-Savoie

MM. Fernand David, député.
Louis Charrière, avoué.
Ferrero, maire d'Annecy.
Bossonney, entrepreneur.

Seine

MM. Mascuraud, sénateur.
Gervais, député.
Steeg, député.
Messimy, député.
Maujan, député.

MM. Puech, député.
Buisson, député.
Féron, député.
Blanchon, conseiller général.
Jaunet, conseiller d'arrondissement.
Ranson, conseiller municipal de Paris.
Chautard, conseiller municipal de Paris.
Patenne, conseiller municipal de Paris.
Rousselle Henri, conseiller municipal de Paris.
Desplas, conseiller municipal de Paris.
Brenot, conseiller municipal de Paris.
Hector Depasse.
Morin J.-B.
Bellanger.
Bergougnan, avocat.
Salles Henri.
Chabannes.
Lucien Le Foyer, avocat.
Louis Balans.
Louis Bonnet, publiciste.
Dalimier.
Reneux.
Brulport.
Quéroy.
Charles Jeune.
Murat.
Gély.
Charpentier Armand.
Cahen Ferdinand.
Verglas.
Guillet.
Chesseron.
Thiébaud Charles.

Seine-Inférieure

MM. Georges Bodereau, homme de lettres.
Ed. Meyer, directeur d'assurances.
G. Nicole, conseiller d'arrondissement.
Em. Foy, ancien maire.
G. Cahen, avoué.
Gaudel, conseiller d'arrondissement.
Lorentz, négociant.
Loyer.
Daumas.
Léon Valiez, publiciste.

Seine-et-Marne

MM. Girod, député.
Emile Chauvin, député.
Frère.
Ménard Louis, président du Cercle républicain de Coulommiers.

Seine-et-Oise

MM. Maurice Berteaux, député.
Lemoine-Rivière, maire d'Argenteuil.
Paul Falot.
G. Lefèvre, avocat.
Guillemette.
René Weill, avocat.
Henri Genevois.
Monnier-Ducastel, ingénieur.

Somme

MM. Fiquet, député.
Klotz, député.
Rousé, député.
Jouancoux, conseiller d'arrondissement.
Bourdou, conseiller général.
Th. Lévy.

Tarn

MM. Gouzy, député.
Andrieu, député.
Vieu, maire de Castres, sénateur.
Dr Guiraud, maire de Lavaur.

Tarn-et-Garonne

MM. Sénac, député.
Capéran, député.

Var

MM. Louis Martin, député.
Fassy, maire de Barjols.

MM. Dr Aubin, conseiller général.
Emile Grué, propriétaire, à Solliès-Pont.

Vaucluse

MM. Maureau, sénateur.
Coulondre, député.
Vialis, député.
Ed. Ignace, avocat.

Vendée

MM. Dr Godet, conseiller général, aux Sables-d'Olonne.
Batiot, maire de Talma.
Molina Emile.
Tissier Louis.
Guillemet, ancien député.
Mourra père, négociant.

Vienne

MM. Godet, député.
Ridouard, député.
Guillaume Poulle, conseiller général.
Vallet-Décherat, conseiller d'arrondissement.

Haute-Vienne

MM. Tourgnol, député.
Raudet, président du Comité radical de Saint-Léonard.
Tarrade, conseiller général.
Roret, publiciste.
Oudin.

Vosges

MM. Dr Lardier, conseiller général.
Gilbert-Renaud, président de la Fédération républicaine.
Camille Duceux, industriel.
Schmidt, pharmacien.
Lapicque Auguste, vétérinaire.
Eschembrener, professeur.

Yonne

MM. Bienvenu-Martin, sénateur.
Villejean, député.
Silvy, conseiller général.
Vinot, distillateur.

ALGÉRIE

Alger

MM. Gérente, sénateur.
Begey, député.
Elie-Mantout.
Charles Philippe.

Constantine

MM. Cuttoli Paul, conseiller général.
Zannettacci, avocat, directeur de l'*Écho du Soir*.
Stirn, avocat.
Salles, Joseph.

Oran

MM. Trouin, député.
Salières.
Bouillard.
Borde Eugène.

COLONIES

Guadeloupe

MM. Cicéron, sénateur.
Gerville-Réache, député.
Bouzanquet de Balestrier, avocat.
Albéric Néton, publiciste.

Sénégal

MM. Carpot, député.
E. Durand, publiciste.

Inde Française

MM. Henrique-Duluc, député.
Marini, publiciste.

Cochinchine

MM. François Deloncle, député.
Blaquière, professeur.

Guyane

MM. Ursleur, député.
Malesset.

La Martinique

MM. Clément, député.
Blumenthal, avocat.

TABLE DES MATIÈRES

Cinquième Congrès annuel

PREMIÈRE SÉANCE

DEUXIÈME SÉANCE

TROISIÈME SÉANCE

QUATRIÈME SÉANCE

CINQUIÈME SÉANCE

BANQUET DE CLOTURE

Grande Imprimerie de Troyes, 126, rue Thiers

www.ingramcontent.com/pod-product-compliance
Ingram Content Group UK Ltd.
Pitfield, Milton Keynes, MK11 3LW, UK
UKHW020437200726
13857UKWH00002B/466